普通高等学校"十四五"规划汉语言文学国家级一流专业建设
暨教育部师范类专业认证特色实践精品教材

编写委员会

顾 问

李向农　华中师范大学教授、博士生导师
　　　　教育部师范类专业认证专家组组长
汪国胜　华中师范大学教授、博士生导师
　　　　华中师范大学国家语言文字推广基地主任
　　　　教育部人文社会科学重点研究基地语言与语言教育研究中心主任
杨荣祥　北京大学中文系人文特聘教授、博士生导师
　　　　北京大学国家语言文字推广基地首席专家

总主编

盛银花　湖北第二师范学院文学院教授

编 委（按姓氏拼音排序）

戴　峰（湖北第二师范学院）　　方　正（黄冈师范学院）
郭　彧（湖北科技学院）　　　　李汉桥（湖北第二师范学院）
马　英（湖北第二师范学院）　　盛银花（湖北第二师范学院）
童　琴（湖北第二师范学院）　　汤元勇（黄冈师范学院）
余志平（湖北工程学院）　　　　张鹏飞（湖北大学）

普通高等学校"十四五"规划汉语言文学国家级一流专业建设
暨教育部师范类专业认证特色实践精品教材

总主编　盛银花

○ 湖北省高等学校省级教学研究项目"基于毕博平台的师范生实践课程教学改革研究"（项目编号：2017448）成果

语文教学设计与实施

马　英◎主　编

中国·武汉

内容简介

本书以提升师范生教学能力为核心,力求打破理论与实践的壁垒,帮助职前(职后)语文教师掌握基本的中小学语文教学设计的理论知识,提升中小学语文教学设计及实施能力。全书共有十六章。第一章至第五章主要涉及课堂教学基本要素设计与实施,涵盖语文教学设计概述、教学目标、教学过程、教学提问、课堂教学管理等内容。第六章至第十五章主要涉及不同课型教学设计与实施,也是本教材的主要内容,主要包括自读课教学、识字与写字教学、文学阅读教学、实用文阅读教学、文言文阅读教学、整本书阅读教学、群文阅读教学、写作教学、口语交际教学、综合性学习等内容。最后一章为教学反思,涉及教师专业成长。本教材内容涵盖中小学语文教学的基本方面,并尽量吸纳学科及教学研究前沿成果,编写体例上尽量便于教学使用。主要读者对象是本科师范院校汉语言文学专业学生,可作为本专科师范院校小学教育(语文方向)的选修教材和职后语文教师的培训教材。

图书在版编目(CIP)数据

语文教学设计与实施/马英主编.—武汉:华中科技大学出版社,2022.3(2024.7重印)
ISBN 978-7-5680-8191-7

Ⅰ.①语… Ⅱ.①马… Ⅲ.①语文课-教学设计-中小学 Ⅳ.①G633.302

中国版本图书馆 CIP 数据核字(2022)第 064533 号

语文教学设计与实施 马 英 主编
Yuwen Jiaoxue Sheji yu Shishi

策划编辑:	周晓方 杨 玲
责任编辑:	林珍珍
封面设计:	原色设计
责任校对:	张汇娟
责任监印:	周治超
出版发行:	华中科技大学出版社(中国·武汉) 电话:(027)81321913
	武汉市东湖新技术开发区华工科技园 邮编:430223
录 排:	华中科技大学惠友文印中心
印 刷:	武汉开心印刷有限公司
开 本:	787mm×1092mm 1/16
印 张:	13 插页:2
字 数:	251 千字
版 次:	2024 年 7 月第 1 版第 2 次印刷
定 价:	49.80 元

本书若有印装质量问题,请向出版社营销中心调换
全国免费服务热线:400-6679-118 竭诚为您服务
版权所有 侵权必究

总序

Introduction

我们要为谁培养人才,以及培养什么样的人才,是高等师范教育人才培养需要首先明确的重要问题。教育部《教师教育振兴行动计划(2018—2022年)》明确指出,"教师教育是教育事业的工作母机,是提升教育质量的动力源泉",师范院校应"采取切实措施建强做优教师教育,推动教师教育改革发展,全面提升教师素质能力"。国家"双一流"建设和新文科建设中关于师范生的培养终极目标是"有理想信念、有道德情操、有扎实知识、有仁爱之心"的优秀教师。2017年开始的高等学校师范类专业认证,秉持学生中心、产出导向、持续改进的理念,设定的毕业要求是践行师德、学会教学、学会育人、学会发展,对师范生的培养有了明确的标准。2019年,教育部开始实施一流本科专业建设"双万计划",呼唤教育教学深度改革。同年,中共中央、国务院印发的《中国教育现代化2035》强调:中国特色教师教育体系应"强化职前教师培养和职后教师发展的有机衔接。夯实教师专业发展体系,推动教师终身学习和专业自主发展","加强课程教材体系建设,科学规划大中小学课程,分类制定课程标准,充分利用现代信息技术,丰富并创新课程形式"。在这样的背景下,为了响应师范类专业认证要求和一流本科专业建设、一流本科课程建设要求,我们决定组织编写特色实践系列教材。

2019年以来,湖北第二师范学院汉语言文学专业先后获批为省级和国家级一流本科专业建设点,通过了教育部师范专业认证(中学教育第二级)。在此期间,根据师范类专业认证的要求,我们对应"一践行三学会"的毕业要求,将中文专业师范生的培养目标设定为四点。一是师德为先。积极践行师德规范,有家国情怀,有理想信念,有仁爱之心;能够依法执教,将汉语言文学知识和人文精神内化到人生修养和工作之中,重视文行出处,不断提高传道授业解惑的能力和职业自豪感。二是笃学善教。掌握扎实的汉语言文学基础知识,理解学科知识体系的基本思想和方法;具有科学的教育观,具备人文、艺术、科学素养,掌握中学语文教学技能,能够研究和解决基础教学问题,善于组织和开展中学语文教学活动。三是以文化人。能够结合汉语言文学学科知识进行育人活动,自觉继承和传播先进文化;掌握中学生身心发展特点和语文教育教学规律,具备班级管理能力和组织育人活动的能力。四是好修为常。具有反思意识和沟通协调能力,具备团队合作精神,能够应对未来教育的变化,乐于接受教育理念和知识结构的更新,践行终身学习理念,实现专业发展和自我完善的统一。

如何让学生实现这四个目标呢?我们认为,将人才培养观念从"师范教育"转向"教师教育"是一条关键的路径,这意味着我们必须重视师范课程的实践性取向,必须将职前的师范教育与职后的教师素质提升递进贯通,使学生在实践活动中收获内在的教学体验和教育智慧,为自我的持续发展奠定基础。这种实践活动既包括大学期间学习的有关课程的实践,又包括针对中学语文教学的实践。这就要求学生在学习大学有关知识体系的同时,针对中学语文课程新目标的要求,开展相应的实践教学活动。作为实践教学活动的指导,特色实践教材是非常重要的。我们组织业内人士讨论、论证,认为编写一套适应一流专业建设和师范类专业认证要求的师生用书是非常必要和迫切的。这套"普通高等学校'十四五'规划汉语言文学国家级一流专业建设暨教育部师范类专业认证特色实践精品教材"(以下简称"精品教材")就应时而生了。"精品教材"按照最新版中学语文新课程标准和高校师范类专业认证要求进行设计,力求涵盖中学语文教学所涉及的各方面的主要内容。"精品教材"总主编为盛银花,共计5册,分别为:

《语文教学设计与实施》(马英主编)

《国学经典名篇诵读》(李汉桥主编)

《中学语文阅读教学与实践》(盛银花主编)

《文学鉴赏与中学诗文教学实践》(戴峰主编)

《古代汉语与中学文言文教学实践》(童琴主编)

"精品教材"涵盖了中学语文教学的各个方面,不仅可以作为在校师范生教材用书,也是即将从事中学语文教学的人和正在从事中学语文教学的人提升自己教学能力和实现自修的重要参考,是连接高等师范教育和中学语文教学的桥梁,因而这套"精品教材"的读者对象为下列三类人员:一是高校师范类中文专业教师,他们在讲授理论知识的同时,需要了解中学语文教学实践的有关内容,做到理论和实践相结合;二是高校师范专业大学生,他们可以把"精品教材"作为达成毕业要求和将来从事中学语文教学的参考用书;三是中学语文教师,他们可以把"精品教材"作为参考用书,因为它包含大学理论知识的实践指导。

为了达到上述目的,"精品教材"的编写原则有二。一是打破大学语言文学知识与中学语文教学实践的界限,使大学教师了解中学语文实践,达到理论和实践相结合;使中学语文教学了解大学知识理论体系,提升中学语文教学素养。二是注重实践技能培养,以教学实例阐释教学原理,用课程案例来证实学习规律,授人以"渔",教学相长,把握当下,成就未来。

是为序。

2022 年 4 月 26 日

CONTENT

绪论 / 001

第一章　语文教学设计概述 / 005
  第一节　语文教学设计的概念 / 005
  第二节　语文教学设计的内容 / 007
  第三节　语文教学设计的呈现方式 / 008

第二章　语文教学目标 / 017
  第一节　概念辨析及语文教学目标的功能 / 017
  第二节　确定教学目标的依据 / 019
  第三节　语文教学目标的表述 / 023

第三章　语文教学过程 / 028
  第一节　语文教学过程概述 / 028
  第二节　语文教学过程的设计策略 / 030

第四章　语文课堂教学提问 / 043
  第一节　提问简介 / 043
  第二节　主问题设计策略 / 049
  第三节　语文课堂提问方法 / 050

第五章　语文课堂教学管理 / 055
  第一节　语文课堂教学时间管理 / 055
  第二节　语文课堂教学节奏设计 / 056

第六章　自读课教学 / 062
  第一节　自读课的内涵与功能 / 062

第二节 自读课教学设计策略 / 065

第七章　识字与写字教学 / 078

第一节　课程标准中关于识字与写字教学的规定 / 078

第二节　识字教学策略举隅 / 081

第三节　识字与写字教学课例分析 / 084

第八章　文学阅读教学 / 088

第一节　诗歌教学 / 088

第二节　散文教学 / 097

第三节　寓言教学 / 105

第九章　实用文阅读教学 / 115

第一节　实用文概述 / 115

第二节　实用文教学概述 / 118

第三节　实用文阅读教学策略 / 120

第十章　文言文阅读教学 / 124

第一节　文言文教学概述 / 124

第二节　文言文阅读教学设计策略 / 125

第十一章　整本书阅读教学 / 141

第一节　整本书阅读教学概述 / 141

第二节　整本书阅读教学策略举隅 / 143

第十二章　群文阅读教学 / 152

第一节　群文阅读教学概述 / 152

第二节　群文阅读教学策略 / 155

第十三章　写作教学 / 164

第一节　写作课程目标概述 / 164

第二节　统编初中语文教材写作教学编排 / 166

第三节　写作教学方法 / 168

第十四章　口语交际教学 / 175

第一节　口语交际教学概述 / 175

第二节　口语交际教学策略 / 177

第十五章　综合性学习 / 181

第一节　语文综合性学习概述 / 181

第二节　教材编排 / 183

第三节　综合性学习教学要点 / 185

第十六章　教学反思 / 189

第一节　反思教学目标 / 189

第二节　反思教学内容 / 190

第三节　反思教学活动 / 192

主要参考文献 / 196

绪论

随着《普通高等学校师范类专业认证实施办法(暂行)》的逐步深化推行,专业人才培养步伐加快,培养模式和导向不断变革,以"学生中心、产出导向、持续改进"为基本理念的专业认证标准成为高等学校师范院校汉语言文学专业改革发展的重要参照。在此背景下,师范生入职前的实际教学能力备受瞩目,他们能否在毕业之后顺利入职中小学,能否胜任中小学语文教师工作备受关注。在相当长的历史时期,文学理论、文学史等课程被认为是汉语言文学专业(师范类)的核心课程,而语文学科教学论、中学语文教学设计等提升师范生教学能力的支撑课程则被边缘化。这种思想目前已被扭转过来,人们越来越深刻地认识到:要想成为一名合格的语文教师,理论素养必不可少,能力训练也迫在眉睫。师范生不仅要具备扎实的理论基础,而且要具备一定的教学能力。因此,作为培养师范生教学能力的中学语文教学设计、中小学语文教学训练等课程的重要作用日益凸显。本书即为该类课程的配套教材。本教材以提升师范生教学能力为核心,力求打破理论与实践的壁垒,有效促进师范生的专业成长,以期师范生毕业之际即是基本合格的语文教师,也为其日后成长为优秀的语文教师奠定基础。

本教材旨在帮助职前语文教师掌握基本的中小学语文教学设计的理论知识,提升其中小学语文教学设计及实施能力,主要读者对象是本科师范院校汉语言文学专业学生,也可作为本专科师范院校小学教育(语文方向)的选修教材和职后语文教师的培训教材。本教材共有十六章,第一章至第五章主要涉及课堂教学基本要素设计与实施,涵盖语文教学设计概述、教学目标、教学过程、教学提问、课堂教学管理等内容;第六章至第十五章主要涉及不同课型教学设计与实施,这一部分也是本教材的主要内容,主要包括自读课教学、识字与写字教学、文学阅读教学、实用文阅读教学、文言文阅读教学、整本书阅读教学、群文阅读教学、写作教学、口语交际教学、综合性学习等内容;最后一章为教学反思,涉及教师专业成长。本教材内容涵盖中小学语文教学的基本方面,并尽量吸纳学科及教学研究前沿成果,编写体例上尽量便于教学使用。

本教材的编写特点主要表现在以下几个方面。

第一,突出课程思政理念。习近平总书记在全国高校思想政治工作会议上指出,各门课都要守好一段渠、种好责任田,与思想政治理论课同向同行,形成协同效应。作为师范教育标志性课程的配套用书,也应该坚决贯彻党的教育方针,落实立德树人的根本任务。本书每章均以著名教育家经典语录引入,积极引导师范生产生对祖国语言文字的热爱之心、对语文课程的敬畏之心,以及对语文教育家的崇敬之心,从而在未来的语文教育工作中积极践行师德规范,成为有理想信念、有道德情操、有扎实知识、有仁爱之心的好教师,用习近平新时代中国特色社会主义思想铸魂育人。

第二,注重实践能力培养。本书所涉及的三个模块——语文课堂教学基本要素、不同课型的教学以及教学反思,都特别强调言语实践能力的培养。每个模块的学习都会选用一定数量的案例,这些案例有些来自本科师范生,有些来自语文名师,均具有一定的典型性,通过学习研讨这些典型案例能使学习者较好地规避语文教学中容易出现的问题。本书强调从实践中来,到实践中去,在每章结束后,都设有"设计与实施"环节,便于学习者实现能力迁移。

第三,充分利用网络平台。本课程使用网络平台开展教学已经有几年时间,先后使用过毕博、云班课、学习通等教学平台,在使用的过程中切实感受到了现代信息技术给课程教学带来的便利,所以,本教材的编写同时是一门实践课程的建设,为充分发挥现代信息技术在实践类课程中的重要作用,目前本教材正在建设网络课程,计划在2022年建成,从而为教学提供丰富的课程资源,实现课程互动,帮助学习者更快更好地成长。

本教材可以作为中小学语文教学训练、中小学语文教学设计等课程的辅助教材,以下给出一些授课时数等方面的建议。当然,教师可以根据实际教学情况对教学课时、内容、形式以及课外作业辅导等内容灵活取舍,巧妙安排。

课次	教学课时	教学内容	教学形式	课外作业辅导安排
1	2	绪论 第一章 语文教学设计	讲授、案例示范、讨论	观摩课例,并用三种方式对课例进行整理
2	2	第二章 语文教学目标	讲授、案例示范、讨论	评价教学目标案例
3	2	第三章 语文教学过程	讲授、案例示范、讨论	选择一个教学内容进行教学设计,注意教学环节的展开
4	2	第四章 语文课堂教学提问	讲授、案例示范、讨论	案例评析,主问题教学设计及实施
5	2	第五章 语文课堂教学管理	讲授、案例示范、讨论	从课堂教学管理的角度分析课例

续表

课次	教学课时	教学内容	教学形式	课外作业辅导安排
6	2	第六章 自读课教学	讲授、案例示范、讨论	自读课案例评析及教学设计与实施
7	2	第七章 识字与写字教学	讲授、案例示范、讨论	识字与写字教学设计与实施
8	2	第八章 文学阅读教学	讲授、案例示范、讨论	文学阅读课例分析及设计与实施
9	2	第九章 实用文阅读教学	讲授、案例示范、讨论	实用文阅读教学设计与实施
10	2	第十章 文言文阅读教学	讲授、案例示范、讨论	文言文阅读教学设计与实施
11	2	第十一章 整本书阅读教学	讲授、案例示范、讨论	整本书阅读教学设计与实施
12	2	第十二章 群文阅读教学	讲授、案例示范、讨论	群文阅读教学设计与实施
13	2	第十三章 写作教学	讲授、案例示范、讨论	写作教学设计与实施
14	2	第十四章 口语交际教学	讲授、案例示范、讨论	口语交际教学设计与实施
15	2	第十五章 综合性学习	讲授、案例示范、讨论	综合性学习设计与实施
16	2	第十六章 教学反思	讲授、案例示范、讨论	掌握教学反思的方法
以上教学内容共计 32 课时				

次讲智育,案我们教书,并不是像注水入瓶一样,注满了就算完事。最要是引起学生读书的兴味。做教员的,不可一句一句,或一字一字的,都讲给学生听。最好使学生自己去研究,教员竟不讲也可以,等到学生实在不能用自己的力量了解功课时,才去帮助他。

——蔡元培:《普遍教育和职业教育——在新加坡南洋华侨中学等校欢迎会的演说词》

第一章 语文教学设计概述

【学习目标】
1. 掌握语文教学设计的概念及语文教学设计的主要内容。
2. 学会语文教学设计的表达方式。

第一节 语文教学设计的概念

要进行语文教学设计,首先要知道什么是教学设计。关于教学设计,不同的学者从不同的角度给出过许多定义,比较有影响的有如下几种。

加涅认为"教学的系统设计是计划教学系统的系统过程"[1]。史密斯、雷根认为"教学设计这一术语,指的是把学习与教学原理转化成对于教学材料、活动、信息资源和评价的规划这一系统的、反思性的过程"[2]。莫里森等人认为教学设计是"系统化规划教学的过程,关注九个相关的要素"[3]。这九个要素包括:①识别教学问题,细化教学设计目标;②确定学习者特征;③界定学科内容,分析与陈述的目标和目的相关的学习任务;④罗列具体的教学目标;⑤基于逻辑关系的每个教学部分的内容顺序;⑥设计使每个学习者都可以达到教学目标的教学策略;⑦规划教学信息,进行教学开发;⑧开发评估目标的评价工具;⑨选择适当的资源支持教育教学活动。[4]

以上是西方学者从不同角度对教学设计所做的界定。它们的共同之处是强调了教学设计是一个系统工程,教学设计的各个要素是一个有机整体,是具体实施前的科学规划。我国语文课程教学论专家结合以上认识,对语文教学设计进行了界定,比如,时金

---

[1] R.M.加涅,L.J.布里格斯,W.W.韦杰:《教学设计原理》,皮连生、庞维国等译,华东师范大学出版社1999年版,第20页。
[2] P.L.史密斯,T.J.雷根:《教学设计》,庞维国等译,华东师范大学出版社2008年版,第4页。
[3] 莫里森.罗斯.肯普:《设计有效教学》,严玉萍译,中国轻工业出版社2007年版,第373页。
[4] 莫里森.罗斯.肯普:《设计有效教学》,严玉萍译,中国轻工业出版社2007年版,第8页。

芳认为，"教学设计就是把教学原理转换成教学材料和教学活动计划的系统过程，是指为了达到预期教学目标而运用系统观点和方法，遵循教学过程基本规律，对教学活动进行系统计划的过程，是解决教什么（课程与内容等）与怎么教（组织、方法、策略、手段及其他传媒工具的使用等）的问题的过程"，"语文教学设计是建构语文教学操作系统的一项教学科学技术，是教师、教学内容、教学对象、教学媒体、教学方法、教学环境等相关因素有机结合起来发挥某种教学功能的综合体"[①]；魏本亚对语文教学设计进行了描述，认为语文教学设计是为了达成语文教学目标而系统规划采取行动的创造过程[②]；靳彤认为语文教学设计是教师依据语文课程标准，在充分进行学情分析的基础上，拟定教学目标，据此制定包括教学内容、教学过程、教学方法等在内的教学方案，并在实施中获取反馈信息，对方案进行调整、优化的过程[③]。

由此可见，教学设计有广义和狭义之分，本章所阐释的教学设计主要是狭义上的，即每一位教师在实施教学之前，必须做好教学设计。语文教学设计就是以一定的理论为基础，依据国家制定的语文课程标准，在充分研究学情的基础上，为了达成既定语文教学目标而系统规划解决教学问题的创造过程。简单地说，语文教学设计就是语文教师对语文教学活动的预先谋划，我们常说的备课就是这种谋划的核心内容，教案就是这种谋划的书面表达。

综合以上观点，进行教学设计时需要注意以下几个方面的内容。

第一，进行语文教学设计时要有一定的理论做基础，如学习理论、教育理论、系统理论、设计理论等，这些理论为语文教学设计指明了理论方向。还需要掌握一定的文艺理论、汉语知识、文学史知识、文本解读理论、写作理论、口语交际理论等，这些理论知识能够帮助语文教师更好地解读教学文本、进行写作教学设计等。同时还要有渊博的知识帮助语文教师设计更精彩、更有效的教学。所以，语文教师也常常被称为"杂家"。

第二，语文教学设计是对教学过程的系统设计，在漫长的实践与理论探讨中出现了一定的程序步骤或模型，这些教学设计模型为语文教学设计提供了一些参考，所以了解、熟悉那些影响力比较大的教学模型、教学模式，能够帮助语文教师掌握一定的教学设计规律，并能够据此反思自己的教学设计。

第三，语文教学设计不仅包括教学实施前的准备阶段，在日常教学活动中，我们还应考虑教学实施及教学评价、教学反思后的进一步优化。

---

① 时金芳：《语文教学设计的哲学原理探析》，《扬州大学学报（高教研究版）》，2000年第3期，第64-68页。
② 魏本亚：《中学语文教学设计》，高等教育出版社2016年版，第4页。
③ 靳彤：《中学语文教学设计》，高等教育出版社2016年版，第2页。

第二节　语文教学设计的内容

美国教学设计研究者马杰认为，教学设计无非要解决三个问题，即我们要到哪里去，我们怎样到那里去，以及我们是否到了那里。

语文教学设计首先要确定教学目标，即回答"我们要到哪里去"这个问题。目标是各种教学模型都包括的核心要素，因为任何教育都是有目的的，任何教学都是有目标的，教学目标是教学设计的核心要素，它决定着教学设计的基本走向。恰当的目标一定是基于对教学内容和教学对象的准确分析。确定语文教学目标首先基于对语文课程标准的准确把握、对教材的充分理解以及对学情的精准定位。

在此基础上制定教学方案，包括教学内容的选取、教学流程的设计、教学方法的选择等，就是在回答"我们怎样到那里去"这个问题。加涅认为可以把教学看成经过有意识安排的、旨在支持内部学习过程的一个外部事件。教学事件的价值在于为内部学习过程提供最佳支持，以实现帮助学习者学习的目的。加涅构建了一个由9个教学事件组成的教学设计模型。这9个教学事件依次是：①引起学生注意；②提示教学目标，在引起学生注意之后，向学生说明教学目标，使学生在心理上做好准备，明确学习的结果和方法，以免学生在学习中迷失方向；③唤起先前经验；④呈现教学内容；⑤提供学习指导；⑥展现学习行为；⑦适时给予反馈；⑧评定学习结果；⑨加强记忆与学习迁移。最后还应包括将语文教学设计进行实施以及评价并调整语文教学设计，这也是对于"我们是否到了那里"这个问题的回答。

基于以上认识，我们可以将语文教学设计的内容进行如下提炼（见表1-1）[①]。

表1-1　语文教学设计的内容提炼

内容	详情
背景分析	课标研读、教材分析、学情分析
确定目标	拟定教学目标（包括教学重难点）
制定方案	确定教学内容、制定教学流程、设计教学环节（事件）、选择教学方法、教学板书设计、教学辅助手段设计
教学反馈	教学实施、反馈信息
反思调整	评价反思、优化

---

① 参考靳彤：《中学语文教学设计》，高等教育出版社2016年版，第3页。

总而言之，教学设计首先要进行课标研读、教材分析、学情分析，在此基础上，拟定教学目标（包括确定教学重难点）。然后根据教学目标制定教学方案，包括确定教学内容、制定教学流程、设计教学环节（事件）、选择教学方法、教学板书设计、教学辅助手段设计等。最后是实施教学计划，根据教学情况进行教学反思并调整修改教学设计，最终实现教学设计最优化。

第三节　语文教学设计的呈现方式

在全面深入研究教材的基础上，要依据课程标准、教材内容和学生的实际情况等综合因素，考虑施教策略，制定教学方案（具体包括确定教学内容、选择教学方法、教学板书设计等），这一切工作最后要形成一个文字方案，即教案。

一般来说，一份完整的教案一般具备以下构成要素。

（1）课题。对于阅读课来说，就是所教课文的题目；对于写作课、口语交际课或综合性学习来说，就是一个专题的题目。

（2）教学目标。这是为一次教学活动确定的方向。方向必须正确而清楚，因此教学目标应正确、具体，并能够达成。

（3）教学重难点。阐释一节课的教学重点以及要突破的教学难点。

（4）教学方法。教学方法的选择既要符合学生学习的规律，也要根据一定的教学内容来定，课堂教学方法应该多样而有效。

（5）时间分配。要根据教学内容的长度和难度，就不同的教学内容安排不同的教学时间，以体现教学的计划性。时间的分配不只是整体时间的安排，还需要对课时内每一项具体的教学内容预设可能的教学时间。

（6）教学过程。这是教案的重点写作部分，包括从课堂导入到收束的各个环节。教学内容的展开和教学方法的使用便是教学过程。教学目标只有通过一定的教学过程才能实现，因此教学过程的安排要科学、合理。

（7）施教时间、地点、班级等。

教案的撰写有很多种方式，此处介绍三种常见的方式。

一、传统模式

表1-2呈现的是传统教案撰写的主要要素，这种教案的优点有二：第一，要素比较完备、全面系统，基本涵盖了语文教学设计的要素；第二，过程设计相对灵活、自由

度大。对于教学过程没有具体要求,授课教师可以自由发挥。其不足之处表现在以下几点。第一,容易导致以教师为中心,以教学逻辑组织教学,未注重学生学的逻辑。总体上来看,这种模式在教学各要素中考虑更多的是教师如何教,在如何组织学生学习方面用力不够,学生的主体性地位没有得到突出。第二,尽管教学过程看起来比较灵活,但是由于长期以来的行为惰性,在实际操作过程中容易形成导入、初读感知、精读课文、拓展延伸、收束课堂的模式化教学程序,这在某种程度上限制了教学的创造性。第三,语文课程标准指出,语文是一门学习祖国语言文字运用的综合性、实践性课程。要想提升学生的语文能力,必须进行大量的语文实践活动,但是由于教学过程的虚化,从整个教案的设计要素来看,语文实践活动设计不足。第四,由于没有及时参照教学目标,如果一篇课文需要几个课时才能完成教学目标,教学过程很有可能脱离教学目标。

表 1-2　传统模式教案撰写

课题
授课对象
教学目标
教学重难点
教学方法
课时安排
教学过程
板书设计
教学反思

基于以上原因,如果采用这种传统方式撰写教案,其一,要注意扬长避短,比如,为了避免脱离教学目标,可采用分课时方式撰写,即每课时一个教案,这样可以更好地审阅每一个教学目标是否有相应的教学内容进行支撑,是否有有效的实现途径;其二,教学重点和难点有时候是一致的,有时候是不一致的,要根据教学目标、教学内容和学生情况准确把握;其三,教学过程设计要重视学生活动设计,并注意每个步骤间的逻辑关系。

二、基于学生学的模式

与传统教案相比,表 1-3 所呈现的这种教案的特点主要体现为教学过程的细化:其一,教学过程区分出学生活动、教师活动,体现了以学生为中心的教学理念,提醒教师在教学设计时关注学生主体地位;其二,注重语文实践活动;其三,"设计意图"部分提醒教师在教学设计过程中时刻对标教学目标,关注教学环节、教学内容到底指向什么样的教学目标,目标意识凸显,能有效避免出现冗余的教学内容。表 1-4 是对程翔老师执教的《为了忘却的记念》(第一课时)从学生学的角度进行整理。

表 1-3 基于学生学模式教案撰写

学科		年级		课时	
课题					
教材分析					
学情分析					
教学目标					
教学重点					
教学难点					
教学方法					
教 学 过 程					
教学环节	教学内容	学生活动		教师活动	设计意图
板书					

表 1-4 程翔老师教案示范整理

教 学 过 程				
教学环节	教学内容	学生活动	教师活动	设计意图
导入新课	初步明确写作特点:详略得当。白莽、柔石是重点描写的人物。	讨论交流,回忆鲁迅作品篇目。学生交流,明确详略突出。	提问:中小学语文教材中的鲁迅作品有哪些?多不多?读了这篇课文后,谈谈你的印象。	导入,激发学生兴趣。

续表

教 学 过 程				
教学环节	教学内容	学生活动	教师活动	设计意图
初读感知	交流文章如何引出白莽，从而理清文章思路。进一步明确文章从点名事由—三种态度—引出杂志—引出白莽—引出柔石的写作思路。	学生默读课文，圈点勾画。（大约6分钟）学生讨论交流对不敢、不愿、不屑三种态度的看法。学生讨论交流。	提问：作者是怎样写白莽的？作者是怎样回忆他的？（要求做批注，随时写感受）课堂追问：哪三个词引出？这三个词有何深意？（板书"不敢、不愿、不屑"）教师小结："不敢"反映了当时进步杂志迫于政策不敢登；"不愿"说明有些杂志保持中立的立场，不想惹事儿；"不屑"说明有些杂志认为不值得一登。三种不同态度引出《文艺新闻》杂志，从而引出白莽，此为文章思路。为何一开始不写柔石，而是写白莽？	初步感知，理清文章思路。
精读课文	白莽是一个热情勇敢、能够接受批评的青年。	学生讨论交流。	提问：白莽具有什么样的特点？（课堂提问分解：什么叫曲译？为什么不喜欢国民诗人？国民和民众的区别？）小结：鲁迅批评白莽坦率，说明白莽可以接受他的批评。	精读课文，理解人物形象——白莽。
	明确：将白莽与柔石作比较。明确柔石是一个硬且迂的青年。明确赞美的感情色彩。	学生讨论交流。一学生上讲台板书。学生热烈讨论交流。	提问：怎么引出柔石的？范读第7自然段，提问：这一段有什么作用？标出关键词。如何写柔石？突出了柔石什么特征？引导学生讨论板书：是否可以用"迂"一字概括？是否需要加上"硬"？作者态度是怎样的？	精读课文，理解人物形象——柔石。

三、"教学点"式模式

王荣生用"教学点"替代了"教学目标"这个概念,用"知识点"代替了"教学内容"这个概念,倡导使用基于"教学点"的备课模板,图 1-1 用于确定教学内容,图 1-2 用于确定教学步骤。[①] 这种教学设计呈现方式的好处有三:一是教学目标通过教学点 A、教学点 B、教学点 C 很明确地呈现出来,思路非常清晰;二是教学内容的处理一目了然,对课文进行删繁就简后,操作起来非常便捷;三是教学环节比较清晰。不足之处是这种教学设计的呈现方式可能更适合经验比较丰富的语文教师。虽然这种教学设计呈现方式非常简明,教学环节看起来非常清晰,但是在实际操作过程中,由于导入语言、教学环节的过渡语言、提问语言、收束语言等教师的教学行为以及学生的预设行为等的粗放式处理,教师的课堂行为随意性较大,因而对教师的课堂驾驭能力要求较高,对于处在教学焦虑期的、还未真正进入中小学课堂的师范生来说难度偏高。

图 1-1 "教学点"式备课模板之确定教学内容

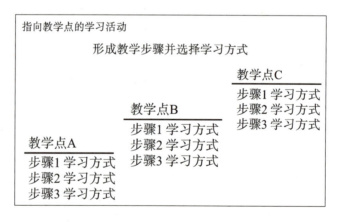

图 1-2 "教学点"式备课模板之确定教学步骤

---

① 王荣生:《课文教学设计的四个要点(下)》,《语文建设》,2020 年第 10 期,第 29—34 页。

比如《藤野先生》一课,我们可以尝试用台阶式教案进行呈现(见图1-3)。

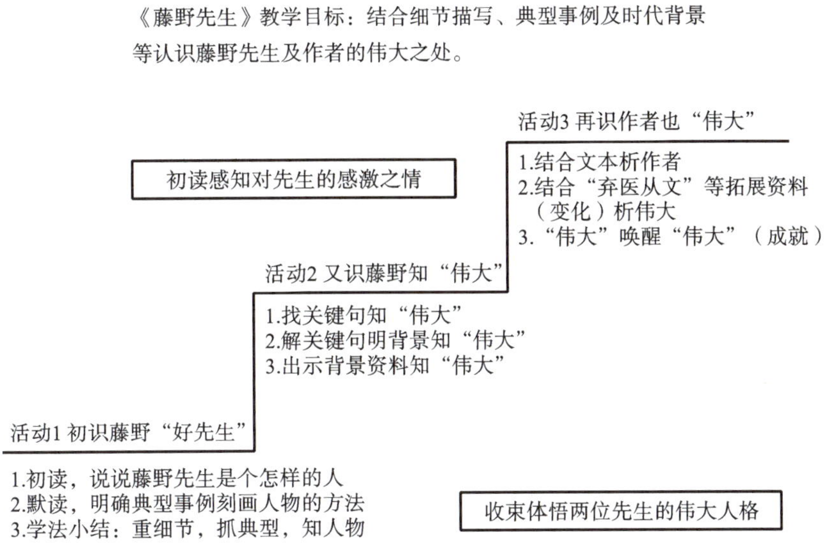

《藤野先生》教学目标:结合细节描写、典型事例及时代背景等认识藤野先生及作者的伟大之处。

活动3 再识作者也"伟大"
1. 结合文本析作者
2. 结合"弃医从文"等拓展资料(变化)析伟大
3. "伟大"唤醒"伟大"(成就)

初读感知对先生的感激之情

活动2 又识藤野知"伟大"
1. 找关键句知"伟大"
2. 解关键句明背景知"伟大"
3. 出示背景资料知"伟大"

活动1 初识藤野"好先生"
1. 初读,说说藤野先生是个怎样的人
2. 默读,明确典型事例刻画人物的方法
3. 学法小结:重细节,抓典型,知人物

收束体悟两位先生的伟大人格

图1-3 《藤野先生》之台阶式教案

除了以上介绍的三种教学设计的呈现方式之外,还有很多种教学设计的呈现方式,在教学实践中可根据自己的实际情况灵活使用。

设 计 与 实 施

观摩湖北省语文特级教师陈小林老师执教的《与朱元思书》,并用以上三种方式对课例进行整理,感受三种教学设计呈现方式的特点。

参考示例:模板一。

教学过程					
教学环节	教学内容	学生活动	教师活动	设计意图	
导入	明确教学内容。	倾听。	开门见山,直接导入。	激发学生兴趣。	
初读感知	初步明确富春江的特点:"奇山异水天下独绝"。	听老师背课文,思考,交流。	背课文,提问:富春江给你怎样的印象?吴均是如何评价的?	整体感知课文。	

续表

		教 学 过 程		
教学环节	教学内容	学生活动	教师活动	设计意图
精读课文	活动1 品"异水" 1. 慢读精思，感受水之清澈 2. 快读精思，感受水之活泼 3. 齐读感悟，感受生命状态	圈点勾画，交流，朗读，评价朗读。 思考交流，预设答案：猛浪若奔。 感受猛浪若奔。 思考交流，明确：任意东西、自由自在的生命状态。	提示学生找出写水的部分。 指名学生朗读。评价并指导朗读。 提问：从哪里可以看出水的活泼？ 出示徐悲鸿和布封的《马》，提问：给你留下怎样的印象？这是一种怎样的生命状态？	通过朗读感受水的清澈、活泼与雄伟。 通过画和学过的课文感受猛浪若奔的状态，从而体会作者向往的自由自在的生命状态。
	活动2 品"奇山" 1. 解山峰，悟息心 2. 解山谷，悟和谐 3. 解经纶，悟官场	自由读第三自然段，找出写奇山感受的句子并交流。 预设："争""冷峻""雄伟"等。 齐读，读出雄奇之感。 思考探究，交流明确。 预设："极力""冲"。 预设：凭借自然力量。 讨论交流。预设：和谐、世外桃源。 朗读，思考，交流，预设：经纶的偏旁之内蕴。	提示学生读第三自然段，思考问题。 提问：这是一座怎样的山峰？ 引读一句。 提问："望峰息心"是什么意思？鸢是怎样飞到天上？山峰是怎样生长的？小结。 提问：这是一座怎样的山谷？ 引读第一句。 提问：是什么样的人来到山谷，做了什么？	通过讨论交流、朗读等方式明确"望峰息心"的内涵。 通过讨论交流明确山谷之和谐与官场之污浊的对比。

续表

	教学过程			
教学环节	教学内容	学生活动	教师活动	设计意图
精读课文	活动3 明情怀 1.析生平,明好恶 2.析文体,明回归 3.析时代,明情怀	读PPT背景介绍。 讨论交流,预设:"恶"。 预设:尔虞我诈、互相欺骗等。 朗读。 讨论交流。 讨论交流,预设:借景抒情等。 讨论交流,预设:对官场的厌恶,对自由生活的追求。	出示背景。 提问:可用哪个字形容他对官场的认识?吴均的官场生活可能是怎样的? 出示生平资料,引导学生了解作者。 引导学生明确标题表明是书信文体。 提问:吴均为什么要这样写信? 引导:什么情?追求什么?出示"回归"。	结合文体、生平、背景了解文章主旨及作者志趣。
收束课堂	收束课堂内容	倾听。	PPT配乐出示:走在江南的路上……	升华主题。

模板二:

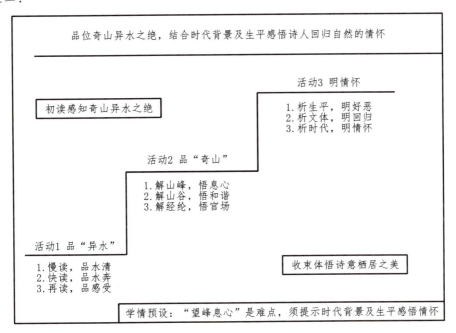

传统教案方式根据以上两种方式稍做整理即可,此处略。

教亦多术矣,运用在乎人,孰善孰寡效,贵能验诸身。
为教纵详密,亦仅一隅陈,贵能令三反,触处自引伸。
陶不求甚解,疏狂不可循。甚解岂难致?潜心会本文。
作者思有路,遵路识斯真。作者胸有境,入境始与亲。
一字未宜忽,语语悟其神,唯文通彼此,譬如梁与津。
学子由是进,智瞻德日新。文理亦畅晓,习焉术渐纯。
操觚令抒发,二事有可云,多方善诱导,厥绩将无伦。
一使需之切,能文意乃申,况复生今世,交流特纷纭。
一使乐其业,为文非苦辛,立诚最为贵,推敲宁厌频。
常谈贡同辈,见浅意殷勤。前途愿共勉,服务为新民。

——叶圣陶:《语文教学二十韵》

第二章 语文教学目标

【学习目标】
1. 掌握确定语文教学目标的依据及原则。
2. 掌握语文教学目标的表述方式。

第一节 概念辨析及语文教学目标的功能

一、教育目标、课程目标与语文教学目标概念辨析

教育目标一般可以划分为教育目的、课程目标和教学目标三个层级。教育目的是学校一切教育、教学活动的出发点和归宿,它指导和制约着学校的一切教育教学活动。课程目标是依据国家教育方针、学生心理发展规律,通过课程内容的学习,完成规定的教育教学任务而应达到的目标。课程目标主要由课程专家研制,是对课程教学的总体要求,并不直接作用于学习者,还需要通过进一步具体化,结合具体的教学内容,转化为细致的教学目标,才能指引教师和学生的实践,从而达成课程教育乃至终极教育目标。

语文课程目标是从语文课程的角度出发,规定语文课程人才培养的个体规格和质量要求。语文课程目标带有规范色彩,表现为在课程标准层面对语文课程教学所要达成的学生语文素养的内涵和标准。根据《义务教育语文课程标准》(2022年版),语文课程目标在垂直层次上可划分为总目标、学段目标,在水平层次上可划分为识字与写字、阅读与鉴赏、表达与交流、梳理与探究目标等。语文课程目标的整体性描述是:语文课程围绕核心素养,体现课程性质,反映课程理念,确立课程目标。王荣生先生认为,从目标的表述方式看,可以将目标分为内容目标、能力目标和活动目标。《普通高中语文课程标准》(2017年版,2020年修订)则提出了"语言建构与运用""思维发展与提升""审美鉴赏与创造""文化传承与理解"的语文核心素养目标。随着人们对语文课程认识的深入,语文课程目标经历了双基目标、三维目标、四要素核心素养目标的转变。

语文教学目标是语文教学的出发点和归宿,是教与学通过一系列的语文实践活动达到的目的,是检测、评定教学效果的参照物。语文教学目标是语文课堂教学活动预期的结果。在整个语文教学设计过程中,确定教学目标是最关键的一环,它是制定教学任务、选择教学内容、运用教学方法和教学策略的重要依据。整体而言,语文课程目标是从语文学科整体宏观的视角定位,概括而抽象,语文教学目标则是从一篇课文、一堂课的微观处着手,具化为一项又一项具有操作性、可测评的言语实践活动。正是每一堂课、每一篇课文教学目标的落实促成了语文课程目标的达成。但是,"某一门课程的教学目标并不一定是每一堂课的教学目标的相加,课堂教学目标与课程教学目标之间,有一个相当大的模糊地带,一个有待整合加工提进的过程"[1]。对于这三者的关系,崔允漷先生曾经列表示意[2](见表 2-1)。

表 2-1　教育目的范围的层级关系

层级	陈述名称	制定者	特点	举例
一级(教育目的)	教育方针或培养目标	政府/国家	抽象,笼统,比较关注"应该如何"	在德育、智育、体育几方面都得到全面发展。
二级(课程标准)	九年义务教育的课程目标	学科专家	从"抽象"逐步过渡到"具体"	具有适应终身学习的基础知识、基本技能和方法。
二级(课程标准)	九年义务教育语文课程目标	学科专家	从"抽象"逐步过渡到"具体"	具有独立阅读能力,注重情感体验,激发想象力和创造潜能。学会运用多种阅读方法。
二级(课程标准)	一至二年级语文课程目标(阅读领域课程)	学科专家	从"抽象"逐步过渡到"具体"	结合上下文和生活实际了解词句的意思,在阅读中积累词语。
三级(教学目标)	学年(学期)目标或单元(主题)目标或课时目标	教师	比较具体;比较关注实际的状态	《沁园春·雪》的教学目标:感情充沛地吟诵;当堂背诵;体会诗人的壮志豪情。

---

① 李海林:《关于语文教学目标的几点思考》,《中学语文教学》,2003 年第 6 期,第 28-29 页。
② 崔允漷:《教学目标——不该被遗忘的教学起点》,《人民教育》,2004 年第 13-14 期,第 16-18 页。

二、语文教学目标的功能

语文教学目标的功能有很多,一般而言,以下几种功能非常突出。

1. 导向功能

教学目标是教学设计的出发点和归宿。确定好教学目标之后,教师围绕教学目标选择合适的教学内容,构建科学的教学环节,设计合理的教学活动,因此,教学目标能够指引教师的教学方向,使教学活动不至于进入盲目的状态。在教学设计及教学实施过程中,如果教学活动偏离了教学目标,教学目标能起到警示作用,提示授课教师调整教学内容和方法等,使教学活动进入正常轨道。

2. 激励功能

从学生的角度来说,合宜的教学目标具有激励和促进作用。合适的教学目标切合维果茨基的最近发展区理论,学生"跳一跳,摘得着",努力后成功的喜悦会激励学生向前迈进,恰切的教学目标可以有效激发学生的学习行为,促进学生的发展。而学生无论怎么努力都无法实现或者对于学生完全没有任何难度的教学目标就难以起到激励和促进作用,因此教学目标的设定一定要符合学情。

3. 评价功能

教学目标的评价检测功能可以从教师和学生两个方面来考虑。对于教师而言,教学目标的评价作用体现于完成一个教学目标之后,教师可以根据学生的学习反馈情况,判断教学目标是否达成、是否需要进一步完善教学策略,使其更好地为教学服务。对于学生而言,在教学过程中明示教学目标,不仅能在教学伊始对学生起到激励和刺激作用,而且能够让学生在学习的过程中进行自我评价,有利于学生的自我反思和自我测评,最终促进学生语文素养的提升。

第二节 确定教学目标的依据

一、依据语文课程标准

语文课程是国家课程,必须执行国家课程标准,因此,在设计教学目标之前,必须准确把握课程标准。

对语文课程性质的认识影响语文教学目标的确定。《义务教育语文课程标准》(2022年版)提出:"语文课程是一门学习国家通用语言文字运用的综合性、实践性课程。"《普通高中语文课程标准》(2017年版,2020年修订)也指出:"语文课程是一门学习祖国语言文字运用的综合性、实践性课程。"这两句话有几个关键之处。其一,"学习祖国语言文字运用"说明语文课程不是为了培养语言学家,而是为了让学生学会使用祖国的语言文字,会用祖国的语言文字进行听说读写等活动,以满足日常生活的各种需要。其二,"综合性"指出语文课程是一门综合性的课程,它的内容是综合性的,包括阅读、写作、口语交际、综合性学习等领域,阅读的材料包括古今中外的各种文体;它的形式也是综合性的,语文学习过程中需要开展听说读写各种语文活动。其三,两个课程标准都突出了语文课程"实践性"的特点,强调了语文课程所培养的听说读写等各项能力只有通过实践才能得到提高,因此,必须把课堂还给学生,因为学生的听说读写等各种能力绝不是仅通过教师的讲授便可以获得的。语文教学目标应是多维的,不应仅仅关注"工具性"的一面,还要考虑是否能够丰富语言积累、提高思维品质、培养良好习惯、获得情感熏陶,是否能满足学生日后工作、生活的需要。

对语文课程目标的认识影响语文教学目标的确定。《义务教育语文课程标准》(2022年版)的课程目标分为核心素养内涵、总目标及学段要求三部分,这要求我们不仅掌握整个义务教育的总体目标,而且对四个学段目标有清醒的认识。要明确目标纵向的发展关系以及横向各个领域的融通关系,以阅读教学目标"理解词句意思"为例,第一学段为"结合上下文和生活实际了解课文中词句的意思,在阅读中积累词语……借助读物中的图画阅读";第二学段为"能联系上下文,理解词句的意思,体会课文中关键词句表达情意的作用。能借助字词、词典和生活积累,理解生词的意义";第三学段为"能联系上下文和自己的积累,推想课文中有关词句的意思,辨别词语的感情色彩,体会其表达效果";第四学段为"在通读课文的基础上,理清思路,理解、分析主要内容,体会和推敲重要词句在语言环境中的意义和作用"。随着学段的增加,对"理解词句意思"这一语文能力的要求也逐步提高。从横向上来看,阅读与鉴赏学习目标和识字与写字、表达与交流、梳理与探究等学习目标也时有交叉。在确定教学目标时,要有这种全局意识。《普通高中语文课程标准》(2017年版,2020年修订)在阐释课程目标时指出:"学生通过阅读与鉴赏、表达与交流、梳理与探究等语文学习活动,在语言建构与运用、思维发展与提升、审美鉴赏与创造、文化传承与理解几个方面都获得进一步的发展;坚定文化自信,自觉弘扬社会主义核心价值观,树立积极向上的人生理想,为全面发展和终身发展奠定基础。"这突出了课程目标的达成需要通过各种语文活动,同时强调了在设计教学目标时需要考虑语言、思维、审美、文化等方面的要素。

二、依据教材

统编语文教材对教学目标有比较清晰的呈现,在进行教学设计时,可充分利用教材,钻研教材的单元导语、课前预习、课后练习,理解编辑意图。对于小学语文教材,还可充分考虑语文园地的交流平台等信息,为制定教学目标做充分准备。

（1）单元目标。统编语文教材对课程目标有较好的回应，在确定教学目标时可以将单元目标作为一个重要依据。初中语文教材的单元导语大多由两段文字组成，一段对单元的人文主题进行阐释，另一段对单元的语文要素进行说明。以《济南的冬天》一课为例，该课文位于统编语文教材七年级上册第一单元，单元导语是："日月经天，江河行地，春风夏雨，秋霜冬雪，大自然生生不息，四时景物美不胜收。本单元课文用优美的语言，描绘了多姿多彩的四季美景，抒发了亲近自然、热爱生活的情怀。学习本单元，要重视朗读课文，想象文中描绘的情景，领略景物之美；把握好重音和停连，感受汉语声韵之美。还要注意揣摩和品味语言，体会比喻和拟人等修辞手法的表达效果。"本单元的人文主题是四季美景，语文要素主要包括朗读训练、揣摩品味语言以及修辞手法的学习，在设计教学目标时要重点考虑这几个方面。

（2）课文目标。统编语文教材的课文预习、练习等内容对设计教学目标也有很大的帮助。如《济南的冬天》的预习提示如下："在你的印象中，冬天是怎样的，有哪些代表性的景物？朗读课文，看看作者笔下的济南的冬天与你印象中的冬天有什么不同。课文中的许多景物描写细腻、生动，能唤起你对事物的细微感觉。阅读的时候，注意体会。"

《济南的冬天》课后的思考探究如下："一　作者所写的济南的冬天有着怎样的特点？他是通过哪些景物呈现这一特点的？尝试用自己的语言，向你的同学描述这些景物。二　冬天的济南在作者的眼中是个'理想的境界'，他为什么会有这样的感受？跟同学做一点儿探究。"积累拓展部分包括三个题目，一是"品味下列语句，体会句中拟人手法的表达效果"，二是标出第三段的重音和停连并进行朗读训练，三是借鉴课文的写法，以家乡的冬天的景色为主题写一个片段。

编辑意图非常明确，课前的预习和课后的作业非常清晰地指向了单元教学目标，指向了朗读训练、品味语言、学习修辞这些语文要素，也指向了感受四季之美的人文主题。

最后还要考虑课文本身的独特性。《济南的冬天》是一篇写景抒情的散文，展现的是老舍眼中济南冬天的温情之美，需带领学生感受；文本运用了拟人、比喻等修辞手法，以拟人最为突出；课文语句精妙，是合适的朗读素材，可以用来训练学生的朗读能力。

经过以上至少三个层面的分析（可以按照从课文到单元目标到课程目标的逻辑，也可以反其道而行之），《济南的冬天》教学目标基本可以确定如下。

第一，掌握重音和停连的要领，在朗读中感受济南冬天之美。

第二，理解"温晴"是济南冬天的特点。

第三，学习比喻、拟人的修辞手法。

三、依据学情

美国著名认知教育心理学家奥苏伯尔在其名著《教育心理学——认知观点》中写

道:"所有的课堂学习都可以按两个独立维度——机械-意义的维度和接受-发现的维度来划分。……实际上,发现学习和接受学习都可能是有意义的,其条件是:(1)学生具有有意义的学习心向(即把新的学习材料在意义上同他原有的知识结构联系起来的一种倾向),以及(2)学习材料本身是有潜在意义的(这种学习任务本身由似乎合理的或者可以感知的材料组成的,以及能够同特定的学生的认知结构建立非人为的和实质性的联系)。"[1]学情分析确保教学目标定位在学生的最近发展区。按照最近发展区理论,教学实际上就是引导和推动学生由可能发展水平向现实发展水平转变的过程。通过学情分析,教师可以准确把握学生的现实发展水平,有效预测其可能发展水平,从而精准地将教学目标定位于学生的最近发展区。所以学情分析的目的是"以学定教","学情分析的内容是影响学生在学习过程中有效学习的因素分析,学情分析侧重于方法论和实践的层面,为教学设计和教学实践提供行动的基础和策略指南"[2]。

学情分析的方法有很多,比如经验分析法、观察法、资料分析法、问卷调查法、访谈法等[3]。写作教学中的学情探测方法可以采用问卷调查、分析学生作文和访谈诊断[4]。有研究者把学情分析的方法分为两类:经验判断和实证分析。前者主要基于日常的教学经验对学情进行判断,带有主观性;后者则是通过书面资料分析、访谈、测试等方法,收集学情证据,强调学情分析的客观性[5]。

学情分析的具体内容从不同的视角出发,可以区分出不同的内容,比如,学情分析可以从两个角度出发:一是对于学生的群体共性的分析;二是对于班级个性和学生个体差异的分析[6]。具体而言,姜小军认为,学情分析的基本内容有二:其一,了解所任教学生的基础,包括学生的学习态度、学习兴趣,多数学生的学习习惯及学习方法,先修课程相关知识技能的掌握程度;其二,根据教学的重难点,分析学生学习过程可能遇到的困难及其原因,以及如何针对这些困难加强对学生学习的指导[7]。陈宇卿等人认为,学情分析的内容一般包括学生的年龄特点、学生的已知、学生的未知、学生的能知、学生的想知、学生怎么知六个方面[8]。

---

[1] D.P.奥苏伯尔等:《教育心理学——认知观点》,佘南星、宋钧译,人民教育出版社1994年版,第1-2页。

[2] 邵燕楠、黄燕宁:《学情分析:教学研究的重要生长点》,《中国教育学刊》,2013年第2期,第60-63页。

[3] 马文杰、鲍建生:《学情分析:功能、内容和方法》,《教育科学研究》,2013年第9期,第52-57页。

[4] 邓彤:《写作教学:起点在哪里?》,《语文学习》,2014年第3期,第61-64页。

[5] 刘秀凤:《构建基于学情分析的儿童课堂》,《江苏教育研究》,2013年第6期,第64-67页。

[6] 韦玲珍:《语文教学如何进行学情分析》,《语文建设》,2010年第8期,第51-53页。

[7] 姜小军:《高校教师说课技巧刍议》,《教育与职业》,2012年第3期,第176-177页。

[8] 陈宇卿、徐承博、戈一萍:《为了学习者的学而教:小学学科学习设计的实践研究》,上海人民出版社2010年出版,第63-64页。

职前教师所做的学情分析大多涉及的是对群体共性的分析,如学生年龄特点分析、学生已有知识结构分析、学生学习习惯分析、学习能力分析、学习风格分析。针对学生的个体差异以及不同教学文本所做的学情分析不太充分。分析学生可以从多个方面具体展开,如分析学生的整体情况,判断学生在某项学习内容上的基础,分析学生的相关知识。学情的内涵是复杂的,在针对一节课或一篇课文的设计中,教师不可能对所有情况都做重点考虑,而只能以多数学生的平时表现为参照基准设计教学,兼顾班级里各种学习基础的学生及有特殊背景、特殊才能的学生。教师对教学内容的信息量、难度等方面也需要加以控制。教师还需要预先准备高、中、低三种层次的教学目标,尽量面向全体学生,以应对可能出现的对学情判断的失误。

总体来看,职前教师在进行学情分析时,很容易犯"想当然"的错误,比如,这是一位师范生针对《林黛玉进贾府》一文所进行的学情分析:

学生对《红楼梦》虽然并不陌生,但能全文阅读的则寥寥无几,具体情节知之不多,有部分学生对于半文言语言的阅读兴趣不高,对烦琐的场景描写以及复杂的人物关系会难以理清,所以调动学生学习的积极性尤为重要,并且不宜面面俱到,只宜抓住重点进行分析。

实际上,这种学情分析主要是凭空设想出来的,是为了做学情分析而进行的学情分析,对教学设计指导意义不大,在后面的教学实施中往往也没有关联学情分析。这样的学情分析过于粗疏以至流于形式:其一,对于到底有多少学生读过《红楼梦》,读到什么程度,没有进行调查;其二,课文所选《林黛玉进贾府》并没有太复杂的人物关系,学生是否能够理清,也需要进行调研;其三,"不宜面面俱到,只宜抓住重点进行分析"也是属于正确的废话。我们为什么要进行学情分析?是为了更精准地确定教学目标,因此学情分析绝对不能只停留在笼统的概括层面,学情分析越清晰、具体、准确,就越能更好地服务于教学目标的设计。

第三节　语文教学目标的表述

一、教学目标主要理论

半个世纪以前,美国著名教育心理学家布卢姆等在《教育目标分类:第一分册　认知领域》中,将学习结果(即教育目标)分为认知、情感和动作技能三个领域,同时将认知领域的学习划分为知识、领会、运用、分析、综合、评价六个层级。认知目标理论有助于教师在设计教学目标时考虑目标的不同层级,所提问题可以从简单逐渐发展到复杂。

美国著名教育心理学家罗伯特·加涅将学生的学习结果分为五种类型,即言语信息、智慧技能、认知策略、动作技能和态度。言语信息主要指能用言语表达的知识,包括符号记忆、事实性知识和有组织的整体知识。智慧技能主要指运用概念和规则对外办事的能力,其中又有五个小类:辨别、具体概念、定义性概念、规则和高级规则。认知策略主要指运用有关人们如何学习、记忆、思维的规则支配人的学习记忆或认知行为,并提高其学习、记忆或认知效率的能力。动作技能主要指通过练习获得的、按一定规则协调自身肌肉运动的能力。态度则指个体习得的决定人的行为选择的内在倾向。这五种类型对设计语文教学目标也有很大的启发,语文教学目标中的语文知识就属于言语信息目标,而很多语文能力则属于智慧技能,语文学习中的写字能力、朗读能力等又基本和动作技能相对应。了解罗伯特·加涅的该思想有助于在设计教学目标时对照教学目标检查是否兼顾了语文学科核心素养的多个方面。

盛行于20世纪的美国心理学家马杰的行为目标理论认为行为目标应该具有可观察的行为、行为发生的条件和可接受的行为标准这三个要素,他将课程目标陈述为可观察、可测量的外在行为,即指明了课程实施后受教育者应当实现的行为变化以及变化所应达到的水平,具有具体性和可操作性,在一定程度上解决了教学目标陈述含混的问题。实践证明,精确的目标有利于促进学生学习成绩的提高,不过在进行教学目标设计时也要注意避免过于琐碎的目标。

二、语文教学目标陈述的基本要素

有些教师从三个维度来陈述教学目标,这种做法是值得商榷的。其一,三个维度是从课程层面提出来的,不能将课程目标与教学目标混为一谈。其二,课程标准中强调知识与能力、过程与方法、情感态度与价值观是相互渗透、融为一体的,所以在撰写教学目标时按照三个维度分列,很容易造成目标之间的重合交叉。

怎样进行教学目标陈述?好的教学目标必须符合一些要求:第一,目标指向是学生通过学习之后的预期的结果,因此行为主体必须是学生,而不是教师;第二,目标的陈述主要是为了便于后续的评价行为,因此行为动词要尽可能清晰、可把握,而不能含糊其辞,否则无法规定教学的正确方向;第三,有时单靠行为动词无法将目标清晰地表达出来,因此需要一些附加的限制条件,如对学习情境、工具、时间、空间等的规定;第四,目标指向全体学生而不是个体学生,同时也是为了便于评价,因此目标的表现程度总是最低要求,而不是最高要求,它只是说明目标所指向的这一群学生最起码达到的标准,它不代表所有学生真正获得的真实的教育结果,前者只是后者的一部分。[①]

---

① 崔允漷:《教学目标——不该被遗忘的教学起点》,《人民教育》,2004年第13-14期,第16-18页。

因此，教学目标一般包括行为主体（audience）、行为动词（behavior）、行为条件（condition）和表现程度（degree）。在阐释教学目标时要注意以下几点。第一，行为主体应是学生，而不是教师。第二，行为动词尽可能是可测量、可评价、可理解的。第三，行为目标的陈述有两类基本方式：结果性目标、体验性或表现性目标。结果性目标明确告诉人们学生的学习结果是什么，所采用的行为动词要求明确、可测量、可评价。如知识与技能领域多是结果性目标。体验性或表现性目标描述学生自己的心理感受和体验，明确安排学生表现的机会，所采用的行为动词往往是体验性的、过程性的，这种方式指向无须结果化的或难以结果化的目标，主要应用于过程与方法、情感态度与价值观。第四，必要时附上产生目标指向的结果行为条件。第五，要有具体的表现程度。

《义务教育语文课程标准》（2022年版）强调，教师应充分认识语文课程工具性与人文性是统一的，从培养核心素养出发，把握文化自信、语言运用、思维能力、审美创造四个方面整体交融的特点，设定教学目标时既有所侧重，又融为一体。注意在识字与写字、阅读与鉴赏、表达与交流、梳理与探究的语文活动中，整体提升学生的核心素养。注意教学目标之间的关联，避免将核心素养四方面简单罗列。

设计与实施

一、案例研讨：请对以下教学目标进行评价。

[案例1]

1. 知识与能力目标：认识诗中的生字词，知道这首诗的写作背景，理解全诗大概的内容。

2. 过程与方法目标：会大声、有感情地朗诵全诗。

3. 情感态度与价值观目标：通过对全诗背景的理解、内容的感悟，理解诗意，体会诗人所要表达的思想感情。

参考评价：从教学目标来看，只知道这是一首关于诗的教学目标，但是到底是哪一首诗，从教学目标基本看不出来，这样的教学目标几乎是放之四海而皆准，没有针对性，过于笼统。

[案例2]

1. 会写"遮"这个生字，会读"篙""棹"这两个生字。

2. 正确、流利、有感情地朗读、背诵古诗。

3. 能借助注释，结合相关资料，理解诗句的意思，边读边想象画面，感受小童的形象。

4. 体会作者对儿童的赞赏、喜爱之情及作者不泯的童心，感受童年生活的情趣。

参考评价:虽然案例2没有像案例1那样从三个维度来分行书写,但是这个教学目标同样也是从知识与能力、过程与方法、情感态度与价值观三个维度来进行设计的。相较于第一个教学目标,这个教学目标更为明确具体、更有针对性,我们很容易就能看出这是小学语文教材《舟过安仁》的教学设计。

[案例3]

1.知识与能力目标:培养学生独立识字的能力,用普通话正确、流利、有感情地朗读古诗,注意通过语调、韵律、节奏等体味诗歌的内容和情感。

2.过程与方法目标:联系上下文和相关资料,充分发挥学生的想象力,理解诗句的意思,想象诗歌描述的意境,培养同学们积极参与讨论、表达自己意见的习惯。

3.情感态度与价值观目标:体会作者对儿童的赞赏和喜爱之情,激发学生对美好生活情趣的向往和追求。

参考评价:这个教学目标最明显的错误就在于教学目标的主体表述为教师,如果我们将隐藏主体加进去,教学目标的表述就成了:(教师)培养学生独立识字的能力;(教师)联系上下文和相关资料,充分发挥学生的想象力,理解诗句的意思,想象诗歌描述的意境;(教师)培养同学们积极参与讨论、表达自己意见的习惯;(教师)激发学生对美好生活情趣的向往和追求。这样的教学目标的表述方式与当下以学生为主体的基本理念是背道而驰的。教学目标的表述主体应该是学生。

二、编写《孔乙己》(九年级下册)一课的教学目标。

真的文字学习,须从为人着手。"文如其人",文字毕竟是一种人格的表现,冷刻的文字,不是浮热的性质的人所能模效的,要作细密的文字,先须具备细密的性格。不去从培养本身的知识情感意志着想,一味想从文字上去学习文字,这是一般青年的误解。我愿诸君于学得了文字的法则以后,暂且抛了文字,多去读书,多去体验,努力于自己的修养,勿仅仅拘执了文字,在文字上用浅薄的工夫。

——夏丏尊:《关于国文的学习》

第三章 语文教学过程

【学习目标】

1. 掌握语文教学过程的概念及语文教学过程设计策略。
2. 学会设计语文教学过程。

《基础教育课程改革纲要》提出教学过程改革的两项要求。第一项要求是教师在教学过程中应与学生积极互动、共同发展，要处理好传授知识与培养能力的关系，注重培养学生的独立性和自主性，引导学生质疑、调查、探究，在实践中学习，促进学生在教师指导下主动地、富有个性地学习。教师应尊重学生的人格，关注个体差异。满足不同学生的学习需要，创设能引导学生主动参与的教育环境，激发学生的学习积极性，培养学生掌握和运用知识的态度与能力，使每个学生都能得到充分的发展。第二项要求是大力推进信息技术在教学过程中的普遍应用，促进信息技术与学科课程的整合，逐步实现教学内容的呈现方式、学生的学习方式、教师的教学方式和师生互动方式的变革，充分发挥信息技术的优势，为学生的学习和发展提供丰富多彩的教育环境和有力的学习工具。此两项要求引导我们在教学设计中关注教学过程中学生的主体性以及信息技术的运用。

第一节 语文教学过程概述

对于何为教学过程，已有很多相关论述。李秉德认为"教学过程是学生在教师的指导下，对人类已有知识经验的认识活动和改造主观世界、形成和谐发展个性的实践活动的统一过程"[1]。王策三认为"教学过程确实是一种特殊的认识过程。其任务、内容和整个活动，都是认识世界或对世界的反映。它的特点就在于是对学生个性的认识，主要

---

[1] 李秉德：《教学论》，人民教育出版社1991年版，第24页。

是间接性的、有领导的、有教育性的"①。吴也显认为"教学过程是在相互联系的教和学的形式中进行的,以传授和学习文化知识为基础、以培养和发展学生的能力和健全的个性为目的、由学校精心组织起来的社会认识、实践的过程"②。靳彤认为教学过程是"教师根据一定社会的要求和学生身心发展特点,指导学生有目的、有计划地掌握系统的基础知识和基本技能,形成基本的情意、态度,获得身心发展的过程。这既是教师教的活动展开的过程,也是学生学的活动推进和变化的过程,是教师教和学生学融合统一的过程"③。简单地说,语文教学过程就是语文教学活动从开始到结束的全部过程,教学过程可以划分成几个相对独立又紧密联系的核心环节,是教学活动纵向推动的流动程序。

一般来说,语文阅读教学有一个基本的展开模式:导入课堂—整体感知—精读研讨—拓展延伸—总结收束。阅读教学基本遵循这样一个内在规律。在语文教学实践中,形成了一些比较著名的教学模式,举例如下。

一是黎锦熙的三段六步模式。自动主义阅读教学程序的主要特征是自动主义指导下的三段六步。"三段"即理解、练习和发展,其中每个阶段又分为两步,共"六步",即预习、整理、比较、应用、创作、活用。有学者认为:"自动主义阅读教学,以学生的自动学习为中心,形成了'促—测—导—用'循环往复的教学过程。它深刻揭示了阅读教学的本质过程,并为阅读教学提供了科学、简明、易于操作的程序。"④黎锦熙的三段六步模式对当下的阅读教学依然具有启发意义。

二是叶圣陶的三阶段模式。叶圣陶注重培养学生的自学能力,认为最优的教学过程是指"教是为了不教",主张将语文教学过程划分为"预习—课内报告与讨论—练习"三阶段。

三是朱自清的四步模式。朱自清在1925年提出了"预习报告结果—分述文意—研究情思与文笔—口问或笔试"的语文教学过程。这是一个极具语文味的教学过程,既给予学生充分的训练,又始终穿插教师示范性的启发讲解,形成了师生共同研究、玩味语言文字的氛围,从而达到对课文语言文字透彻的了解和切实的欣赏。⑤

四是钱梦龙的三主四式。"三主"是教师为主导、学生为主体、训练为主线,"四式"包括自读式、教读式、作业式、复读式,是贯穿学生阅读过程的科学的、合乎规律的有机环节,反映了语文教学过程的普遍规律。

五是宁鸿彬的五步模式。这是宁鸿彬老师的基本教学模式,他将其概括为"熟读—

---

① 王策三:《教学论稿》,人民教育出版社2005年版,第129页。
② 吴也显:《教学论新编》,教育科学出版社1991年版,第98页。
③ 靳彤:《中学语文教学设计》,高等教育出版社2016年版,第32页。
④ 尹逊才:《黎锦熙自动主义阅读教学程序的当下价值》,《语文建设》,2013年第2期,第59-62页。
⑤ 朱自清:《朱自清论语文教育》,河南教育出版社1985年版,第62页。

质疑—解疑—总结—运用"。①

六是魏书生的六步模式。"六步"主要包括定向、自学、讨论、答题、自测、自结,六步教学模式注重培养学生的自学能力,更多地是从如何让学生学好、如何让学生会学、怎样让学生学会的角度出发,依据学生学习的规律构建教学模式。

当然,语文教学模式还有很多,这些教学模式为师范生设计教学提供了很多思路。但是阅读教学的展开从来没有一个固定不变的模式,总是随教学目的、内容、情境、学习对象等因素的变化而变化。千篇一律的教学过程很容易挫伤学生阅读的积极性,因此在教学设计和实施中都应该灵活运用,切不可固守成规。

第二节　语文教学过程的设计策略

苏联教育家巴班斯基提出教学过程优化理论,认为最优的教学过程是指"对现有条件来说,对学生和教师在当时的实际可能性来说,以及从一定的准则来看是最好的。最优化的准则总是同一定的教学效果相联系"②。语文教学过程的设计往往是花费授课教师时间最长的。教师是教学过程的主要驱动力,语文教学过程的环节设置与课文的解读有密切的联系,每个环节都是师生基于课文的互动。

一、导入

万事开头难,上课也一样。设计一堂课的开头,我们称之为导入。导入是教学过程的起始阶段,一段通过某些教学行为,吸引学生的注意力,激发学生的学习兴趣,或让学生明确学什么,为什么要学,或建立新旧学习内容之间的内在联系,引导学生转入新课学习。

美国心理学家奥苏贝尔提出了有意义言语学习理论,这一理论为导入方法设计提供了心理学依据。有意义学习有三个必要条件:第一,学习者必须对学习任务采取一种有意义学习的心向;第二,要学习的材料必须是潜在有意义的,即学习任务和学习材料应该是互相关联的、有组织的;第三,学习者对所学内容有一定的了解,并能够把这些已知的知识和要学习的新内容联系起来。课堂教学的导入,就是设法引导学生形成有意义学习的心向,通过学习新知识的背景材料,搭建一条把学生的已知信息和将要呈现的信息连接在一起的桥梁,形成有意义学习的条件。

学习兴趣是学生对学习对象的一种力求认识或趋近的倾向。这种倾向是和一定的

---

① 宁鸿彬:《宁鸿彬文选》,漓江出版社1996年版,第6页。
② 尤·克·巴班斯基:《教学教育过程最优化》,吴文侃译,教育科学出版社1986年版,第27页。

情感联系在一起的,是形成学习动机的重要因素。"知之者不如好之者,好之者不如乐之者。"因此,教师要在课堂的开始阶段,针对学生年龄特点和心理特点,精心设计导入教学环节,例如,使用生动而新颖的相关学习材料,把教学内容和学生的生活联系起来,激发学生兴趣和好奇心,使他们从原来的"要我学"转变为"我要学"。

注意力是学习的必要条件,而分心则是学习的大敌,因此,在教学的初始阶段,不少教师在导语设计上细细揣摩,再三斟酌,以便通过某些教学行为来消除其他课程的延续思维或课外活动形成的心理杂念的干扰,把学生的注意力迅速集中到该课的学习内容上来,使学生饶有兴味地投入到新的学习情境之中。

基于以上论述,导入可以采用如下几种方式。

(一)开门见山,明确目标

从现代教育理论来看,上课开始阶段让学生明确学习目标,有利于发挥学生学习的主动性。例如,加涅就主张告知学生学习目标,这样做有利于学生为学习做好准备。开门见山提出目标,能够让学生高效地进入课堂教学。著名特级教师余映潮老师的课堂导入多用开门见山的方法,比如其执教的《假如生活欺骗了你》导入即直接呈现教学目标,先是说明学习这篇课文的整体学习目标,然后分别说明三个任务的具体目标,学习目标集中突出,教师的陈述语言简明扼要。

(二)复习旧知识

复习旧知识即温故知新法,目的是建立新旧知识之间的联系,这也是日常教学常用的导入方法。比如执教苏轼的《水调歌头》,有教师这样导入:走进古诗世界,我们惊讶地发现,这里处处有月亮的影子。从小学到现在,我们学过许多有关月亮的诗歌,现在请大家回忆一下有哪些有关月亮的诗句。学生分别说出"举头望明月,低头思故乡""海上生明月,天涯共此时""春风又绿江南岸,明月何时照我还"等诗句。这位教师在教学的起始阶段引导学生回忆以前学过的有关描写月亮的诗词,目的是帮助学生建构起有关月亮的文化内涵,在更广阔的时空背景下去研读该诗词,其起点更为高远。

(三)介绍背景知识

所谓背景知识,是指与课文内容相关的背景材料,如作者生平、时代背景、写作背景等。阅读心理学研究表明,阅读理解是背景信息和课文信息交互的结果,背景信息、课文信息是决定阅读理解的重要因素。由于学生知识经验和生活经验欠缺,有时候需要教师补充一些背景知识供学生参考,为学生后续学习做好铺垫。比如讲《赤壁赋》不能不讲乌台诗案,教师可能需要补充一些乌台诗案的背景知识;从文体的角度来看,学生对赋可能知之甚少,所以也可以介绍有关赋的文体知识。

不过背景知识介绍切忌胡子眉毛一把抓,没有甄别地将与选文有关的所有背景材料全部在导入阶段介绍给学生,这样不仅不能起到为后续学习进行良好铺垫的作用,反而会混淆视听。比如有教师讲《老王》一课,不仅介绍杨绛的生平经历,还介绍了钱钟书以及钱瑗的生活经历,这些信息与理解课文并无多大联系,引入这些信息会分散学生学习本课的注意力,耗时耗力且效果不好。所以介绍背景知识也需要考虑导入环节是否是最好时机,不可生搬硬套,需灵活处理。

(四)创设情境

利用形象的画面、逼真的场景等方式创设与教学内容相适应的情境,可以感染学生,诱发其好奇心,激发其兴趣和求知的欲望。比如《胡同文化》一课的导入,可以播放北京胡同的小视频,让学生感受北京胡同的特点;《安塞腰鼓》的导入,可以播放打腰鼓的视频;《白杨礼赞》的导入,可以播放歌曲《小白杨》,加强直观效果,引起学生学习的兴趣。

除此之外,还可以采用谜语和诗词导入、故事导入、设疑导入等方法,在导入过程中,也可以灵活地将几种导入方式综合,以获得最优化的导入效果。总体来看,导入须有针对性,让学生明确将要学什么,怎么学,为什么学,不能含糊其辞,任意发挥;要有启发性、趣味性,最大限度地吸引学生的兴趣;同时要有关联性,导入一定要为教学目标和教学内容服务。

二、收束

课堂收束是课堂教学的最后一个环节,指教师和学生一起通过归纳、总结、转化、创新、实践等方式结束教学任务的一种教学活动。语文课堂教学不仅要有一个生动的、让人印象深刻的开头,也应该有一个让人感到余音回绕、不绝于耳的精彩收尾。语文教师上课,犹如写文章,凤头、熊腰、豹尾均是必不可少的。

课堂收束与课堂导入具有诸多相似处,换言之,凡前面提到的导入方法,基本上都可以用于收束。

(一)总结式

这是最常用的一种收束方法。教师用准确精练的语言,对教学内容的重点和难点提纲挈领地归纳和总结,使学生明白知识线索,巩固知识内容,加深理解,强化记忆,牢固地掌握所学知识。这样的收束有利于形成知识系统,加深学生的印象,起到强化和深化的作用。比如,学习完《大自然的语言》,教师和学生一起总结:这篇课文语言生动,体现了科普说明文的特点;说明条理性强;运用了列数字、打比方、作比较等各种说明方法。学习完《祖国啊,我亲爱的祖国》,教师和学生一起总结,通过本节课的学习,梳理读诗的基本方法:第一,诗歌意象有深意;第二,反复诵读品情感;第三,关键语句要细读;

第四,联系背景悟真谛;第五,活学活用读诗歌。① 这样的结语能够加深学生的印象,起到强化和深化的作用。

(二)呼应式

写文章讲究起承转合、首尾呼应,以显示构思之精妙。一堂好的语文课也可以首尾呼应,使整堂课浑然一体。课堂收束部分可与课堂导入时设置的问题、悬念、困难、假设等进行呼应,是问题则解决问题,是悬念则释疑,是假设则证实。这种结尾方法具有点题性、呼应性、完整性、统一性等特点,能使学生豁然开朗,激起学生进一步学习的兴趣。王崧舟老师执教的《枫桥夜泊》《二泉映月》都采用了呼应式的收束方式。比如在《二泉映月》的导入环节让学生朗读从课文中提取出来的八个词,明确了二泉映月是一道亮丽的风景,到了收束环节,王老师让学生再读这八个词。课堂伊始的首读,让学生读出美景;课堂收束的尾读,让学生读出深情,首尾呼应,回味无穷。在《枫桥夜泊》导入部分,王老师引导学生浏览与寒山寺钟声有关的诗歌,从歌曲《涛声依旧》中"流连的钟声,还在敲打我的无眠"一直推到张继的《枫桥夜泊》,引发学生对诗歌背景的联想和想象,收束部分则从张继的《枫桥夜泊》回推到歌曲《涛声依旧》,首尾呼应,再一次强化文化语境,让学生更深切地感受到钟声这个意象的独特意蕴。

(三)激励式

激励式收束即从教材的德育因素与学生思想特征的结合点入手,用富于激励性的语言,激发学生的感情和思维的结尾方法。比如某老师执教《土地的誓言》便采用了激励式收束的方式:"这是一篇饱含深情的怀念故乡的散文,字里行间凝聚着对故乡无比深切的、炽痛的热爱,表达了作者收复故土、解放家乡的坚定决心。我们不禁被作者的爱国深情所感染。故乡是我们的根,故乡是放飞游子的线绕子,无论我们身置何处,我们的心永远属于故乡。同学们,在前辈们为保卫家乡而勇于牺牲自我的精神激励下,让我们为建设好家乡而奉献自己的青春和智慧吧!"这种充满激情的收束方式能引起学生的情感共鸣,激发他们的斗志与豪情,利于培养学生真善美的高尚情操。

(四)拓展式

拓展式收束是根据讲课内容引导学生由课内向课外拓展的一种收束方式,能丰富学生的语文经验,开阔学生的视野。比如在学习完《祖国啊,我亲爱的祖国》这首诗后,教师做小结:《祖国啊,我亲爱的祖国》洋溢着深沉而真挚的祖国之爱,表达的是热爱祖国这个古老的话题;从《诗经》发轫,《楚辞》登程,在中国历史上涌现出一大批锦绣满腹、

---

① 薛卫:《祖国啊,我亲爱的祖国》教学设计,初中语文·人民教育出版社官方网站(人教网)—人教版/统编(pep.com.cn)。

才华横溢的爱国诗人,他们在诗中抒发的爱国之情是诗魂,构成了中国诗歌史上一道亮丽的风景。然后教师要求学生课外自读戴望舒的《我用残损的手掌》、郭沫若的《炉中煤》、艾青的《我爱这土地》、闻一多的《祈祷》《发现》《一句话》,实现了课内向课外的延伸。

除此之外,收束还有很多方法,比如在练习中收束、通过对比来收束、在讨论中收束等,语文课堂收束的技巧是丰富多样的。收束与导入一样,也可以综合起来灵活运用。总体来看,收束语言要精练,紧扣重点;要干净利落,或引发深度思考,或激发壮志豪情,或令人回味无穷。

三、教学环节的设计

语文教学过程设计中,最关键、难度最大的便是教学环节的设计。一般来说,教学过程由一个个教学环节组成。为了便于阐释,可将教学过程分为外部展开和内部展开两个方面。所谓的外部展开,就是教学过程的各个环节之间的衔接。换句话说,其探讨的主要内容是环节与环节之间的关系。所谓的内部展开,就是每个环节内部师生与教学内容之间的互动。换句话说,它探讨的是在大的教学过程框架之下,每个环节内部诸要素之间的关系。

(一)关注教学环节的外部展开

王荣生先生指出,安排教学环节可以遵循三个逻辑:一个是课文的逻辑,一般来说,教学点出现在课文前边的,要安排在前;二是阅读的逻辑,阅读理解是非线性的,有时候读懂了后边的文字才能理解前边的内容,那么教学点的安排就要相应地发生变化;三是学习的逻辑,学生容易学会的安排在前,学习有较大困难的,安排在后。在进行教学环节设计的时候,要注意环节与环节之间的关系。就学生对语文教学内容的掌握来说,本身就有一个感知、理解、鉴赏、迁移、创造的纵向能力层级结构,所以语文阅读课堂往往以这样的能力层级形成递进式展开的教学过程,教学设计及实施中要努力做到环环相扣。请看下面课例。

黄厚江老师执教《背影》

一、导入,说说最让你感动的句子是什么。

一读,抓背影,读出父亲的爱,读出"不容易"。课堂上主要的教学活动如下。

教师提问:课文中让我们感动的地方都和什么有关?(背影)说说朱自清的父亲有一个怎样的背影。(肥胖)还有怎样的描述?要求不看书直接说出来。(抓住衣服、帽子等)看插图,觉得插图如何?如果要为插图配一段文字,可以配上课文中的哪一段文字?图配文,是否配?教师读文,学生思考哪个词最能表现父爱让人感动,努力是什么意思,哪些词可以看出爬得很吃力,什么叫攀,插图有没有表现出父亲爬月台的艰难,并猜猜黄老师最关注的词是什么(不容易)。

二读,出示背景资料,抓细节,读出儿子与父亲的距离。课堂上的主要活动如下。

教师提问:朱自清为什么要写背影?如果要写眼睛,你觉得朱自清的父亲会有一双怎样的眼睛?这个问题涉及对朱自清和他父亲关系的理解。出示背景介绍,你认为与这篇文章关系最密切的三条信息是什么?(父亲失业、家庭困顿;父亲的信,大约大去之期不远矣;父亲读《背影》)这说明父子关系怎样?能从文章中找出父子关系的距离吗?("自以为聪明""暗笑他的迂""不相见""不想让他看见,也不想让别人看见""渐渐不同往日"。教师补充:勾留、躲父亲)还可以从哪里看出儿子躲父亲?("再三劝他""你走吧")

三读,抓父信,读出父亲主动示好。课堂上的主要活动如下。

教师提问:父子这段关系有没有走近?是谁主动?从哪里可以看出?(帮儿子买橘子;送—不送—送;写信)读朱自清父亲的信。你发现矛盾了吗?你认为哪一句是假话?哪句是真话?("大约大去之期不远矣""身体平安")

四读,读出儿子最终对父亲的理解。课堂上的主要活动如下。

教师提问:朱自清是否理解了父亲?你从哪里可以看出来?理解最后一句的"在晶莹的泪光中"。文中有几次落泪?是不是每一次都是对父亲的理解?看父亲攀月台是否能说明他理解父亲?提示学生看年表,找出为儿子买橘子是哪一年。(不能说明朱自清理解了父亲)追问:从哪里最能发现朱自清对父亲的充分理解以及自己的后悔?哪个词?(自然)

五读,读出父亲的不容易。课堂上的主要活动如下。

教师提问:由不容易的背影读出不容易的父亲,父亲的不容易体现在哪里?("东奔西走""独立支持")

六读,读出理解父爱的不容易。课堂上的主要活动如下。

教师提问:父爱如山,请你说些类似的句子。教师小结传统父爱与现代父爱表现方式的区别,启发学生从背影中读出一个人的爱。

以上教学环节,在对内容的理解上,层层深入。从抓最浅层次的背影,读出父亲对孩子的爱,到出示背景资料搭建支架,读出儿子对父亲的距离"自以为聪明""暗笑他的迂""不相见""不想让他看见,也不想让别人看见""渐渐不同往日""勾留""再三劝他""你走吧"等。细读父亲的信,结合背景资料,读出信中的矛盾,读出父亲的主动示好。从最后一句的流泪,文中前半部分的"自然"等重点字词,读出儿子最终对父亲的理解。从"东奔西走""独立支持"等,读出父亲的不容易,读出现代父爱与传统父爱的细微差别,此处可进行教学迁移。

再如，廖瑾老师执教的《品读儒者之志——〈子路、曾皙、冉有、公西华侍坐〉》通过"问志—明志（结合句意、分析内涵、概括志向）—品志（争鸣品评、探索价值）—析志（结合语录、深度探究、宏观构建、把握思想）—启志"几个环节，引领学生在把握孔子四位弟子志向的内涵，品读四位弟子志向的价值，探究孔子"哂由""与点"的原因的过程中，深入把握孔子及其弟子的志向追求，体悟孔子修身治国的理念、安贫乐道的境界和洒脱自在的情怀。该教学设计脉络清晰，逐层深入，教学环节逻辑关系非常清晰。

总体而言，把握教学环节的外部展开有两个要点：一是教学点的揭示，即本课要讲解的知识点及关键词要能够清晰生动地呈现出来；二是教学点的延伸，即沿着关键词，扩大或加深知识点的涉及和运用范围，牵连出相关知识点或相邻知识点，这是形成学习迁移能力的关键。[①] 著名语文特级教师余映潮老师的"板块式教学"将教学过程提炼成几个板块："所谓'板块式思路'，就是在一节课或一篇课文的教学中，从不同的角度有序地安排几次呈'块'状分布的教学内容或教学活动，即教学的内容、教学的过程都是呈板块状分布排列。"[②] 师范生可以多钻研名师课例，在平时的教学实践中按一定的逻辑关系将教学活动设计为几个板块，同时注意板块之间的衔接，有效地规避"流水账式"的教学过程，这对提升自己的教学艺术大有裨益。

（二）关注教学环节的过渡

教学环节的过渡，即在语文课堂教学的讲授过程中，不同的问题或教学内容环节之间的承上启下。它可能是一个词，也可能是一个句子，还可能是一个段落。语文课堂教学环节的过渡具有衔接性、定向性、诱导性等特点。

根据不同的标准，语文课堂教学过渡有不同的类型。从表达方式来看，有抒情式、描述式、说明式、议论式等。抒情式过渡一般运用充满激情的语言激发学生进一步学习的兴趣；描述式过渡可以使学生产生一种如临其境、如闻其声、如见其人的感觉，使学生获得美感，受到濡染；说明式过渡主要使用一些平实的说明性语言对上下文加以解释，突出它们在学习目标、学习内容、知识点等方面的异同与联系，以帮助学生理顺其间的逻辑顺序；议论式过渡通过对教学文本或教学过程加以分析证明，阐述某种道理，帮助学生晓事明理，使学生更易于把握文本及教学内容的实质。

根据教学环节的隐性或显性，语文课堂教学过渡的类型又可以分为教师显性驱动和教师隐性驱动两种。所谓教师显性驱动，就是教师以明显的指令推动学生由一个环节的学习活动进入另外一个环节的学习活动。比如余映潮老师的课例，指令非常明确，一般用简洁清晰的语言推动环节的转换，使学生明确每一个板块的学习目标，所以板块

[①] 靳彤：《语文教学能力实训教程》，高等教育出版社2012年版，第47页。
[②] 余映潮：《论"板块式"阅读教学思路》，《语文教学通讯》，2011年第1期，第6-8页。

式教学一般都有明确的目标指向。比如余映潮老师执教的《假如生活欺骗了你》就是按照如下几个板块展开教学活动的。第一板块:阅读欣赏《假如生活欺骗了你》(欣赏普希金的诗歌);第二板块:阅读欣赏《假如你欺骗了生活》(欣赏当代诗人宫玺的诗歌);第三板块:阅读欣赏《假如生活重新开头》(自己作诗,欣赏邵燕祥的诗歌)。教学环节清晰有致。所谓教师隐性驱动,是指教师不向学生展示或提示教学目标,而是通过教学内容的逐步推进而实现教学目标。比如特级教师王君老师的教学设计《老王》。第一部分:感受老王的"活命"状态;第二部分:感受杨绛的"活命"状态;第三部分:总结——活出生命的高贵。在每一个教学环节,教师均不明确地告知学生这个环节的教学目标是什么,而是将学习目标隐藏在师生对话、学生活动中,教学环节转换无痕。王崧舟老师执教的《二泉映月》第一个环节是"发现一道风景",第二个环节是"体验一段人生"。在完成第一个环节的教学任务之后,王老师提问:这一道亮丽的风景,阿炳看得见吗?(看不见)那么,当时的阿炳是一副怎样的样子?这样学生就很巧妙、自然地进入了第二个环节的学习,采取的也是教师隐性驱动的方式。

教学环节之间必定要遵循一定的逻辑关系,环节与环节之间如果没有巧妙自然的转换语言,教学效果会大打折扣,比如《清平乐·村居》的教学设计片段。

一、学习上片

1.师:咱们先来学习上片词,谁来读?同学们仔细听,想一想作者抓住哪些景物写乡村人家。(学生圈画——茅檐、草、溪、翁媪。板书:"茅檐低小,溪上青青草。")

2.想象一下,茅屋、青草、小溪,这是一幅怎样的乡村图画呢?(板书:美丽、清秀、宁静)

3.如果你是诗人,看到此情此景,你有什么样的感受?(引导学生感悟:翁媪相互取乐,关系亲近,相亲相爱)

板书:情——村人的舒适安逸之情,作者的爱慕赞美之情。

4.配乐朗读上片

二、学习下片

1.指名读下片,借助课文注释,说说描写了什么内容。(兄弟承担家务及劳动,大儿在豆田除草,中儿在门前编织鸡笼)

2.重点体会"小儿"的淘气、童趣。

(1)在作者眼里,最快乐、最喜悦的是谁?(出示:最喜……莲蓬)

(2)"无赖"和"最喜"矛盾吗?(出示"无赖"的含义:古今异义,在文中就是"顽皮、淘气"的意思)

(3)从哪个动作可看出他的淘气、顽皮?(板书:卧)

(4)为什么用"卧"呢?(指名回答)

3.小结。

"卧"字用得极妙,把小儿天真、活泼、顽皮的劲儿写出来了。

板书:趣——村人的随性可爱,诗人的手法妙趣横生。

4.配乐朗读下片

三、总结

1.围绕一条小溪,词人将一家五口紧紧串联在一起,因趣而生情,因情深而现趣。(板书:栩栩如生、有声有色的农村风俗画)

2.表现了诗人何种思想感情?(板书:对田园生活的向往热爱,对和平生活的渴望)[①]

该教学片段有两个转折点需要教师进行语言的铺垫,才能进行很好的过渡:一是在学完上片进入下片学习的环节;二是上下片全部学完转入对整首诗的思想感情进行概括的环节。虽然这个教学设计在其他方面做得还不错,但是由于忽略了环节之间的过渡语言,很有可能造成授课过程中学习板块与板块之间转化生硬,不利于学生从一个板块的学习转入另一个板块的学习。

(三)教学环节的内部展开

在课堂阅读教学中,在每个教学环节内部,教师往往会根据学生阅读的实际情况将焦点问题或核心问题转化成符合学生阅读认知发展规律的几个阶步,教学环节内部呈现出"聚焦问题—学习活动(师生对话等)—得出结论"的基本规律,前一个问题得出结论之后再聚焦新的问题,如此往复,实现教学目标的达成。比如黄厚江老师执教《背影》时,指导学生从背影读出父亲的不容易,教学片段如下。

师:这篇文章感动了很多人,你们有没有感动?从哪里看出感动的?(聚焦问题,学生围绕"感动"进行思考,师生开始准备对话)

生:第六段。

师:读一读,说一说。

生:他嘱咐我路上要小心。

师:平常的句子能看出感动,不容易。

生:课文最后一句。

师:嗯,父亲那么大年纪,想到这些,可见父子感情之真挚。

生:走了几步又回头,依依不舍。

[①] 以上教学设计片段在湖北第二师范学院汉语言文学专业师范生设计的基础上稍做整理。

师:细节写出了父亲的爱。

生:第四段,茶房……再三叮嘱。

师:无微不至的关心关怀。你很主动,主动的同学是优秀的。

生:第六段,蹒跚,说明父亲很努力才买了橘子,但是回来,扑扑身上的尘土,很轻松似的。

师:你真是个会读书的孩子,你注意到了很轻松的样子。(教师肯定学生的回答,完成这个教学任务)大家想过吗,让我们感动的内容都与什么相关?(再次聚焦新问题)

生:背影,都与背影相关。

师:或远或近,都相关,这是一个怎样的背影,高大?

生:不高大,肥胖,衰老的……

师:衣着呢?不许看书,直接回答。

生:黑色马褂,黑布小帽,深青色棉袍。

师:走路的动作呢?

生:蹒跚。

师:课文围绕它写,那么怎样感受这个背影呢?大家请看这幅插图,这幅插图能不能表达这种情境?(屏显父亲翻月台图)如果配文字,应该是哪些文字?

(聚焦新的问题,师生开始对话)

生:他两手攀在上面……我的眼泪流了下来。

师:请你们圈画出最能表现父爱的词语。(教师开始读……)

生:蹒跚……艰难……照应前面的肥胖,等等。

师:换"徘徊"行不行?嗯,这个是内心活动,不是动作。

生:向左微倾……吃力。

生:攀、缩、吃力。

师(指着屏幕上的插图):这幅图是两手向上攀?

生:是。

师:我生气了,怎么读书的,这是攀吗?(动作示范了一下,借助黑板)

师:这是攀,还是爬?所以画得不好,你们要敢说。(教师肯定)

生:倾字好……很不容易。

师:我就读出了"不容易",你们大概是没有做爸爸的缘故。(众笑)

教师板书:不容易。(完成以上教学环节)

黄厚江老师这个教学环节内部展开主要是在教学关键点上的深入,通过聚焦问题、师生对话、最终得出结论,完成该教学环节的学习。因此,教学设计时还要关注如何将主问题分解成逐层深入的问题链,在科学考虑学情的基础上,顺利推进师生对话,最终完成学习任务。

设 计 与 实 施

一、以下教学设计在教学环节方面有何问题?请谈谈自己的看法。

《藤野先生》教案①

一、教材分析

本文选自统编八年级语文上册第二单元的一篇课文。《藤野先生》记叙了作者1902年夏末至1906年初春在日本留学的生活片段。写作年代则是鲁迅离别了藤野先生二十余年后的1926年10月12日。鲁迅早年留学日本期间,正值日俄战争,许多日本人深受狭隘民族主义的毒害,但藤野先生丝毫不受恶劣环境的影响。鲁迅深切感受到藤野先生人格的伟大,怀着感激的心情,颂扬了他的师德,颂扬了他对中国人民的友好感情。

二、教学目标

1.默读课文,感知文章的整体结构,理清文章思路。

2.自主学习探究、小组讨论、回答问题。

3.学习用典型事例刻画人物的写作方法。

三、教学重难点

重点:感知文章的整体结构,理清文意。

难点:学习用典型事例刻画人物的写作方法。

四、教学时长

一课时

五、教学方法

问答法、合作探究法。

六、教学过程

(一)导入

结合《从百草园到三味书屋》介绍作者的生平和文章的写作背景,通过作者"弃医从文"的人生转折,导入课文。

(二)初读课文,疏通脉络

1.设置问题"文章写了哪几件事",学生通过通读课文(默读)了解文章大意,给每件

---

① 该教学设计为湖北第二师范学院2018级汉语言文学专业六边形战士小组完成。

事起一个小标题。

第一部分(第1—3段):"我"在东京的见闻。

第二部分(第4—35段):"我"在仙台与藤野先生相识、相处和离别的过程。

"订正讲义""修改解剖图""关心实习""了解裹脚"

第三部分(第36—38段):"我"离开仙台后对藤野先生的怀念。

2.设置问题"藤野先生是一个怎样的人",学生通过小组合作探究,学习第二部分,总结出藤野先生的形象。

藤野先生:正直热诚、治学严谨。

3.学习本文通过典型事例来刻画藤野先生性格特点的写作方法。

学生讲述"某个人给你留下最深印象的一件事",其他学生回答从中看出的人物性格特点。教师总结典型事例的选择方法和重要性。

(三)布置作业

写一篇文章,通过选取典型事例,描写一个身边的人。

二、选择一个教学内容进行教学设计,注意教学环节的展开。

发明千千万,起点是一问。禽兽不如人,过在不会问。智者问得巧,愚者问得笨。人力胜天工,只在每事问。

——陶行知:《每事问》

第四章 语文课堂教学提问

【学习目标】
1. 掌握问题设计的原则。
2. 掌握主问题设计的策略及语文课堂提问方法。

第一节 提问简介

爱因斯坦说过:"提出一个问题往往比解决一个问题更为重要。"课堂教学提问,是指在课堂教学中,教师根据一定的教学目的要求,针对有关的教学内容,设置问题,要求学生思考回答,以促进学生形成积极思维的教学方式。课堂提问作为课堂里沟通教与学的桥梁,是教师在课堂教学中应用最为广泛的教学行为和手段,是教师教学能力和教学技能的集中反映,直接影响着课堂的教学质量。

一、语文课堂提问的积极作用

(一)集中注意力,激发兴趣

教学对话是课堂中师生互动的重要表现形式,教学信息在师生互动交流中共享共生。提问可以让学生集中注意力,提高课堂效率。问题设计立足课堂教学目标,把问题当作师生互动的中心,好的问题还能够激发学生的学习兴趣。

(二)提升思维品质

模式化的问题会导致课堂的僵化,形式化的问题会使课堂脱节,随意化的问题会造成课堂无序。巧妙的问题设计不仅能激发学生兴趣,让学生集中注意力,提高课堂效率,而且能启迪学生的思维。通过具有一定逻辑关系的问题的层层推进,可以拓深学生学习的境界,引导学生寻找解决问题的方法,在解决问题的过程中提升思维品质。

(三)培养问题意识,发展创新能力

课堂是一个思维交流的场所,以何种序列流向何方、教学的向度和深度都与问题的

设计密切相关。合理的问题结构是决定课堂效果的要素之一,好的问题能够让学生举一反三,培养他们的问题意识,发展其创新能力。

(四)及时反馈,调节进程

问题的设计和推进贯穿整个教学过程,支撑着整个课堂教学结构,将所有教学环节有机统一起来。教学问题设计要关注问题与问题之间的序列和层次、问题与问题之间的搭配和张力,前后是否能形成认识的有机链,以及是否能形成推进效果,最终达成教学目标。在实际教学过程中,应时刻关注学生解决问题的情况,随机调整教学内容,形成新的教学生长点,保证教学质量。

二、课堂提问误区

(一)大而无当

这类问题往往很空泛,指向性不明确,提的问题不知所云,学生的回答也是不知所云。比如讲授《匆匆》一课。

提问:看了这篇课文的第一感受是什么?

生1:匆匆。

生2:这是一篇散文。

这个问题的指向性很不明确,所以学生的回答也是让人莫名其妙。"第一感受"到底要从哪个方面来说呢?教师没有给予明确的指示,所以学生的回答有的是从内容层面来说的,有的是就文体而言的,这篇散文的题目就是《匆匆》,当然是关于"匆匆"的话题。对于文体的辨认是否属于感受的范畴呢?这两名学生的回答都是属于没有什么思维深度的无效答案。问题的关键是学生回答后,教师又疏于梳理与应对,紧接着进行下一个环节的教学:请同学们朗读课文并在朗读的过程中找出表达作者心声或者你觉得写得很妙的句子。这个问题提出来后,没有学生回答。学生确实也很难回答。在《匆匆》这篇精美的散文中,哪句不是在表达作者心声呢?而且在这个问题的后半部分,教师又要求学生找出自己认为写得很妙的句子——学生很快就陷入混乱:到底是完成问题指令的前半部分还是后半部分?这句话提出的到底是一个问题还是两个问题?由于提问语言不够精准,学生很长时间都没有反应过来,教师只好自己出示几个句子分别进行讲解,学生学之无味。那么问题出在哪里呢?首先,在学生对课文还相当生疏的时候就提出这些问题且没有进行任何教学铺垫,对学生而言难度过大。其次,问题大而无当,指向性不明确,导致学生无所适从。

(二)多而无序

还有一部分语文教师因过于紧张和焦虑,总是担心内容太少,于是设计过多的问题,对学生进行"狂轰滥炸"。一堂课下来,问题"遍地开花",学生应接不暇。如《少年闰土》10分钟教学片段。

1. 介绍鲁迅。

2. 初读课文。说说课文写了一件什么事。

3. 找出文章中不懂的句子。(学生找了两处:"我那时并不知道这所谓猹的是怎么一件东西——便是现在也没有知道——只是无端地觉得状如小狗而很凶猛";"他们不知道一些事,闰土在海边时,他们都和我一样只看见院子里高墙上的四角的天空")

4. 提问:闰土这个名字是怎么来的?

5. 闰土和作者初次见面的情景是怎样的?

6. 在作者和闰土所经历的事情中,你认为哪一件最有趣呢?这一节课我们先不解决,下节课再说。

7. 我们来总结一下闰土是一个怎样的少年。

8. 把描写动作、语言、外貌的句子找出来,逐一分析。写作时要注意借鉴。

9. 总结。

在该教学过程中,教师首先介绍了鲁迅的生平等资料,然后要学生说课文讲的是一件什么事,到第三个问题"找出文章中不懂的句子"时,课堂就显得比较混乱了。在学生对文本知之不多的情况下,这个问题显得有些突兀。在本环节,学生提出了各种层次的问题,当然也有比较有价值的问题,比如"他们都和我一样只看见院子里高墙上的四角的天空"到底怎么理解呢? 不过,上课伊始是很难让学生把这个问题弄清楚的。问题只能悬置,然后进入后面的学习:提问闰土名字的由来—和闰土初次见面的情景—两人经历的趣事—闰土是怎样的少年。第四个问题"闰土这个名字是怎么来的"过于简单。教师指出这节课不解决第六个问题,很快又进入第七个问题,总结闰土是一个怎样的少年。都已经进入了"总结"的层面,之后又开始寻找描写闰土动作、语言、外貌的句子进行逐一分析,课堂提问的逻辑关系很混乱。教学效果也就不大理想。

(三)虚而无用

语文课的学习离不开对语言文字的品味赏析,但是有些课堂提问总是在语言文字的外围徘徊,不深入语言文字的学习。这样的模拟授课类似演讲,是师范生的专场秀,看起来似乎非常"有文化",但是学生往往处于比较被动的境地,语文课的特色也不鲜明。

比如《最后的常春藤叶》模拟教学,有师范生把最后一段作为教学内容,设计了这样几个问题。

1. 为什么最后的藤叶能够挽救琼珊的生命?(给她带来了希望)

2.为什么这片叶子给她带来了希望?(因为琼珊生病后一直跟病魔打交道。这片叶子一直在窗外顽强地生长,是希望的象征)

3.这片叶子为什么一直没有凋落?请同学们仔细阅读课文,回答这个问题。(因为这片叶子是贝尔曼先生画的,所以一直没有凋落)

4.为什么贝尔曼会画这片藤叶?为什么文中没有实写?(文中提到了灯笼、梯子、画笔、颜料。正是因为贝尔曼先生画出了这片藤叶,假藤叶给琼珊带来了希望)

5.欧·亨利小说的结尾是不是出乎大家的意料?(很多人都没有想到,欧·亨利会这样安排故事的结尾,既在意料之外,又在情理之中)

6.为什么说这是贝尔曼先生的杰作?(闪烁着人物的光辉。最后的常春藤叶对于琼珊来说,是幸运,对于贝尔曼先生来说,是杰作。体现了人性的真善美)

在问题的顺序上,这个案例还是有一些问题的,比如第五个问题如果放在最后解决可能会更好一些。从表面上看,问题与问题之间是有关联的,层层递进,引导学生去探索问题的真相,感受贝尔曼先生伟大灵魂的魅力。然而,在实际教学过程中,授课教师与学生互动甚少,基本上是在自说自话,而最大的问题是,这些问题都没有落到实处,并没有围绕课文中的语言文字来展开教学。我们在整个教学过程中看不到对字词句的欣赏、品味,只有凭空抒情、激情演讲,虽然教师情绪饱满,但是给人的感觉很虚,变成了教师个人的专场表演秀,学生成为被虚化的背景。

(四)淡而无味

课堂提问设计中还容易出现的问题是对教学内容平均用力,且所设计的问题平淡乏味,缺乏创造性和吸引力。下面比如讲授《兰亭集序》的10分钟教学片段。

1.介绍何为"序"。(用时2分钟左右)

2.介绍作者王羲之。(用时2分钟左右)

3.请学生自由朗读课文第一、二自然段,思考这两个自然段是按照什么线索写了哪些事情。尔后,教师围绕时间、地点、事件、人物、环境、天气、感觉等方面展开教学。(用时5分钟左右)

4.总结收束。(用时1分钟左右)

10分钟授课时间,第一点和第二点均用了2分钟左右时间,第三点用了5分钟左右时间。相较而言,最重要的教学点是第三点,而第三个教学点又可以拆分出7个小的教学点。按照什么线索写了哪些事,这个问题是相当冗杂的。学生要考虑线索,同时要考虑事件,还要考虑线索与事件之间的关系,所以师范生提出问题之后,学生一时语塞。因为第三个教学点的7个小问题相对来说还是比较零碎的,并不能很好地形成一个主问题,这节模拟授课给人的感觉是一共解决了10多个问题。而从问题的层级来看,这些问题大多属于认知类的低水平问题。问题过于零碎且缺乏提炼,容易给人以重点不突出之感,淡而无味。之所以会出现这种情况,一方面是因为教师没有把握选文的重难点,另一方面是因为封闭型问题较多,开放性问题较少,可供拓展、开掘的地方不够多。

三、课堂提问要点

(一)控制提问数量,把握提问质量

一讲到底被人们认为是"填鸭式""满堂灌"教学,是不可取的,而频繁的提问却往往借着"讨论式""启发式"的幌子而被人们接受和倡导,这绝对是一种误解。教师的提问次数应保持在一定的范围内。一节课的问题过多,势必面面俱到,不但烦琐费时,而且有可能湮没教学的重点和难点。

课堂提问成功与否,提问的质量是关键,问题的准确性、针对性、层次性和启发性是衡量提问质量的重要尺度。比如在首届全国大学生语文微课教学竞赛中,有师范生对古诗《小池》(泉眼无声惜细流,树荫照水爱晴柔。小荷才露尖尖角,早有蜻蜓立上头。)进行模拟授课,提问:全诗围绕"爱惜"进行书写,请同学找找,你都看到了谁对谁的爱惜?学生阅读古诗,很快找出来:泉眼对细流的爱惜,树荫对晴天的爱惜,蜻蜓对小荷的爱惜。这个主问题设计得非常巧妙,还能够围绕主问题展开丰富多彩的课堂活动,培养学生的想象力。比如学生说出了蜻蜓对小荷的爱惜,师范生顺势而上,问学生:蜻蜓这么爱惜小荷,它会对小荷说些什么呢?这样的问题能够极大地激发学生学习的兴趣,培养学生的想象力,课堂效果很好。再比如讲授古诗《示儿》(死去元知万事空,但悲不见九州同。王师北定中原日,家祭无忘告乃翁。),有师范生抓住古诗中的"悲"字展开教学。顺次提问:诗人都已经是将死之人,他还在悲什么?他为什么悲?如何化解这种悲?通过这些主问题的学习,学生感受到诗人强烈的爱国之心。问题数量得当,思路非常清晰,重难点也显而易见。这两个课例当时都获得了特等奖,受到专家的一致好评。

(二)把握时机,层层铺垫

有时候问题本身还不错,但是由于时机不对,课堂出现长时间停顿,教学氛围尴尬。因此,提问应该注意抓住最佳时机。有研究者认为提问时机的把握应是:提问于学生的疑惑处;提问于学生新旧知识的联系处;提问于教学环节的关键处;提问于学生思维的转折处。[①] 以上关于提问时机的列举有的是从教学内容的角度来说的,有的是从学生思维的角度来说的。提问时机更多的是从学生的课堂表现考虑,因此更强调学生的思维特质,强调提问应该在学生思维转折处或者说在灵光乍现的前一刻,所谓"不愤不启,

---

① 王德勋:《课堂提问时机及提问方式研究》,《中国教育学刊》,2008年第8期,第50-53页。

不悱不发"。这就需要教师在提问之前,做充分的铺垫,学生到了一种"箭在弦上,不得不发"的状态后,提问的效果会非常好。比如在"课堂提问误区"中的问题:"3.找出文章中不懂的句子。(学生找了两处:'我那时并不知道这所谓猹的是怎么一件东西——便是现在也没有知道——只是无端地觉得状如小狗而很凶猛';'他们不知道一些事,闰土在海边时,他们都和我一样只看见院子里高墙上的四角的天空')",如果学生对课文已经熟读,在教师的引导下已经将其他问题基本解决后再提出这个问题,应该更好,教师也更能就学生不懂的地方组织展开讨论学习。

(三)察言观色,巧妙应对

有效提问必须具备三个基本要素:选择适当的问题类型和水平;运用简明清晰的问题表达;提供适时恰当的反馈。① 教师如果对学生的回答无所适从,便会使课堂流程受到阻滞。曾有学者对专家型教师和新手教师提问进行过比较,认为"专家型教师在课堂提问的频次,问题的层级、类型和教师行为介入等方面均比新手教师科学合理;专家型教师和新手教师在课堂提问的交互模式、提问的公平性和提问的惩罚性功能等方面均存在需要完善的空间"②。在候答方面,专家型教师也显得更为耐心、更善于引导。师范生对提问之后的学生答案的回应,主要有如下几种表现。一种是比较好的状况,这部分师范生能够进行有效梳理,能够针对学生的回答情况,进行分析引导。不过这部分师范生数量非常少,可谓凤毛麟角。更多的师范生会出现以下两种状况。一是置之不理、自说自话。他们课堂掌控能力还不是很强,处于极度的"教学紧张期"。在师生对话中,基本上没有关注学生回答的内容,而是按照自己的教学思路往前走,生怕出现差错。二是简单呼应。这一部分师范生能够在学生回答问题的时候给予一定的关注,在学生回答后能够做一个简单的呼应,比如"说得很好""不错""还可以进一步思考"等几乎没有太多实际功能的简单评判,除了精神上的鼓励,并不能给学生有效的回应。特别当学生的回答与自己的预设相去甚远的时候,师范生往往不知道如何对学生进行有效引导,教学往往陷入僵局。对于前一种师范生来说,必须加强实战演练,多进行模拟授课,培养自己对课堂的驾驭能力。对于后一种师范生来说,则应该有意识地训练自己对学生答案的梳理和分析,并培养及时有效进行引导的能力。比如对学生的回答进行梳理后,抓住其思维的不妥之处,进行有效点拨,及时采用追问、诱导、助答、转换等方式,引导学生产生思维的火花。

---

① 黄伟:《提问与对话——有效教学的入口与路径》,浙江大学出版社2016年版,第179页。
② 郑友富:《专家型教师与新手教师课堂提问的比较研究》,《教育科学研究》,2009年第11期,第57页。

第二节 主问题设计策略

一、何为阅读教学中的主问题

好的问题能够达成一个甚至多个教学目标,能清晰阐明问题,引导学生关注重要的课程内容,并能让学生在规定的认知层面思考。在课堂教学设计时,应避免琐碎的问答,要设计主问题。余映潮老师认为,如果我们从学生活动的角度看,主问题在教学中表现出这样一些明显的特点:其一,在课文理解方面,具有吸引学生进行深入品读的牵引力;其二,在过程方面,具有形成一个持续较长时间教学板块的支撑力;其三,在课堂活动方面,具有让师生共同参与、广泛交流的凝聚力;其四,在教学节奏方面,具有让学生安静下来思考问题、形成动静有致的课堂教学氛围的调节力。

二、主问题设计策略

1. 抓住文章的关键词句设计主问题

抓住关键词句设计主问题是一个非常容易上手的办法。所谓关键词句,一定是选文的重点、难点、关键点。比如肖培东老师执教《春酒》时提出了三个问题:这篇叫作《春酒》的文章写了什么？标题只有两个字,该怎么读呀？在文中找找看,支撑你这种情绪的文字在哪里？通过第一个问题引导学生完成课文初读,进行整体感知,第二个问题则起到巧妙过渡的作用,真正核心的问题是第三个问题。通过抓住关键句"我是母亲的代表,总是一马当先,不请自到,肚子吃得鼓鼓的跟蜜蜂似的,手里还捧一大包回家。""其实我没等她说完,早已偷偷把手指头伸在杯子里好几回,已经不知舔了多少个指甲缝的八宝酒了。""我端着,闻着,走来走去……抱着小花猫时,它直舔,舔完了就呼呼地睡觉。原来我的小花猫也是个酒仙呢！",让学生读懂春酒之乐;通过"一句话提醒了我,究竟不是道地家乡味儿啊。可是叫我到哪儿去找真正的家醅呢？",感受春酒之悲。这三个问题设计串起整篇课文的教学,既品析了语言文字,又体味了作者情感、升华了主旨。比如《美丽的小兴安岭》是经典的总分总结构,主问题可以结合最后一段话设计为:为什么说小兴安岭是一座美丽的大花园,又是一座巨大的宝库？为了解决这个问题,学生既要统观全文,又要深入到字里行间,同时既可以通过该问题设计师生对话的教学活动,也可以通过它穿插朗读教学、语言文字品析等活动,是一个牵一发而动全身的主问题。

2. 抓住文体特点设计主问题

除了抓住文章关键词句设计主问题,还可以抓住文体特点来设计主问题。比如《大自然的语言》是一篇事理说明文,首先便要明白文中所阐释的事理,可以提问学生:本文主要讲物候现象,你能概括说明什么是物候吗？为了体会说明事理的严谨性,可以提问:"物候这一概念是如何一步步引出来的？文中说明物候现象来临的决定因素,采用了怎样的说明顺序？这样的说明顺序安排是出于什么考虑？"通过提问"该文运用了哪些说明方法？",可让学生理解文中运用了哪些说明方法。《百合花》中对小战士和新媳妇人物形象的解读也符合现代小说的文体特点。王崧舟老师执教《枫桥夜泊》时通过提问:愁眠的人看到什么、听到什么、感到什么？让学生找出诗歌中的月落、乌啼、江枫、渔火、钟声、霜满天等意象,也是符合文体特征的主问题。

3. 抓住文章的主题设计主问题

余映潮老师执教《祝福》时的主问题设计别开生面:作者笔下的祥林嫂,是一个没有春天的女人,请同学们研读课文,证明这种看法。通过"没有春天的女人"这条"线","串"起了人物、情节、内容、形式、语言等课文内容的诸多"珠子",也"串"起了课文阅读探究与欣赏的过程。此问题的设计,表现出教师对课文进行了整体处理,并从中提炼出了优美的教学线条,从而有效地简化了教学头绪,表现出一种高屋建瓴的设计风格,有着鲜明的整体阅读教学特色。张祖庆老师执教《穷人》时所提出的问题也是紧密围绕主题设计的,一共有两个问题:第一,穷人的"穷"表现在哪里？作者是怎样写"穷"的？第二,在"穷"的背后还有什么更重要的东西打动你？这两个主问题让学生充分感受到穷人物质上的困窘和精神上的富足。

4. 梳理学生的提问,进行主问题设计

当然还可以在课前利用各种平台收集学生针对某篇课文提出的问题,学生从不同角度提出的问题也许是零散的、点状的、不集中的,有的问题甚至低幼、无效、毫无思维含量。此时便可以先采用小组合作的方式解决一部分低层次问题,然后梳理学生经过讨论也无法解决的问题。对于这些问题,教师需要进行整合,有时候需要提炼出主问题在课堂上进行讨论,这就是典型的以学定教。

第三节　语文课堂提问方法

课堂提问方法多种多样,比如铺垫提问法、追问法、迂回设问法、比较提问法、反诘提问法、分解提问法等。本节重点介绍以下几种课堂提问方法。

一、铺垫提问法

所谓铺垫提问法,指的是解决某一颇有难度的问题时,教师在提出问题之前,先要对这个问题的相关知识加以概括或提示,让学生沿着已知与未知的联系去思考答案。这种提问方法既强化了已有知识,又降低了未知知识的难度,加强了新材料同旧材料的内在联系,使学生的思维有明显的倾向性。

比如,教师在讲授《赤壁赋》之前,要求学生讨论《赤壁赋》的文体特点时,可以先补充一些关于"赋"的文体知识;要学生谈谈某首格律诗的艺术特点,可以先概括介绍格律诗鉴赏的有关知识;要学生分析《雨巷》的内容,可以先介绍作者的创作背景等。

二、追问法

所谓追问法,指的是在某个问题得到学生的回答之后,教师顺着其思路对问题紧追不舍,刨根究底继续发问,这能够将问题引向深入,也是课堂教学中运用最多的一种提问方式。比如,在《触摸春天》中,教师提问:安静创造了哪些"奇迹"?学生很快就能够找出来:

(1)安静在花丛中穿梭。她走得很流畅,没有一点儿磕磕绊绊。

(2)她慢慢地伸出双手,在花香的指引下,极其准确地伸向一朵沾着露珠的月季花。我几乎要喊出声来了,因为那朵月季花上,正停着一只花蝴蝶。

(3)安静的手指悄然合拢,竟然拢住了那只蝴蝶,真是一个奇迹!睁着眼睛的蝴蝶被这个盲女孩神奇的灵性抓住了。蝴蝶在她的手指间扑腾,安静的脸上充满了惊讶。这是一次全新的经历,安静的心灵来到了一个她完全没有体验过的地方。

找到这三处句子之后,继续追问:这些句子的哪些词语告诉你这就是个"奇迹"?通过"奇迹"这个词引导学生深入进行语言文字的学习,凸显了语文学习的"语文味"。然后引导学生抓住"穿梭""极其准确""竟然"等展开学习,通过圈划重点词语、找近义词、积累词语、联系实际、指导朗读等学习活动来感受"奇迹"。

饶美红老师执教《孔乙己》时提出主问题:"假如时光倒流,让我们回到孔乙己那个年代,你能在咸亨酒店众多的酒客中,一眼发现孔乙己吗?"然后老师追问:"为什么说他是唯一的?他能坐着喝吗?他能脱下长衫吗?"这些问题让学生深入理解孔乙己是一个有着悲剧性格的多余人。教师循序渐进式的提问,能引导学生逐步深入学习,有助于开发学生智力,启迪学生思维。

三、迂回设问法

迂回设问法也叫曲问法,就是问在此而意在彼,教师的本意是解答甲问题,却并不直接问,而是绕个弯提出乙问题,乙问题的解决又以甲问题的解决为前提,所以只要学生解答了乙问题,甲问题也就迎刃而解。同样的问题,如果采用迂回设问法,学生就必须通过联想和推理才能解答,有利于激发其兴趣、训练其思维。一个比较典型的曲问法例子是钱梦龙老师执教的《愚公移山》中关于"遗男""孀妻"的提问。

师:噢,"龀"。这个字很难写,你上黑板写写看。(生板书)写得很好。"龀"是什么意思?

生:换牙。

师:对,换牙。你看这是什么偏旁?(生答:"齿"旁)孩子七八岁时开始换牙。同学们不但看得很仔细,而且都记住了。那么,这个年纪小小的孩子跟老愚公一起去移山,他爸爸肯让他去吗?

生一时不能回答,稍一思索,不约而同地答:"他没有爸爸!"

师:你们怎么知道?

生:他是寡妇的儿子。"孀妻"就是寡妇。

师:对!"遗男"是什么意思?

生:(齐声)孤儿。

师:对了!这个孩子爸爸死了,只有妈妈。

如果直接提问学生"孀妻是什么意思?""遗男是什么意思?",可能很难激起学生学习的兴趣,但是改变提问方式,问学生"这个小男孩的爸爸肯让他去吗?",由于问题非常贴合学生的生活实际,能够引发学生探究问题的热情,达到了更好的效果。

设 计 与 实 施

一、请对以下教学设计中的提问设计进行评析。

《应有格物致知精神》教学设计[①]

教学目标:

1.了解有关"四书"的常识;了解"格物致知"的含义及真正的"格物致知精神"对于学习科学知识的重要性;理解本文所运用的摆事实和讲道理相结合的论证方法。

2.精读课文,掌握本文的首段提出论题,之后展开论述并归纳出论点的方法。

3.通过本文的学习,切实感受注重实践、具有创新精神的重要性,积极争取做一个有开拓精神的人。

教学重点:理解本文运用摆事实、讲道理的论证方法论证中心论点。

教学难点:正确理解"格物致知"的真正含义。

课时安排:2课时

教学过程:

第一课时

一、导入新课

请学生讲述战国时期赵国赵括"纸上谈兵"的成语故事。教师总结:通过赵括纸上谈兵最终导致赵国大败的故事,我们知道了理论无法脱离实际,而这种实践精神在丁肇

---

① 此案例出自湖北第二师范学院文学院2018级汉语言文学为人民服务小组。

中老先生的这篇《应有格物致知精神》演讲稿中也有深刻体现。

二、作者简介

丁肇中，美籍华裔物理学家，1936年生于密执安州的安阿伯，1962年获哲学博士学位，1969年后任马萨诸塞理工学院教授，主要从事高能物理学研究。1974年，他领导的研究小组在实验中发现了新粒子，并催生了一系列与之相关的新粒子的发现，使粒子物理学进入一个新的发现阶段。他于1976年与里克特同获诺贝尔物理学奖。

三、整体感知

1. 朗读课文，积累词语。

2. 速读课文，检查预习。

对课文进行圈点批注，找出表达作者观点的句子、承上启下的段落、各段关键句及本文论点——应有格物致知精神。并给课文划分段落层次。

本文论点：应有格物致知精神。

全文分四部分：第一部分（第1段）提出论题：中国学生应该怎样了解自然科学。第二部分（第2—5段）分析问题：举例证明传统的中国教育并不重视真正的格物致知。第三部分（第6—12段）分析问题：理论和例子结合，证明真正的格物致知是科学的实验精神。第四部分（第13段）解决问题：强调培养实验精神的重要意义。

四、合作探究

1. 什么是"格物致知"？

明确：第一，寻求真理的唯一途径是对事物客观的探索；第二，探索应该有想象力、有计划，不能消极地袖手旁观。

2. 传统的中国教育为什么不重视真正的"格物致知"？

明确：因为传统教育的目的并不是寻求新知识，而是适应一个固定的社会制度。

3. 为什么要有格物致知精神？

明确：科学发展的历史告诉我们，新的知识只能通过实地实验而得到，不是由自我检讨或哲理的空谈就可求到的。

4. 本文论点是什么？文中列举了哪些事例？这些事例与本文论点有什么关系？

论点：应有格物致知精神。事例一：我国明代大理论家王阳明"格物"以失败告终。事例二："我"初到美国学习物理不知所措的经历。这两个事例都是作者为了阐明观点所借用的事实论据。王阳明失败，是由于他的"格物"并不是真正的实验，而是把探究外界误认为探讨自己，是不理解真正的"格物致知"的意义。"我"的亲身经历，证明了中国学生大都偏向于理论而轻视实验，所以在面临研究工作时常常不知所措，这告诉学生实验精神在科学研究中的重要性。两个事例都为"应有格物致知精神"这一中心论点提供事实论据。

二、请为《故都的秋》一课设计主问题。

教师对自己从事的教学工作抱什么态度,对掌握业务专门知识抱什么态度,这也是师德问题。现在,有的教师对自己所教的那门功课不大懂,今天听别人讲,自己没有好好领会,明天就去教学生,这样讲课不会给学生太多的益处。教师应该通过自己的讲课,在理解知识和掌握学习上给学生实际的益处。

——叶圣陶:《听叶圣陶谈师德》

第五章 语文课堂教学管理

【学习目标】

1. 掌握语文课堂教学时间管理的基本规律。
2. 掌握语文课堂教学节奏设计的方法并能实施教学。

第一节 语文课堂教学时间管理

语文课堂教学活动是在时间中进行的,时间是语文课堂教学的重要资源,它具有不可替代性、不可贮存性和不可逆转性。能否有效管理语文课堂教学时间,是语文课堂教学质量的决定性因素。

对语文课堂教学时间进行管理,能最大限度地保证和提高语文课堂教学效率。一般来说,小学一节课是40分钟,中学一节课是45分钟,优化课堂时间配置,就是根据语文课堂教学的目标和重点,恰当安排教学任务、程序和方法,科学分配课堂时段和时间长度,实现时间与任务的最佳匹配。根据学生学习的心理状况,一个学时可以划分为四个时段。

上课开始5分钟为第一时段,是学生由上节课内容和课间休息向本节课学习过渡的时间,这个阶段的主要教学任务就是启动教学,对应课堂教学过程的导入阶段。通过组织教学、检查作业、复习上一节课的内容,提示本课学习任务和目标,创设学习情境等,引导学生集中注意力,调整心态,进入新的学习情境,为本节课的良性运行奠定基础。著名特级教师胡明道老师在执教《纸船》时,由于学生很难理解冰心出国留学含泪叠纸船这种情感,在导入环节设置了大海中的邮轮这个情境,让学生对留学背景稍做了解,为后面环节的教学做准备,所以导入环节用时5分钟。这属于导入用时较多的课例,但是由于背景理解对掌握后面的课文内容至关重要,这个导入时间是合宜的。

此后20～25分钟为第二时段,这是一节课的黄金时段,学生的注意力、心态、思维都进入最佳状态,这一时段是决定教学效果的关键,在这个教学时间段,一定要完成本节课的主要任务,突出重点,化解难点,切不可拖泥带水,久战不决,也不能喧宾夺主,以非重点内容挤掉重点内容,更不能把应该在这一时段解决的任务推至下一时段。胡明道老师执教的《纸船》的一个重要教学目标是让学生学会点评的方法,所以在第二个教学时间段,胡明道老师设计了"细读课文,学习点评方法"的教学环节,总共用时20分钟左右,有效地在黄金时间段突出了重点问题。

随后10分钟左右是一节课的第三时段,是高强度脑力劳动之后的疲惫、松弛和平静时期。在这一时段,不宜再将上一时段活动方式加以维持和强化,可以通过活动方式的转换,使学生新获得的知识得到巩固、运用和内化,或者用新的活动方式开启教学新境界。还是以胡明道老师执教的《纸船》为例,在学习完点评方法后,胡明道老师进行了两次学习活动形式的转换,第一次是让学生创作MV,用时12分钟,第二次转换是让学生QQ连线冰心,与冰心对话。活动形式的转换,很好地激发了学生学习的兴趣,新的活动引领着学生继续探索文本,使他们对诗歌的意境和主旨有了更深入的理解。

最后3~5分钟是一节课的第四时段,由于临近下课,学生的注意力将会相对集中和适当强化,是学生注意力反弹的宝贵时段。要充分利用这一时段,或归纳总结,或点睛强化,或设置悬念,或拓展延伸,使学生留下鲜明的印象。胡明道老师执教的《纸船》在最后3分钟以学生齐读诗歌、教师总结升华结束课堂,让人回味无穷。

胡明道老师执教《纸船》的大致流程如下:

1. 导入(5分钟左右)

2. 初读课文(3分钟左右)

3. 细读课文,学习点评方法(18分钟左右)

4. 创作MV(12分钟左右)

5. QQ连线,对话冰心(7分钟左右)

6. 学生齐读,教师总结升华(3分钟左右)

总体来看,胡明道老师的教学时间安排基本符合这个规律,整堂课时间的分配错落有致、科学合理,学习效果很好。当然,实施课堂教学时,也不可能死守规律,应该根据学生的实际情况,灵活调整。

第二节　语文课堂教学节奏设计

课堂教学节奏就是教师在课堂教学活动过程中富有美感的有规律性的变化,是贯穿于教学艺术审美结构中的内在律动,即指课堂教学内容的繁简、教学进程的快慢、教师行为的缓急、学生思维的张弛、学生心理的波动等所呈现出来的有规律变化的现象。① 不同的学者依据不同的标准,对教学节奏进行了不同的划分,一般来说,我们可以从教学内容的节奏、教学进程的节奏、教师行为的节奏、学生心理的节奏等方面进行讨论。

一、教学内容的节奏

教师在讲授教学内容时,如果原封不动地按照教材文字的多少平铺直叙、不分详略、不按主辅地讲解,就会使学生如同嚼蜡,难以激发学生学习的兴趣。教师在驾驭和处理教材时,必须突出重点、抓住难点,做到有放有收、详略得当。这便是教学内容的节奏,从某种角度来说,也可以说是教学内容的选取。在教学内容的选取上,既要注意知识的连贯性与覆盖性,又要兼顾内容的阶段性和章节性,做到有层次、有章法、有主次、有坡度、有创新,不断激发学生的积极思维和强烈的求知欲望。

比如余映潮老师在执教《济南的冬天》时,主要设计了两个环节:初读课文,文意理解;再读课文,美段细读。在"再读课文,美段细读"环节,余老师只选取了第三自然段进行教学,设计了四个问题:第一个问题是"给这段文字进行诗意的画面命名",训练的是概括能力和语言表达能力;第二个问题是"圈出像线索一样贯穿全段的一个字",训练的是对线索的理解能力以及对段落的分析能力;第三个问题是"说说'顶''镶'为什么用得好",这是语言欣赏;第四个问题是品析"'给山们穿上一件带水纹的花衣'的表达之妙"。四个问题很好地落实了教学目标,在教学内容的节奏上体现了错落有致的韵味,突出了重点,化解了难点。

王崧舟老师执教的《二泉映月》在教学内容的选取上也非常巧妙,它一共分为四个环节:发现一道风景、体验一段人生、感悟一片情怀、理解一首曲子。第一个环节"发现一道风景"的设计颇具匠心。王崧舟老师提问:从哪里可以看出二泉映月是一道亮丽的风景?学生找出文中四句话:"无锡的惠山,树木葱茏,藤萝摇曳。山脚下有一泓清泉,人称'天下第二泉'。有一年中秋之夜,小阿炳跟着师父来到泉边赏月。水面月光如银,师父静静地倾听着泉声……月光似水,静影沉璧,但阿炳却再也看不见了,只有那淙淙的流水声萦绕在他的耳畔……月光照水,水波映月,乐曲久久地在二泉池畔回响,舒缓而又起伏,恬静而又激荡。"之后王老师请学生在此基础上提炼出八个词,分别是茫茫月夜、如银月光、一泓清泉、静影沉璧、流水淙淙、蜿蜒而来、月光照水、水波映月,这便是第一个环节教学内容的选取。第二个环节是"体验一段人生"。这个环节主要抓住文章中

---

① 熊建新:《新课程下课堂教学节奏模式及价值分析》,《成都大学学报(教育科学版)》,2007年第12期,第25-26、30页。

的第三自然段展开教学,紧扣"整天"这个词,通过提问"什么叫整天?整天会发生什么事情?",让学生体验阿炳坎坷的人生。第三个环节"感悟一片情怀",则主要是选择课文的倒数第二自然段,通过朗读的方式让学生体会乐曲《二泉映月》所展现的旋律之美、情感之美。从教学内容的选取来看,做到了巧妙取舍、点面结合。三个环节教学内容选取的路径不同:第一个环节通过教师提问,让学生在全文中找答案,以此实现初读感知;第二个环节聚焦某一段的某个词,精读勾连重要部分;第三个环节则不再赏析某个具体的字词,而是以朗读方式抓住重点段展开学习。三个环节在内容选取上非常典型、各具特色。

二、教学进程的节奏

教师在实施教学活动时,须根据教学内容和学生的实际情况来适时操作和调整教学进程。节奏过快,会使学生思维不及、紧张疲劳;节奏过慢,会使学生思维松散、厌倦无聊;节奏单一,会使学生思维呆滞、索然寡味;节奏过于复杂,又会使学生应接不暇、难以静心。在教学过程中,要结合课堂教学实际和学生的承受力,有效控制整体节奏,比如,导入新颖简洁,展开舒缓活泼,高潮扣人心弦,结尾余音不绝,正如于漪老师曾经指出的:课的起始阶段犹如一篇文章的开头,需要反复斟酌,让学生的思想兴奋起来……课中要张弛结合,学得愉快,课的结尾力求余音绕梁,整个教学进程起伏有序,各环节具体实施又灵活变通,既要使学生学到基本知识和技能,又要使学生的智力和能力得以开发。①

还是以王崧舟老师执教的《二泉映月》为例,在教学进程的节奏上,从整节课的教学环节来说实现了快慢交错、有张有弛、此起彼伏的有规律性的变化。比如第一个教学环节"发现一道风景"显得略微舒缓,而"体验一段人生"这个教学环节则显得略微紧张。到"感悟一片情怀"以及"理解一首曲子"的教学环节,回归舒缓,让人回味无穷。从单独的教学环节的展开来看,也实现了张弛有度。比如"发现一道风景"这个教学环节,"找句子、找词语"是学生的思维活动比较紧张的一个阶段,而朗读则是一个相对松弛的阶段。"体验一段人生"的教学环节中让学生理解"整天"这个词是学生思维密集的阶段,教学进程相对紧张,而尔后教师的引读又是一个相对松弛的阶段,紧接着让学生想象"整天会发生什么事情",是一个比较紧张的状态,而之后的交流又是一个比较松弛的状态。因此,无论是大的教学环节还是教学环节的展开,这节课都体现了舒缓有致、张弛有度的教学节奏。

---

① 于漪:《于漪全集 9 阅读教学卷》,上海教育出版社 2018 年版,第 45 页。

三、教师行为的节奏

教师行为的节奏包括教师的语言、板书、眼神、表情、姿态、走动、演示等,根据教学内容、教学过程等情况不断变化,形成和谐的韵律和节拍。良好的教师行为节奏能够吸引学生注意力,取得更好的教学效果。

教学语言是教学节奏最直接的表现形式和调控工具,教师要想有效地调控课堂教学节奏,就需要锤炼自己的语言。就课堂教学语言的一般规律而言,讲述定义、概念时语速要慢、要平缓,描述情景、叙述事件要轻快生动,议论分析时要激扬有力,抒情时要真切感人,过渡要平稳简洁,总结要清晰明朗,起始要沉稳有力。一堂课中,如果能根据教学内容的需要变换教学语言,就能形成鲜明的语言节奏。从某种意义上说,语言的主要魅力就在于节奏,课堂教学的语言尤其如此。但语言的节奏一定要服从教学内容、教学过程、学生的思维和师生情感交流的需要。

于漪老师的语文课堂充满了节奏之美,节奏感在她的教学语言上表现得特别突出。有研究指出,于漪特别注意根据听课状况适时调节声音变化,有时轻声细语,吸引学生侧耳倾听,有时用强而重的声音进行强刺激,有时又一字一顿刻意强调,以引起学生高度重视。其教学语言随教学内容及表情达意的需要而变化,有时像涓涓细流潜入学生的心底,有时像优美的乐曲叩击学生心扉,有时又仿佛与学生促膝谈心。其语音高低快慢适时,抑扬错落有致,加上她讲课时各种句式的变换使用,使语言极富美感。[①]

四、学生心理的节奏

课堂教学离不开学生的思维活动。学生思维活动的质量如何,是衡量课堂教学效率的一个极其重要的方面。在课堂教学中,要使学生的思维活动呈现鲜明的节奏,就要努力寻求有效刺激。

注意力是心理活动对一定对象的指向和集中,在学习过程中起着重要的作用。上课初始阶段,学生的心理、生理各方面都有一个准备过程。倘若让他们思考难度较大的问题,接受高强度的思维训练,学生难以适应,可能会产生强烈的逆反心理,这就为一节课的教学投下了阴影,因而要结合课堂教学时间的规律,在第二、三个教学时间段设计较强的思维活动。有些课一开始就"冷场",原因就在于教师提出的问题整体上难度较大,学生难以回答;优秀的教师上课,总是精心设计开头的问题,结合学生的最近发展区,难度适当,于不知不觉中激发学生学习的热情,为后面难度较大的思维训练创造良好条件。除此之外,还要注意强弱刺激的交替。课堂教学中,学生的思维活动一般都是

---

① 王绳媛、杜慧春:《于漪课堂教学节奏美说略》,《景德镇高专学报》,2006年第3期,第85-87页。

在外界刺激下进行的。从思维的一般特点看,课堂思维训练的渐强也不宜是直线状的渐强,而应是在结合课堂教学时间规律,保证总体趋向渐强的基础上不断变化刺激的强度,以形成学生思维的鲜明节奏。可以是形象思维训练和抽象思维训练相结合,通常先形象思维后抽象思维。苏霍姆林斯基说过,在课堂教学中"占据你的注意中心的将不是关于教材内容的思考,而是对于你的学生的思维情况的关心。这是每一个教师的教育技巧的高峰,你应当努力向它攀登"[①]。教师要在课堂教学中努力跟随学生思维的节奏,追求高质量的思维训练。

  课堂教学随着一定的情感流动,学生心理的节奏也包括学生情感的节奏,尤其是文学作品的教学。如果在课堂教学中形成鲜明的情感节奏,就能使课文的内在表现力得到充分的外现,使学生的情感在律动中融入作品,使课堂教学产生最佳的艺术效果。课堂教学中的情感节奏不单单表现为情感强弱的变化,更表现为各种不同情感的转换和变化,如激昂、平静、愉快、悲哀、得意、紧张、悠闲、愤慨、同情等。这种情感的变化形成课堂教学的情感节奏,课堂教学的美育效果得以实现。王崧舟老师执教《二泉映月》的第一个环节"发现一道风景"中,学生的心情是愉悦的,"体验一段人生"中,学生的心情是沉重的,而"感悟一片情怀""理解一首曲子"中,学生的心情则是平静的,学生的情感呈现出波动和变化。王老师执教的《亲情测试》作文课上,学生的情感也经历了变化的过程,第一个教学环节中,让学生回忆生命中最重要的五个人的温馨画面,此时学生的心情是愉悦的;第二个教学环节中让这五个人一一离开,学生是不舍不忍、心情沉痛的;第三个教学环节要求学生将这种情感通过写作的方式宣泄出来,让他们交流,此时学生的情感又恢复平静,学生的情感节奏呈现出清晰的变化路径。总体而言,课堂的情感节奏都应和课堂教学内容的情感相吻合,当喜则喜、当悲则悲,如此才能更好地完成教学任务。需要特别强调的是,在课堂教学中,师生之间感情节奏应完全一致,教师应该用自己的情感唤醒学生的情感,只有如此,才会有理想的教学效果。

设 计 与 实 施

  观摩一节自己喜欢的名师课例,从课堂教学时间的管理、教学内容的节奏、教学进程的节奏、教师行为的节奏、学生心理的节奏等方面对其进行分析。

---

① 瓦·阿·苏霍姆林斯基:《给教师的建议(上)》,杜殿坤编译,教育科学出版社1980年版,第96页。

语文在发挥工具作用的时候,并没有失去或减少思想作用。它的一切过程,不论是听和说,还是读和写,都既是语文教育,又是思想教育。

——朱绍禹:《中学语文教育概说》

第六章 自读课教学

【学习目标】
1. 掌握自读课的内涵与功能。
2. 能自主进行自读课教学设计及实施。

第一节　自读课的内涵与功能

课型即课堂形态，它是对课堂教学结构形态的一种抽象描述，是课程理论或课程改革的标志之一。在我国，对课型大致有两种理解：一是指广义层面的课的模型，是对不同类型的课在教学观、教学内容与策略、教材与教法等方面的共同特征进行抽象和概括的基础上形成的模型、模式，比如课程改革后今天存在于初中语文课堂中的教读课、自读课；二是指狭义层面的课的类型，即根据不同的教学任务或者按照一节课主要采用的教学方法、教学内容、教学目标、师生活动等来划分课的类别，比如阅读课、作文课、练习课等。

温儒敏指出："教材分精读和略读，是有讲究的。精读课主要靠教师教，一般要求讲得比较细、比较精，功能是给例子，给方法，举一反三，激发读书的兴味；而略读课是让学生自己读，把精读课学到的阅读方法运用到阅读实践中，主要是泛读，自主性阅读。两种课型不同，功能也不同，配合进行，才能更好地完成阅读教学。"[1]统编语文教材的阅读教学采用的是教读、自读、课外阅读三位一体的编排模式，自读是从教读到课外阅读过渡的重要桥梁，是学生实现海量阅读的保障，对学生发展有着重要的作用，在日常教学中却没有得到应有的重视。因此，厘清自读课课型的目标定位及内涵，有非常重要的现实意义。

---

[1] 温儒敏：《培养读书兴趣是语文教学的"牛鼻子"——从"吕叔湘之问"说起》，《课程·教材·教法》，2016年第6期，第3-11页。

一、概念内涵

什么是自读课？自读课主要不是教师讲，而是让学生自己读，把精读课学到的方法运用到自读课中①，"自读课在某种意义上看，是对讲读课的巩固、深化与拓展，也是学生寻找适合自己的独特的学习方法的过程，甚至可能由此上升为形成自己的治学方法"②。"自读课姓'自'，应该以学生的自主阅读、自主探讨为主，而教师则是读书活动的组织者和引导者。"③自读课是将教读课所得知识、方法和能力进行有效迁移的课，它以培养学生自学能力为目标，以自读课文为材料，以学生自我阅读实践为主线，起着沟通和联结课内外阅读的重要作用。

首先，自读课要保证学生有充足的阅读时间。要想让教读课所学的知识、方法、技能在自读课上得到巩固提高，则必须给予学生宽裕的阅读时间。充分的阅读时间是学生进行阅读活动的保障，在有限时间内培养学生泛读、细读、跳读等能力，能提高学生的阅读效率，培养学生良好的阅读习惯。比如，肖培东老师在执教《一棵小桃树》时，给了学生 10 分钟左右的时间自读课文，让他们有充足的时间思考问题。

其次，自读课要充分体现学生的主体性。学生学习行为的自主性是自读课的主要追求，教读重在教，侧重于教师的主导作用；自读侧重于自，侧重于学生的主体作用，要让学生自主发现问题、自主解决问题，而不是被动地在设计框架下寻找能证明结论的答案。不过，如果学生在自读过程中遇到问题，教师不可漠视、逃避，而应进行适当的引导，正所谓"恰合时宜：在学生有需要时才教"，"恰中要害：所教能够解决学生当前的问题"，"恰到好处：教师要教而有度"④。

最后，自读能力的提升是自读课的重要目标。通过自读，学生加深了对教读课中所学习的语文知识的理解，学会运用教读课中学到的阅读方法。自读课是学生在教师的帮助下从理论到实践的提升过程，通过自读课的操练，学生可以顺利进行课外阅读。

课型不同，教学指向不同，教学目标自然也有所差异。温儒敏说："现在这种以分析性的精讲记忆为主、课型又彼此混淆的教学方式，的确太死板，压抑了学生的自主性、学习兴趣和读书的兴趣，应当改一改。"⑤教读课的教学目标指向侧重于对定义的学习、对概念的认识和观点的形成，而自读课侧重于对方法的熟悉、对技能的掌握和对策略的巩

---

① 温儒敏：《"部编本"语文教材的编写理念、特色与使用建议》，《课程·教材·教法》，2016 年第 11 期，第 3-11 页。
② 张玉新：《自读课关键在于引导学生自己读书》，《中学语文教学》，2016 年第 11 期，第 57-58 页。
③ 陈恒舒：《统编初中语文教材自读课文的设计思路》，《语文学习》，2017 年第 11 期，第 12-15 页。
④ 张举：《自读课指导三要诀》，《中学语文教学》，2019 年第 6 期，第 20-22 页。
⑤ 温儒敏：《"部编本"语文教材的编写理念、特色与使用建议》，《课程·教材·教法》，2016 年第 11 期，第 3-11 页。

固。教读课是自读课的基础和铺垫,自读课是教读课的升华和实践。在教学设计及实施时,要充分考虑不同课型的不同教学目标。

二、教材编排

从教材编排来看,自读课文一般都在单元的中后部分,位于教读课文之后;名著导读和课外古诗词诵读则各自作为单独模块穿插于教材之中。这种编排设计遵循了阅读的规律,是实现学生从课内学习向课外阅读发展、促进学生阅读能力不断提升的关键环节。

首先,从教材中自读课文的数量来看,统编初中语文教材自读课文篇目约为总篇目的三分之一。篇目如表6-1所示。

表6-1 初中语文教材篇目

年级	篇目
七年级上册	《雨的四季》《散文诗二首》《再塑生命的人》《走一步,再走一步》《动物笑谈》《女娲造人》
七年级下册	《回忆鲁迅先生(节选)》《土地的誓言》《台阶》《最苦与最乐》《一棵小桃树》《外国诗二首》《带上她的眼睛》
八年级上册	《列夫·托尔斯泰》《美丽的颜色》《与朱元思书》《散文二篇》《昆明的雨》《蝉》《梦回繁华》《周亚夫军细柳》
八年级下册	《安塞腰鼓》《灯笼》《大雁归来》《时间的脚印》《核舟记》《登勃朗峰》《一滴水经过丽江》《马说》
九年级上册	《论教养》《精神的三间小屋》《湖心亭看雪》《孤独之旅》《谈创造性思维》《创造宣言》《三顾茅庐》《刘姥姥进大观园》
九年级下册	《梅岭三章》《短诗五首》《溜索》《蒲柳人家》《唐雎不辱使命》《无言之美》《驱遣我们的想象》《邹忌讽齐王纳谏》《陈涉世家》

其次,从每篇课文的谋篇布局来看,教读课文一般在课前有预习提示,在课下有注释,在课后有思考探究、积累拓展和资料链接等;而自读课文一般不设课后习题,只有阅读提示和较少的旁批,旁批或是对文章精妙之处的点评,或是表达对文章某方面的疑惑,为教师的"教"和学生的"学"提供了切实的材料支撑,突显了其作为自读篇目的特点。自读课文虽然在教材篇目中所占比重不大,但教材编者匠心独运、精心设计,是语文阅读教学的重要组成部分,是由课内教读走向课外阅读的一座桥梁,是沟通课内外阅读的有效途径,对学生阅读能力的培养有着不可或缺的作用。

第二节 自读课教学设计策略

一、巧借助读系统

以初中语文教材为例,助读系统是指语文教材中自读课文除选文外的有机构成,是协助学生自主阅读的必要要素,包括单元导语、注释、旁批、阅读提示、读读写写、插图、知识补白等板块。助读系统在自读课文的阅读学习中具有重要的导向功能,它反映了编者意图,有利于学生明确学习内容,能辅助学生自主学习与发展。在教学设计时,可充分利用助读系统,可从以下几个方面入手。

(一)抓单元导语设计自读方案

单元导语作为助读系统的重要组成部分,是统编初中语文教材的基本构成要素,它是对一个单元的教学目标和内容的高度概括,在教师教学和学生自学中发挥着举足轻重的指导和评价作用。单元导语一般由两段组成,第一段主要从人文主题方面对单元进行概括,第二段主要从语文要素方面对单元进行提炼,是教学设计的重要参考,比如九年级上册第四单元(包括《故乡》《我的叔叔于勒》《孤独之旅》三篇课文)的人文主题如下。

少年时代,我们开始睁大眼睛看世界,品尝生活的甘美,也经历着成长的苦涩和无奈。本单元的小说,或涉及少年成长这一话题,或从少年视角观察世间百态,取材独特而广泛。阅读这些作品,可以加深对社会和人生的理解,确立自我意识,更好地成长。

语文要素如下。

学习这个单元,要学会梳理小说情节,试着从不同角度分析人物形象,并结合自己的生活体验,理解小说的主题。

根据单元导语,可以确定本单元学习目标:

1.在成长中加深对社会和人生的理解。

2.学会梳理小说情节。

3.学会从不同角度分析人物形象。

4.结合生活体验,理解小说主题。

通过前面两篇教读课文的学习,在梳理小说情节方面,学生已经习得以下几种方法:从《故乡》中初步习得通过标示现实和回忆之间转换的词明确小说情节的方法,从《我的叔叔于勒》中学习了四种梳理小说情节的方法:从开端、发展、高潮以及结局的情节发展角度,从原因到结果的逻辑角度,从期待到破灭的心理角度和从悬念到结局的写作技巧角度。在人物分析方面,学生在本单元学习了通过人物的动作、神态、语言等角度来分析人物形象的方法;在理解小说主题时,注意结合自身生活体验方法。鉴于此,在教学《孤独之旅》时,可以巧妙使用单元导语的评价功能,通过设计任务单的形式(可以教师设计,也可以引导学生自主设计),考查学生的阅读方法掌握情况。

比如在梳理故事情节这个语文要素方面,可以设计如表6-2所示的学习单。

表6-2　学习单的设计

单元导语呈现的目标:梳理故事情节		
课文	梳理故事情节的方法	故事情节梳理
《故乡》	找出回忆和现实之间转换的语句	
	从对比的角度	
《我的叔叔于勒》	从情节发展的角度	
	从逻辑的角度	
	从心理发展的角度	
	从写作技巧的角度	
《孤独之旅》	从心理成长的角度	

在教学过程中,可先由教师指导学生填写《故乡》《我的叔叔于勒》中的情节,在填写过程中回忆梳理情节的方法,然后由学生自己填写《孤独之旅》的故事情节,并由学生讨论是否还能从其他的角度梳理故事情节,学生讨论后老师再进行总结归纳。

(二)抓旁批设计自读方案

旁批,即在阅读的过程中,于文本旁记录下批语,是我国传统阅读的重要方法。南宋时期,随着科举考试制度的日臻完善及古文典籍评点的兴起,批注逐渐成为文人士子的一种阅读习惯和思考方式,其批注内容多以点评文章技法为主。在批注时,可引发质疑、深思、启发、关联、推导、记诵、创造、比较等一系列思维活动。

统编语文教材传承了古人的阅读经验,自读课文随文设置了内容丰富、形式多样的旁批,在文章的重点、难点、关键点之处启发学生思考,体现了"边读边思考"的阅读理念。旁批分类众多,根据不同的标准有不同的分类方式。从旁批句式出发,可将旁批分为提问式和点评式两类,点评式重在就文章写法、语言等关键处进行评点;对于提问式的旁批,教师可以教学生在预习课文时在旁批就个人阅读体验写解答式批注。从旁批作用出发,可分为提问型、总结型、任务型三类。从旁批性质出发,可将旁批分为有标准答案的封闭式、没有标准答案的开放式、任务驱动式及总结式四类,也有的分为提炼概括型、赏析感悟型、启迪思维型、研究拓展型等。总而言之,对于不同类型的旁批,教师要采取不同的策略,对于点评式的旁批,可引导学生对旁批进行分析,了解学生是否真的能读懂旁批的内容;对于提问式的旁批,则可充分运用,将其整合为课堂提问。

肖培东老师执教的《一棵小桃树》是利用批注引导学生自读的经典课例。单元导语凸显了编者的意图。本单元学习托物言志的手法:体会如何运用生动形象的语言写景状物,寄寓自己的情思,抒发对人生的感悟。在前面的教读课文中学生已基本了解托物言志的手法,《一棵小桃树》则需要学生运用托物言志的手法展开阅读活动,肖老师巧妙利用文中五处旁批,由浅入深、深入浅出地引导学生品评语言之味,体悟手法运用之巧,理解作者寄寓的款款深情。

旁批为:

1.寻常的情景,不寻常的情感。

2.课文中一些描写反复出现,比如多次描写小桃树"没出息"。散文中这类地方,往往寄托着深意,要仔细体会。

3.是什么使"我"遗忘了小桃树?

4."蓄着我的梦"的桃核长成了树,而且真的开了花。作者仅仅在写花吗?

5."我"的情感在这里来了一个转折,你读出来了吗?

以上旁批中,第一个旁批为总结型、提炼概括型、感悟型,第二个旁批为任务型、提炼概括型,第三个旁批是封闭式问题,为提问型、启迪思维型,第四和第五个旁批均能够引发学生对文章的深度思考。

肖培东老师的教学过程如下。首先是导入环节,明确这篇课文为自读课文。你是如何阅读自读课文的?引出对旁批的关注。其次引导学生关注旁批。教师提问:有几个旁批,问了几个问题?解决旁批中涉及的三个问题。学生自读课文,思考问题。共用时10分钟左右。交流旁批中的问题:是什么使我遗忘了小桃树?作者仅仅是在写小桃树开花吗?三个问题都涉及对内容的理解,学生比较容易解决,最后一个旁批提示是否读出了情感的转折,这个旁批涉及内容较多,肖老师暂时搁置,没有让学生朗读。

这五处旁批,第一处重在对文章句段进行点评总结,第二处重在引导学生关注关键字词,其他三处都属于进行引发深度思考的提问。旁批助读,并非按部就班根据旁批的顺序引导学生进入自读。在示范课一开始,肖老师就抛出了这样的问题:

师:五处旁批有三个问题,不待肖老师说,你自己能解决的问题是哪个?

生:是什么使"我"遗忘了小桃树?我觉得应该是作者到城里上学,一毕业就走上了社会,准备轰轰烈烈地干一番事业,渐渐地他就忘记了家里的小桃树。

师:作者离开了农村,去城市读书、创业,渐渐就忘记了家乡土院里的那棵小桃树。

生:"蓄着我的梦"的桃核长成了树,而且真的开了花。作者仅仅在写花吗?这里不仅仅是在写花，因为小桃树小时候是奶奶照料的，作者写小桃树，是在写对奶奶的思念。……

师："我"也想开花。了不得！还有一个问题：当最后雨中的小桃树开花的那一刹那，"我"的情感在这里来了一个转折，你读出来了吗？（暂时搁置）

课堂伊始，肖老师就将回答"关注什么旁批""回答什么旁批""怎么解读旁批"这三个问题的主动权和选择权交给学生，突显了学生的主体性，体现了自读课的特点。主动权交给学生，学生最先解读的旁批自然是难度相对较小的，通过这种方式，肖培东老师掌握了基本学情，了解了学生对文本的掌握情况，也实现了对旁批的层级性处理。与此同时，不着痕迹地引导学生将关注视野从文本移向旁批，又通过旁批来疏通文意。旁批之处往往本身就是课文的重点、难点、关键点，此教学设计紧扣文本要害，体现了肖培东老师教学设计的匠心。

接下来，肖老师由第二处旁批入手，对散文的阅读方法进行点拨。第二个旁批是所有旁批中信息量最丰富的，它蕴含着散文阅读的相关知识——多次出现的词句往往寄托着作者的深意，也蕴含着一般的阅读知识——在文本解读过程中，反复出现的地方是值得关注的，需要仔细体会。课堂师生对话如下：

师：接下来再看，五个旁批当中，哪个是告诉我们阅读这类散文的方法的？第几个？

生（齐）：第二个！课文中一些描写反复出现，比如多次描写小桃树"没出息"。散文中这类地方，往往寄托着深意，要仔细体会。

师：反复出现的细节往往寄托着深意，要仔细体会。这就是阅读这类散文要特别注意的。编者说，反复出现了"没出息"的小桃树。按照旁批的内容，应该指向第四自然段。我们就来反复地读读这段话，仔细去体会。一起来读，"秋天过去了"，预备起——

肖培东老师引导学生找出关键词来理解"没出息"，学生分别找出了"瘦瘦的""黄黄的""委屈""紧抱""拱""立即""竟"等关键词，教师顺势进行朗读指导，要求读出感情。在这一环节中，肖老师掌舵，让学生将目光投射到了旁批指引的使命——"掌握阅读散文的方法"这一教学目标和教学重点之上，并自然而然、稳扎稳打地得出结论："课文中一些描写反复出现，往往寄托着深意，要仔细体会。"

师：很好，这就是作者笔下那棵"没出息"的小桃树。文章还有许多地方都写到了这"没出息"的小桃树，能不能找到？非常多！有同学举手了，举手的时候再思考一下，现在老师就不帮你品字、品词了。你要用自己的朗读，读出这棵"没出息"的小桃树。

教师示范指导和学生初次尝试之后，肖老师又适时放手，共指名五位学生回答。让学生在掌握方法之后再次自读，一是有利于学生对阅读方法进行迁移，为日后的课外阅读做准备，二是有利于及时检测学生是否掌握了该阅读方法，引导学生对自读方法进行吸收和消化。后面的教学环节中教师提问:作者为什么反复写没出息的小桃树,用意何在?(生1:借物写人,托物言志。生2:托物抒情。生3:写奶奶)

这个教学环节通过提问"作者为什么反复写没出息的小桃树,用意何在"巧妙地过渡到课文的第一个批注:明确寻常的景物(小桃树),表现了不寻常的情感(托物言志,借物抒情等)。尔后,教师提问:如果只能选择一个字写小桃树,作者会用什么字?师生充分交流后,教师进行小结。综上可知,肖培东老师在执教《一棵小桃树》时对旁批进行了巧妙的整合,将涉及低认知层级的旁批放在一起让学生最先分析,然后重点突出最能体现散文文体特点的旁批,之后又回到第一个旁批,实现了对旁批的优化组合。巧用旁批设计教学,可让学生在深品细嚼中感受散文语言之美,在精读细读中理解散文托物寄意的写法与作用,学会自读方法。

(三)根据阅读提示设计教学内容

自读课文均设计了阅读提示,有的阅读提示在文章前,有的在文章后,主要是配合本单元的单元重点进行阅读指导,兼有助读和作业的双重功能。阅读提示在主旨、手法和语言等方面对课文做了精要的提示,它是学生自读的路标,有导向作用。在教学设计时灵活运用阅读提示,往往能够起到事半功倍的效果。如袁爱国老师执教的《动物笑谈》(七年级上册)便充分利用了阅读提示进行教学设计。该课文的阅读提示如下:

"动物笑谈"意思是谈论和动物有关的趣事、笑话。读完课文,你是不是也觉得很好笑呢?作者专注于动物行为研究,为了探求科学真理,"常常需要不顾自己的尊严",与动物们打成一片。不明原委的人很容易把他的行为视为怪诞或发疯,由此产生喜剧的效果;可爱的动物们有时则像捣乱的孩子一样搞恶作剧,让人"生气"之余也忍俊不禁。作者的语言诙谐风趣,有时还带着调侃的味道,阅读时注意体会这种幽默的效果。

透过课文风趣的文字,我们还可以感受到科学工作者专注忘我的精神和极高的专业素养。科学研究不全是为了实用,追求真理本身就充满了乐趣。课文是从《所罗门王的指环》一书中节选的,课下不妨把这本书找来读一读。

该阅读提示包含一个关键词"笑谈",先阐释了什么叫动物笑谈,然后从以下问题进行阅读提示:①针对课文内容,你是不是觉得好笑?②作者因专注于动物行为研究,常常与动物打成一片是否可笑?③不明原委的人是否可笑?④动物是否可笑?⑤诙谐风趣的语言呈现这种可笑。袁爱国老师在执教《动物笑谈》时,有如下提问:作者在笑谈什么?你们觉得这些动物可笑吗?课文中好笑的是谁?劳伦兹这位观察者真的可笑吗?真正可笑的是谁?由以上问题链可以看出,袁爱国老师在进行教学设计时充分整合了阅读提示的内容,紧扣"笑谈"这个词,让学生找"笑"、品"笑"、质疑"笑",最后拓展作者生平和《所罗门王的指环》等内容,开阔学生视野。难能可贵的是,该课例还渗透了自读方法的指导,开课伊始,袁爱国老师提问学生:自读课文该怎么读和学? 课堂收束时,让学生明确可以通过层层提问读懂文章内容,那么该如何提问呢? 本堂课渗透了三种提问方法:通过标题提问,抓文眼、中心句、题旨句提问以及联系全文内容提问。这就不是泛泛自读,而是带着一种质疑、分析和思考而读。

以上主要介绍了根据单元导语、阅读提示、旁批等进行自读课文教学设计,在实际教学设计与实施中,完全可以将三种方法综合起来灵活使用。总之,自读课文的教学内容应该依据课程标准中的阶段任务、单元目标、教学目标、文本编排特点、学生的实际情况和接受能力选择最核心的知识、方法和策略,同时应注意自读课文和教读课文、课外阅读的关系,巩固教读课文中学过的阅读方法和策略,努力向课外阅读延伸,这样的教学内容才能体现编者意图,以及自读课文的特点、性质和定位,才能进行有效教学,实现自读课文的功能和教学价值。

二、设计自主学习单

自主学习单是教师根据课程标准,依照学习目标而设计的一种引导学生自主学习的阅读支架。就其功用来说,学习单可分为预习单、研学单、检测单、拓展单等,它通过表格、思维导图等形式,将阅读方法、阅读内容、教学策略与学生的思维活动可视化,构建以明确的任务驱动、项目式学习、内隐式深度学习为主的阅读教学范式。自主学习单有利于体现学生主体性,有利于通过任务来驱动学生学习,非常契合自读课文学习的特点。

如《昆明的雨》导学案设计[①]:

【学习目标】

1.理解课文内容,品味文中语句,体会昆明的雨的特点。

2.感悟作者表达的情感,体会作者对昆明的雨的思念之情。

【重点难点】领悟作者的思想境界,领会文章的人文内涵

1.作者简介

汪曾祺(1920—1997),江苏高邮人,作家。被誉为"抒情的人道主义者,中国最后一个纯粹的文人,中国最后一个士大夫"。汪曾祺在短篇小说创作上颇有成就,对戏剧与民间文艺也有深入的钻研,主要作品有《受戒》《沙家浜》《大淖记事》等。

2.背景链接

《昆明的雨》写于1984年5月19日,首次发表于1984年第10期的《滇池》。汪曾祺在昆明生活了7年,这在他一生中是一个重要的时期。在昆明,他不仅接受了良好的高等教育,结识了许多师长和朋友,开始走上文学创作之路,还结识了后来与他相爱的

[①] 《昆明的雨》导学案(先学后教)——免费语文教学资料(5156edu.com)。

人。对于有着强烈家乡情结的汪曾祺来说,昆明无异于其第二故乡。汪曾祺73岁生日时曾作诗一首:"往事回思如细雨,旧书重读似春潮。白发无情侵老境,青灯有味忆儿时。"晚年汪曾祺的诗文书画中,也随处可见他对故土、故人、故事的怀念之情。

01　积累运用

1. 根据拼音写出相应的词语。

(1)雨季则有青头菌、牛肝菌,味极 xiān yú(　　　)。

(2)mì zā zā(　　　)的细碎的绿叶,数不清的半开的白花和饱涨的花骨朵,都被雨水淋得湿透了。

(3)苗族女孩子坐在人家阶石的一角,不时 yāo he(　　　)一声。

(4)传说陈圆圆随吴三桂到云南后出家,mù nián(　　　)投莲花池而死。

(5)有些人家在菜园的周围种了一圈仙人掌以代替 lí ba(　　　)。

(6)真是像一球烧得 chì hóng(　　　)的火炭!

(7)在车上看到地上有一棵 jī zōng(　　　)。

(8)酒装在上了 lǜ yòu(　　　)的土磁杯里。

2. 下面各句修改错误的一项是(　　)

A. 到2016年4月,应用于移动通信芯片的国产自主卫星导航IP核数量近1800万左右。(语意重复,可删去"左右")

B. 为了防止这类交通事故不再发生,我们制定了交通安全管理措施。(否定不当,应删去"不")

C. "实践十号"卫星的成功发射、在轨运行和回收,将极大提高我国微重力科学及空间生命科学研究。(把"提高"改为"提升")

D. 通过设立交通安全宣传站、发放宣传材料、讲解安全常识等方式,使市民增强了安全意识。(缺主语,可删去"通过"。)

3. 下列句中加点的成语,运用正确的一项是(　　)

A. 他在地主家当长工时,吃的是粗茶淡饭,干的是牛马活儿。

B. 小说不仅故事曲折生动,而且字里行间充满强烈的感情,读来楚楚动人。

C. 尽管落水儿童大声呼救,但他还是充耳不闻地走开了。

D. 下岗后,她开了一个小饭馆,整日兢兢业业,用心经营,收入还算不错。

4. 仿照画线句写两个句子,使前后衔接,语意连贯。

从小到大,一路走来,我们收获了许多甜蜜的回忆。甜蜜的回忆如花,芬芳四溢,令人迷醉。<u>它如桃花,绽放在三月青春的田野上</u>;_____;_____;它如梅花,绽放在腊月雪白的屋舍旁。

5.学习了本课后,大家都很向往云南的风景,所以你班开展了以"魅力云南"为主题的综合性学习活动。请你积极参加并完成下面的任务。

(1)请你为云南拟写一则公益广告,以吸引更多的游客前来观光旅游。

(2)据云南部分景点工作人员反映,不少游客的不文明行为致使一些名胜古迹、公共设施等受到不同程度的损毁。对于游客的这种不文明行为,请你提出两条合理的建议。

02　课内精读

阅读全文,回答下面的问题。

6.文章标题为"昆明的雨",开篇为什么要描述给宁坤的画呢?

7.赏析下列句子的表达效果。

(1)卖杨梅的都是苗族女孩子,戴一顶小花帽子,穿着扳尖的绣了满帮花的鞋,坐在人家阶石的一角,不时吆喝一声:"卖杨梅——"声音娇娇的。她们的声音使得昆明雨季的空气更加柔和了。

(2)一棵木香,爬在架上,把院子遮得严严的。

8.第3段和第12段,作者都只有一句"我想念昆明的雨",分析这两段在文中的作用。

9.全文除了写雨,还写了什么? 有什么作用?

【示例】还写了具有昆明特色的事物:仙人掌,青头菌、牛肝菌等各类菌子,杨梅,缅桂花等。这些事物都是作者感情的载体,共同承载着作者对昆明、对生活的热爱。

10.《昆明的雨》能对读者产生强大的艺术感染力,就在于作者对"凡人小事"的审视,用"以小见大"的视角,折射出了一位老人浓烈如火的情怀。结合文本,试分析文中是如何"以小见大"的。

03　拓展训练

11.本文成功运用比喻的修辞手法,绘形描物,极为生动形象。请运用比喻的修辞手法写一段话,可以写一处风景,也可以表达心中的感悟。

【课文片段在线】①都是一般大小,有一块银元那样大,滴溜儿圆,颜色浅黄,恰似鸡油一样。

②这个名字起得真好,真是像一球烧得炽红的木炭!

【写法分析】句①从形状与色泽上作喻,分别把鸡油菌比作"银元"和"鸡油",生动形象地表现了鸡油菌的特点;句②是从颜色上作喻,抓住"杨梅"与燃烧的"木炭"一样"炽红"的特点,突出杨梅的火红欲滴。运用比喻的修辞手法时,先要明确想表现本体的什么特点,然后根据这一特点展开联想和想象,寻找一个和本体相似而又完全不同类的事物来作比。一般地说,用熟悉的事物来比喻生疏的事物,用具体的事物来比喻抽象的事物,用浅显的道理来比喻深奥的道理。

以上自主学习单分为预习单、研学单、拓展单。凡事预则立,不预则废,预习单主要实现整体感知、积累拓展、资料搜集等功能,这样的学习单,给学生提供了自主预习的思路和支架,使学生的读书习惯和自学能力在预习过程中得以培养和提升。在学生掌握预习基本方法和步骤后,可以放手让学生自己去搏一搏,自行设计预习作业,选择自己喜欢的方式和内容展开预习。研学单主要用于课文精读部分,通过设计合理的学习目标与内容,引导学生深入钻研教材,可让学生自主学习,也可组织学生展开讨论。拓展单则主要是学生用所学知识解决新问题的迁移过程,也是将课堂学习内容彻底迁移到学生认知体系中的过程。当然,自主学习单的形式是非常丰富的,自主学习单不仅要有明确的学习目标、学习内容、重难点等重点要素,还要有完成学习单的方法途径等具体要求,在教学中要勇于实践和探索。

三、优化学习活动

阅读教学重在培养学生的阅读素养,自读课文教学也应如此。教师是学习活动中的组织者和领导者,是师生对话中的主导,要充分相信学生的能力,放手让其展开各种学习活动,使其通过自主的方式获得各种阅读能力。为了让学生获得较好的自主阅读效果,教师可以根据文本特点巧设活动,比如默读、朗读、小组讨论、全班交流、任务驱动、情境设置等,让学生在活动中学习并运用阅读的策略和方法,解决在阅读过程中遇到的问题。肖培东老师执教《美丽的颜色》一课时,在"读对话、深度品味'美丽的颜色'"环节,要求学生"默读文章,看看文章是怎样从故事和思想两方面闪耀出'美丽的颜色'的,同时画出文章中出现'美丽的颜色'这一短语的句子"。肖老师安排了充足的默读时间。在学生理解文章内容之后,肖培东老师又设计了分角色朗读、情境朗读等学习活动,通过对语气、语调、语速等的提示引导,学生读得充分,悟得深刻,深深感受到居里夫人伟大的科学精神,同时初步感知文体特点,为后面的学习做了铺垫。

设 计 与 实 施

一、请从自读课的角度对以下教案进行评析。

《安塞腰鼓》教学设计[①]

一、教学目标

1.有感情地朗读课文,感受安塞腰鼓的磅礴气势。

2.理解文中短句和排比、比喻、反复等手法的运用,学会描写方式,体会文章的诗意

---

① 本教学设计出自湖北第二师范学院 2019 级汉语言文学专业 3 班长藤资本小组。

美、节奏美。

3.感受中华特色民俗文化的魅力,深入体会作者所歌颂的生命力量。

二、教学重难点

1.理解文中短句和排比、比喻、反复等手法的运用,学会描写方式,体会文章的诗意美、节奏美。

2.感受中华特色民俗文化的魅力,深入体会作者所歌颂的生命力量。

三、教学过程

一张图片

1.导入新课

师:同学们,我们今天一起来学习《安塞腰鼓》这篇课文,通过对前面其他地区民俗的了解,不知道大家有没有对安塞腰鼓有所听闻呢?老师给大家找了一些图片,大家可以结合这些图片,通读课文,做出层次划分。

师展示图片,下场检查学生划分情况,适当进行提示:静—动—静。

2.联系图片讲解

师:老师看到大家都做出了层次划分,那么我们请一位同学分享他的划分。预设:第一部分(1~4自然段);第二部分(5~17自然段);第三部分(18~20自然段)。

一些动静

1.找出动静描写

师:这篇课文句式丰富多样,句式的使用和氛围的变化紧密配合,也有许多动和静的描写。同学们默读课文,找出你认为描写动或者静的句子。

明确:"他们的神情沉稳而安静。紧贴在他们身体一侧的腰鼓,呆呆的,似乎从来不曾响过"(静)。"一捶起来就发狠了","百十个斜背响鼓的后生,如百十块被强震不断击起石头,狂舞在你的面前"。"骤雨一样","旋风一样","乱蛙一样","斗虎一样"(动)。"百十个腰鼓发出的沉重响声","后生们的胳膊、腿、全身,有力地搏击着,疾速地搏击着","愈捶愈烈"(动)。"当它戛然而止的时候,世界出奇地寂静","耳畔是一声渺远的鸡啼"(静)。

2.感受动静变化

师:同学们都找得非常不错,我们找出了这些有关动与静的描写,现在我们再来体会一下动和静的变化在文章中是如何体现出来的。

师:在文章的开始,这群后生是静还是动呢?从哪里能看出来?

明确:静,"他们的神情沉稳而安静。紧贴在他们身体一侧的腰鼓,呆呆的,似乎从来不曾响过"。

师:没错,那么接下来就动起来了,从沉静陡然转换为热烈,文中有几个句子描写生动而情绪激昂,同学们能找出来吗?

明确:排比句"骤雨一样……旋风一样……乱蛙一样……斗虎一样"。

师:没错,这个排比句生动地描写出动的热烈,那么接下来往后看,文章中出现了多次"好一个安塞腰鼓",同学们能体会到什么样的情感呢?

明确:多次重复"好一个安塞腰鼓",令人仿佛置身于沸腾的群舞中。

师:充满激情的语言相互碰撞,汇成排山倒海的气势。接着往后看,之后又怎么样了?

明确:戛然而止了。

师:对,戛然而止了,静下来了。这篇文章的动静变化简单归纳下来就是一个由静到动再到静的过程。

3.分析转换作用

师:刚刚老师带领同学们找出了这篇文章的动静转化,我们再体会一下作者为什么要这样安排动静的转换。

明确:动静结合,衬托安塞腰鼓的热烈。

师:以动衬静、动静结合,内容和形式得到了完美的统一,更体现了作者想向我们传达的强烈的生命律动。

一些描写

过渡:在寂静和热闹的转变中,我们已经感受到了安塞腰鼓的豪放、热烈、壮阔,那作者是怎样描写这种热情的呢?接下来我们就一起去看一看。

分组讨论描写之精彩。

师:请同学们放声、纵情朗读这篇课文,边读边思考,作者是怎么写出这豪放、热烈、壮阔的腰鼓的呢?讲解手法之妙。明确:

1."骤雨一样,是急促的鼓点;旋风一样,是飞扬的流苏;乱蛙一样,是蹦跳的脚步;火花一样,是闪射的瞳仁;斗虎一样,是强健的风姿。"采用短句,使语言铿锵,节奏急促,气势强劲;运用了比喻的手法,突出安塞腰鼓的豪放、热烈、壮阔的特点。

2."……好一个安塞腰鼓!……好一个安塞腰鼓!……好一个黄土高原!好一个安塞腰鼓!……好一个痛快了山河、蓬勃了想象力的安塞腰鼓!"

这几个句子采用反复的修辞,形成回环往复的气势,在结构上又是层次的分界点,能使脉络清晰,同时推动情节和感情达到高潮。

3."使人想起:落日照大旗,马鸣风萧萧!使人想起:千里的雷声万里的闪!使人想起:晦暗了又明晰,明晰了又晦暗,尔后最终永远明晰了的大彻大悟!"

这几句采用排比的修辞,气势恢宏,雄浑有力,表现出安塞腰鼓气吞山河的场面和震撼人心的力量。

朗读感受热情之激昂。

师:作者通过短句和比喻、反复、排比的手法描写了安塞腰鼓的豪放、热烈、壮阔,那接下来请同学们带着这份心情,一起来读出这种情感。我们先来读第一个句子,请两位同学交互着跟我们读一下,一人一句。我们再来读第二个句子。

第一小组的成员在读到最后两个字的时候,第二小组的成员开始读。最后一个句子老师来领着大家一起读。

一种文化

教师介绍黄土高原的文化:信天游、安塞腰鼓、陕西剪纸等。

课堂小结:

同学们啊,在那广袤无垠的黄土大地上,还有着多种多样的文化。听!那高亢嘹亮的信天游!粗犷简练的歌词中透露出豪迈浓郁的西北高原的韵味。看!那精细巧妙的陕北剪纸!纤细入微,小巧玲珑,小中见大,刻画精致,向每一个人展示着那独属于陕西的粗犷中的细腻!

通过今天的学习,我们感受到了安塞腰鼓中蕴藏的蓬勃的生命力。《安塞腰鼓》既是高原生命的热烈颂歌,也是民族魂魄的诗性礼赞。它以诗一般凝练而富有动感的语言,谱写了一曲慷慨昂奋、气壮山河的时代之歌!华夏大地,泱泱大国,多姿多彩的文化竞相绽放着!

二、设计《溜索》(九年级下册)教学方案。

要写出好文章来,先要有丰富的、正确的、高尚的思想;这要从各方面去充实、培养。修辞学所能做到的,只是就我们现有的思想境界,应用一些选词炼句的原则,使我们说话写文章叫人家容易懂,进一步说得或写得好一点儿;尽可能地多收到点效果。但是无论如何,修辞不可能把我们的文章提高到我们的思想境界以上去。如果不从思想上下功夫,单靠修辞的帮助,写出来的文章尽管文理通顺,辞藻活泼,而内容空空洞洞,思想境界卑俗,那就至多成为没有什么真实价值的"绣花枕头"了。

——张志公:《读写一助》

第七章 识字与写字教学

【学习目标】

1. 掌握课程标准中有关识字与写字的要求。
2. 掌握识字与写字教学的基本方法。

第一节 课程标准中关于识字与写字教学的规定

识字与写字是阅读和写作的基础,是第一学段的教学重点,也是贯穿整个义务教育阶段的重要教学内容。小学阶段要求累计认识常用汉字总量3000个左右,其中2500个会写,九年义务教育阶段要求累计认识常用汉字3500个左右。识字与写字教学的基本原则是:多认少写、认写分流、分进合击,最终实现学生识字量的提高,满足学生阅读的需要。根据课程目标的精神,在识字与写字教学方面需注意如下几个方面。

一、情感态度与价值观

识字与写字教学的首要任务是让学生对祖国的语言文字产生发自内心的喜爱。从第一学段的"喜欢学习汉字,有主动识字、写字的愿望"到第二学段"对学习汉字有浓厚的兴趣,养成主动识字的习惯",到第三学段"能用毛笔书写楷书,在书写中体会汉字的优美",最后到第四学段"临摹、欣赏名家书法,体会书法的审美价值",提示语文教师通过九年的义务教育,让学生对祖国语言文字产生热爱之情,能够体会书法之美。如果一名语文教师能够让学生对祖国语言文字产生浓厚的兴趣,教育则是成功的,反之,如果通过语文教师的教学,学生不愿意认字、写字,那么在情感态度这一条上就不符合课程目标的精神。

从教材编排来看,教科书着力于培养学生对祖国语言文字的热爱。比如小学阶段的课后生字表都是精美的楷体字,初中教材中的"读读写写"也是请著名书法家书写的行楷字,可供学生随时模仿,学生每学一课,都能感受到汉字形体之美。

文化具有历史性、渗透性、积淀性，教师在识字教学中要以文化人、以文育人。语言文字本身就是文化的载体，学生学习语言文字的过程，就是亲近中华优秀传统文化的过程，因此教师有义务通过丰富多彩的识字与写字教学活动，让学生热爱汉字，喜欢识字与写字，对中华传统文化产生自豪之感。比如学习象形字"耳"时，教师可以用图文并茂的方式为学生展示耳朵的形状，以及"耳"字从甲骨文、金文到小篆的演变过程，让学生在对比中感受象形文字的特点，激发识字兴趣。同时，巧妙运用象形、指事、会意、形声等汉字造字方法进行识字教学，挖掘文字潜藏的深层次文化内涵，让学生感受到汉字是中华民族的根，文化是中华汉字的魂。

二、识字与写字的概念

中小学语境下要求认识的字需要学生做到"两会"：会认（听到字音会认）、会读（看到字形会读），识字不仅要求学生能分辨汉字的字音、字义、字形，而且要能建立统一的联系。而要求会写的字则需要学生做到"四会"：会认、会读、会写、会用，不仅要求会认、会读，而且要求能够写下来并正确使用。

根据用笔的不同，中小学语境下的写字可以分为铅笔、钢笔、毛笔等写字类型，第一学段使用铅笔书写，从第二学段开始学习毛笔书法，用毛笔临摹正楷字帖，所以语文教师也得练成一手好字，以便给学生做示范。根据书写材料的不同，可以分为在田字格中书写、在方格中书写、在横线上书写、在米字格中书写等。根据书写方式的不同，可以分为书空、描红、仿影、临写等，一般而言，课堂教学中教师范写的时候可以让学生书空模仿，课堂可以进行描红练习，仿影更适合布置成寒暑假作业，而临写比较适合每日课堂练习或家庭作业。

三、笔画

笔画的学习主要集中在第一学段，教材已经呈现应该掌握的笔画名称，如表 7-1 所示。

表 7-1　学生应掌握的笔画名称

笔画名称	例字	笔画名称	例字
横	开土	竖弯	四西
竖	中上	竖钩	小可
撇	天禾	弯钩	了手
捺	人尺	斜钩	我
点	头下	撇折	去东
提	虫把	卧钩	心

续表

笔画名称	例字	笔画名称	例字
横折	口五	撇点	女
横撇	子水	横折钩	力月
横钩	你	竖弯钩	儿巴
竖折	山牙	横折弯钩	几
竖提	长比	竖折折钩	马鸟

四、常用偏旁

偏旁是在汉字形体中常常出现的某些组成部分,如"国、固、圈、围"中的"囗","偏、翩、篇、匾"中的"扁","拎、伶、零、翎"中的"令",就是偏旁。一般来说,人们习惯用部位来命名偏旁,比如,位于上下结构、上中下结构上部的偏旁称"头",如花字中的"艹",称草字头;在上下、上中下结构下部的偏旁称为"底",如盆字中的"皿",称皿字底;位于包围结构外部的偏旁称为"框",如冈字中的"冂",称同字框,有些偏旁,在不同的位置,形体有所改变,称谓也不相同,第一学段需要掌握的偏旁如表7-2所示。

表7-2 第一学段需要掌握的偏旁(部分)

偏旁	名称	例字	偏旁	名称	例字	偏旁	名称	例字
刂	立刀	到	氵	三点水	江洞	厂	厂字头	原厅
亻	单人旁	作们	忄	竖心旁	快慢	冫	两点水	净冰
八	八字头	公分	宀	宝盖	它家	⺌	倒八	单首
人	人字头	会全	辶	走之	远边	卩	单耳旁	却印
⺈	斜刀头	色兔	女	女字旁	好妹	又	又字旁	欢观
勹	包字头	包句	纟	绞丝旁	红绿	阝	双耳旁	降都
亠	京字头	亮高	王	王字旁	玩珍	土	提土旁	块场
秃宝盖	秃宝盖	写军	木	木字旁	树桃	大	大字头	奇牵
讠	言字旁	说课	日	日字旁	明晚	广	广字旁	席庄
扌	提手旁	把挂	攵	反文旁	放数	弓	弓字旁	张弯
艹	草字头	莲芽	月	月字旁	朋肘	子	子字旁	孤孩
口	口字旁	叶吗	灬	四点底	点黑	牛	牛字旁	物牡
囗	国字框	国回	目	目字旁	睡睁	斤	斤字旁	新断
彳	双人旁	得很	禾	禾木旁	和秋	车	车字旁	转辆

续表

偏旁	名称	例字	偏旁	名称	例字	偏旁	名称	例字
彡	三撇	彩影	鸟	鸟字边	鸭鸦	疒	病字旁	病疾
犭	反犬旁	猫狗	穴	穴宝盖	空穿	立	立字旁	端站
夂	折文	夏冬	虫	虫字旁	蛙	页	页字旁	颜领
门	门字框	闪问	灬	竹字头	笔笑	米	米字旁	粽粮

此外，课程标准中还涉及对学生笔顺规则的训练，遵循先横后竖、先撇后捺、从上到下、先外后里、先外后里再封口、先中间再两边等笔顺规则书写汉字，养成从左到右横排书写现代汉字的习惯，便于组织结构，使书写美观，不破坏汉字的笔画系统。在间架结构方面，涉及独体字与合体字的学习，其中合体字包括上下结构、上中下结构、左右结构、左中右结构、内外结构、半包围结构等。在独立识字方面要求学生能熟练地使用字典、词典独立识字，会用多种检字方法。此外，还需特别注意的是学生写字姿势的培养，特别是"大指二指对齐捏"的握笔姿势，良好的握笔姿势及书写习惯是预防青少年近视的重要措施。

第二节 识字教学策略举隅

一、随课文分散识字

随课文分散识字作为一种识字教学的流派，形成于20世纪60年代初。随课文分散识字最先由斯霞老师进行试验，她在人教版通用教材为主的基础上，采用"多读课文多识字"的方法，大大提高了儿童识字的数量和质量，从而产生了广泛的影响。随课文分散识字最大的特点是"字不离词、词不离句、句不离文"，把生字词放在特定的语言环境即具体的一篇篇课文中来感知、理解和掌握，所以学生学得特别扎实。斯霞老师认为这种识字方法的优点是：其一，符合儿童的认知规律和汉字规律；其二，强调语言环境，有助于儿童语言和智力的发展；其三，有利于减轻学生过重的课业负担，促使学生身心健康发展。[①]

从教材编排来看，随课文分散识字是识字的重要方式之一。选文后面都有要求学生会认和会写的字，在教学过程中可以灵活处理。斯霞老师认为生字出现的先后次序非常灵活，可以按照课文内容顺次出现生字词，可以让在课文中占主要地位的生字词先

---

① 斯霞：《对随课文分散识字的看法》，《课程·教材·教法》，2001年第2期，第1-4页。

出现，可以结合讲读提出生字词，也可以在理解课文内容以后再提出生字词。由于结合具体语境，随课文分散识字的确能有效地提高识字的数量和质量。但其不足在于识字进度稍慢，识字教学本身没有完整的体系。

二、集中识字

"先识字后读书"是我国数千年来识字教学的传统经验，唐彪曾说："初入学半年，不令读书，专令识字，尤为妙法。"① 所谓集中识字，就是把汉字集中起来学习，它与随课文分散识字形成互补关系。1958年，辽宁黑山县北关小学创造集中识字办法，使得小学低年级学生识字量大大增加。"他们的经验是：第一，在掌握汉语拼音的基础上集中识字，通过看图识字、同音字归类、以字带字、词汇教学等办法来解决读音，扩大识字范围；第二，先集中识字，后讲读课文，阅读课文服从于识字；第三，精讲多练，教师将大部分时间留给学生阅读练习。"② 黑山小学和此后北京景山学校等学校的集中识字教改经验，引发了全国的普遍关注，集中识字的办法被当时的小学语文教学教材和教学大纲所采用。

统编语文教材充分吸收了集中识字的教改经验，教材集中编排了看图识字、以歌带字、形声字归类、用基本字带字等，形式丰富。看图识字通过符合学生认知特点的鲜艳的图片进行识字编排，如《春夏秋冬》的编排，扇形图画能激发学生学习的兴趣，各种色彩明丽、生动活泼的图画使语文教材充满童真与趣味，满足了学生对美好事物的追求。以歌带字通过各种儿歌、韵语等孩童喜欢的方式进行识字编排，如《动物儿歌》"蜻蜓半空展翅飞，蝴蝶花间捉迷藏。蚯蚓土里造宫殿，蚂蚁地上运食粮。蝌蚪池中游得欢，蜘蛛房前结网忙"，音调铿锵，朗朗上口，易读易诵。形声字归类通过归类识字，能够让学生掌握一组汉字构字规律。用基本字带字也可以变成韵语，比如《小青蛙》"河水清清天气晴，小小青蛙大眼睛。保护禾苗吃害虫，做了不少好事情。请你爱护小青蛙，好让禾苗不生病"，通过基本字"青"带出晴、睛、情、请等字，集中识字的最大好处是能让学生在短时间内认识更多的字。

三、字族文识字

四川省井研县以鄢文俊等为主的教师和教研人员，经过32年教学改革的实验，创造了字族文识字教学法。实验设计是采用"字形类联、字音类聚、字义类推"的方法，把汉字分成族，按族编成课文。

要编辑字族文，首先要找到母体字，即具有派生能力的字。例如"青"字，加入不同

---

① 唐彪：《家塾教学法》，赵伯英、万恒德选注，华东师范大学出版社1992年版，第17页。
② 陈荟瑾：《识字教学论争》，《语文建设》，2017年第1期，第52-54页。

偏旁可派生出清、晴、睛、蜻、情、请、精、靖等字，"青"就是母体字。在此基础上，形成字族。所谓"字族"，是由一个独体母体字发端，不断派生繁衍而形成的汉字群体。最后一步是创编研字族文，用精选出的字族或字族支系编成朗朗上口、生动活泼的儿童识字课文。

四、字理识字

字理识字教学法是湖南省岳阳市教育科学研究所贾国均老师创设的一种依据汉字的组构规律，从汉字形与义、音的关系着手进行识字教学的方法。[①] 它注重通过对汉字的象形、指事、会意、形声、转注、假借等构形理据的分析来突破字形难关，达到提高识字教学效率的目的。字理识字教学法主张小学阶段识字3000个左右，一、二年级识字2000个左右。不过，多位一线教师指出，字理识字需适度。如吴月芳老师指出："我们的研究表明，在使用字理识字法时，教师要注意单位时间内的适度使用，使用在最必要之时，如区别形近字、易错字等必要的时候，对理解新词语非常关键之处，而不要每个字都用，更不要随意滥用。因为那样只会造成学生识字的反感情绪，更不要说促进提高识字效率了。"[②] 杜志民老师也指出："运用字理识字教学法，教师必须处理好字理解析问题，适时、适度、适量地运用字理识字，把握好它的广度和深度。"[③]

字理识字教学程序与常规教学相比，不同之处在于字理识字教学中增加了字理解析。其程序如下。①教学字音。在提出生字定向后，用拼音教学字音。②解析字理。教师用各种直观手段引导学生观察、联想、比较，解析象形、指事、会意字；讲清形声字的形旁和声旁的表意、表音作用；进行组词造句等。③分析字形。教学汉字的笔画、笔顺、间架结构等。按部件分析合体字。④书写练习。每教完一个生字就让学生抄写一次，然后引导学生将自己所写的字与教材或黑板上的范字对照检查。写对了的再写一个，写错了的需找出错误重写。在教完一节课全部生字后，教师按教学顺序和用语报出生字让学生听写一次，发现问题，当场纠正。

在教学实践中，可灵活运用多种识字教学方法。比如韵语识字法，运用汉语韵文的方法先把常用字组成常用词，再用这些词编成句式整齐、合辙押韵、通俗有趣、短小精悍的韵文，之后运用有韵的诗歌在阅读中进行识字教学。其优点在于韵语识字有利于语感的形成，有利于加强记忆，有利于培养学生识字的兴趣，它较适用于初期积累阶段。教材中大量的儿歌、对韵歌等都属于韵语识字。其局限性在于忽视汉字规律，没有建立其音、形、义的内在联系，字形认知的模糊状态制约了识字教学的质量。在归类识字方面，统编一年级上册《语文园地五》"识字加油站"中学习的"上午、下午、晚上"，"昨天、

---

① 贾国均：《字理识字教学法》，《中国教育学刊》，1996年第3期，第44-46页。
② 吴月芳：《适度使用字理识字法》，《中国教育学刊》，2016年第12期，第19-22页。
③ 杜志民：《如何把握字理识字的"度"》，《教学与管理》，2011年第7期，第28-31页。

今天、明天"，"上个月、这个月、下个月"，"去年、今年、明年"等，都属于时间类的汉字。而一年级下册第六单元的"识字加油站"中的"冰棍 西瓜 绿豆汤 凉席 蚊香 花露水 蒲扇 竹椅 萤火虫 牵牛 织女 北斗星"则是夏夜常出现的事物。在字理识字方面，统编教材非常重视利用偏旁部首学习汉字。统编教材在每课的写字练习中都标注了第一次出现的偏旁部首，潜移默化地将偏旁部首的学习融入日常教学中。此外，语文园地中的"识字加油站"也是识字教学的好抓手，也可以巧妙运用"字词句运用"等。

另外还需特别强调的是，如前文所述，学生学习汉字的过程也是接触、了解中华文化的过程，学生通过对汉字字形、字义的把握，能感受这些字符背后代表的文化之美。统编语文教材的识字与写字阅读教学编排体现了中华文化的特点，彰显了民族自信。比如一年级上册一开始就学习"天地人""金木水火土"等汉字，《口耳目》中"站如松、坐如钟。行如风、卧如弓"的文本呈现以及插图都体现了传统文化的意蕴。语文课程的目的是让学生学会使用祖国的语言文字，而语言文字本身就是文化的重要载体，所以教师在识字与写字教学中要有意识地渗透传统文化教育。

第三节 识字与写字教学课例分析

浙江省特级教师茹茉莉老师执教的《一去二三里》灵活运用了多种识字与写字教学方法，效果很好，本节以此课为例讨论识字与写字教学方法。

《一去二三里》是人教版学完汉语拼音后的第一篇识字课文，识字课文以识字为主、课文教学为辅。要求会认的字总共有12个，包括10个数字汉字以及"里、去"两个生字。要求会写的字有3个，主要涉及长横、短横、横画组合。在课文理解方面，"烟村、去、里"以及数词虚指可能是难点，在教学过程中可充分利用课文两幅插图。课堂大致情况如下。

一、教学目标

1.学习汉字数字一至十，了解古人计数方法，感知数字实指与虚指的不同。认识"去"并了解字理，认识"里"并初知距离意义。

2.学写"一、二、三"，以评价观察的方法巩固长横，以摆笔画等方法发现"二、三"短横的写法及横画的组合。

3.学习古诗，通过游戏、想象、配乐选择等方式理解诗意，练习朗读。

二、教学过程

（一）以古代计数引入，了解学生掌握数字汉字的真实学情

1.看图举手指回答。

2.故事讲述古代计数法。

3.展示十个数字汉字。

4.利用插图,进行汉字与手指对应的游戏,了解真实学情。

(二)学习诗歌,巩固生字,了解诗意

1.自由读。

2.同桌互读。学着做到三个"会":

会表扬:如果你觉得他每个字都读正确了,就用喜欢的方式表扬他。

会帮助:如果他有字读错了,就帮助他。

会道谢:被表扬了,被帮助了,都要记得说"谢谢"哦!

3.齐读展示,指名展示,同桌互相展示。

4.除了数字,古诗中还藏着两个我们要认的生字。

课件出示:"去",指名读。"去"是个很有意思的字。古时候曾是这样写的——下面部分表示山洞或者一扇门,上面部分就像一个人,"去"就是人离开山洞、走出门的意思呢!看看图,古诗中的小朋友走出门啊,好像是去郊游玩耍呢!他们一走啊,就走了二三里。

课件出示:"里",一里大约是绕咱们胜利实验小学的操场两圈半左右,二三里也就六七圈。

5.学到这里,课文的十二个生字都集中在黑板上了。咱们用它们来玩个游戏,大家都玩过的拼图游戏。这是一幅古诗拼图,缺少的几块就在这黑板上,请大家找出来。(到此为止,生字全部学完。将生字分成两类学习:数字类和其他类)

(三)精读古诗,理解"烟村""八九十枝花"

1.风景图选择理解:烟村四五家。

2.图片辅助理解:八九十枝花。体会数字的虚指意思。

3.原来,两个小朋友一起去郊游,一路上看到了那么美丽的景色呢!诗的意思理解了,咱们一定能读得更好了。老师这里有三段不一样的音乐,如果要给这首诗配上音乐读一读,你觉得哪一段比较适合?放松姿势,一起欣赏。

4.交流,配乐朗读。

(四)指导书写

1.评价观察,指导书写"一"。(此处运用观察法、示范法、实践法等方法)

2.摆笔画,指导书写"二、三"。(此处运用游戏法、观察法、实践法等方法)

3.学生当堂练习书写"一、二、三",教师巡查,并提示写字姿势。

该课例学习形式非常丰富,包括手指游戏、选乐诵读、古诗拼图、选乐释词、同桌学习等,在识字方面,学习"去"的时候采用了字理识字法,同时还巧妙运用看图识字、游戏识字、拼音识字等,在写字方面运用了静态观察、实际操练、教师示范(包括田字格示范、毛笔书写示范)等方法。在指导学生写字的时候,特别提示写字的姿势,这都是特别值得学习之处。

设计与实施

请为一年级上册第二课《小小的船》进行教学设计,并分小组展示。

成功的教师之所以成功，是因为他把课教活了。如果说一种教学法是一把钥匙，那么，在各种教学法上还有一把总钥匙，它的名字叫做"活"。

——吕叔湘：《关键在于一个"活"字》

第八章 文学阅读教学

【学习目标】
1. 掌握课程标准中有关文学阅读教学设计的目标与内容。
2. 掌握诗歌、散文、寓言等文体的特点并能进行教学设计和实施。

在语文阅读教学的各种文本中,文学类文本最富有魅力,也是最难把握的,难在文学文本的解读和教学内容的选取。中小学文学类文本包括小说、诗歌、散文、戏剧、寓言、散文诗等各种文体,教学中需要根据不同的文体特点设计教学方案。本章主要阐释中小学占比较多的诗歌、散文及寓言文体的教学,在此基础上让读者了解文学文体阅读教学的一般规律。

第一节 诗歌教学

一、诗歌的定义与分类

诗歌是文学作品的一大样式,是饱含强烈的情感和丰富的想象,运用比兴、象征、拟人、隐喻、反复、重叠等表现手法,更集中概括的表现诗人情思,语言生动、凝练,富于节奏和韵律的文学作品。[1]

一般认为,诗歌文体具有如下特征。

1. 强烈的抒情性

诗歌抒情强烈,情感深挚。"诗缘情而绮靡"[2],"诗的本质专在抒情"。[3] 不管是叙事诗还是抒情诗,都以抒发情感为宗旨,诗人往往借景抒情、借物抒情,表达强烈、真挚的情感,因此,强烈的抒情性是诗歌的一大特点,几乎一切诗歌都是以情感作为自身始

---

[1] 刘安海、孙文宪:《文学理论》,华中师范大学出版社2000年版,第140页。
[2] 陆机:《文赋》,《中国历代文论选》第1册,上海古籍出版社1979年版,第171页。
[3] 郭沫若:《论诗三札》,《文艺论集》,人民文学出版社1979年版,第215页。

终不渝的表达对象。

2. 鲜明的形象性

诗歌意境深远，形象鲜明。叙事诗通过描写人物形象，反映现实生活，表达作者的思想感情；抒情诗借助于联想和想象描绘形象，抒发感情。因而丰富的想象也是诗歌的一个重要特点，当情不能自已之时，诗人往往浮想联翩，借山川河流、草木花卉、飞禽走兽等形象抒发自己的情感。

3. 优美的音乐性

诗歌韵律和谐、节奏分明、合辙押韵，读起来朗朗上口、和谐动听，便于吟诵、记忆与流传。节奏可以强化诗歌表达的效果和力量，是诗歌的重要特点之一。节奏、韵律不仅使诗歌语言产生音韵之美，而且常常产生一种弦外之音、韵外之致，令人回味无穷。

除此之外，诗歌还有很多特点，比如诗歌的结构往往呈现跳跃性，诗歌有特殊的表现手法，如起兴、隐喻、象征、意象等。

诗歌的分类有很多标准。以诗歌的表现内容和表达方式为标准，诗歌可以分为抒情诗、叙事诗和哲理诗。抒情诗是以作者的口吻抒发主观情绪、情感的诗体。颂歌、哀歌、情歌、田园诗、山水诗等都属于抒情诗。叙事诗是以叙述者的口吻来刻画人物、叙述事件的诗体。史诗、故事诗等都属于叙事诗。比如语文教材中的《木兰辞》《孔雀东南飞》都属于叙事诗。哲理诗重在对哲理的解释，比如顾城的《一代人》。以诗歌的表现形式为标准，可以将诗歌分为格律诗和自由诗。格律诗是篇式、句式、行数、字数都有严格规定的诗歌作品，声调、韵脚都有一定规律，即使有变化，也要遵循一定规则。自由诗没有固定的篇式、句式、行数或字数限制。

二、诗歌的教学目标与内容

《义务教育语文课程标准》（2022 年版）关于诗歌教学的目标与内容有如下主要表述。

第一学段：诵读儿歌、儿童诗和浅近的古诗，展开想象，获得初步的情感体验，感受语言的优美。第二学段：诵读优秀诗文，注意在诵读过程中体验情感，展开想象，领悟诗文大意。第三学段：阅读诗歌，大体把握诗意，想象诗歌描述的情境，体会作品的情感。受到优秀作品的感染和激励，向往和追求美好的理想。第四学段：诵读古代诗词，阅读浅易文言文，能借助注释和工具书理解基本内容。注重积累、感悟和运用，提高自己的欣赏品位。

以上四个学段的教学目标与内容有如下反复出现的关键词：一是展开想象，二是情感体验，三是语言欣赏，四是诵读形式。这为诗歌教学提供了一定的策略支持。

三、诗歌的教学策略

针对诗歌文体的特点以及课程标准的要求,在诗歌教学中可以实施以下教学策略。

(一)加强诵读,以情入诗

吟咏诗歌是开启诗歌欣赏大门的金钥匙,学习诗歌的第一要领是反复吟咏。古人曰:"熟读唐诗三百首,不会作诗也会吟。"诗歌教学当从诵读开始,当然,诵读并非"小和尚念经",每次诵读都应该指向一定的教学目标。比如初读环节的朗读,重在读通,而精读环节的诵读,则需要学生发挥想象与联想,在诵读中感受诗歌的意境,体会诗歌的情感。比如王崧舟老师在执教《枫桥夜泊》时,初读环节通过范读、自由读、师生合读、男女生合读等多种诵读活动让学生熟悉诗歌,初步感知诗歌传递的愁情;精读环节在引导学生理解月落、乌啼、霜满天、江枫、渔火、钟声等意象之后,师生配乐诵读,课堂教学达到高潮,学生沉浸在诗歌的意境中感受诗人羁旅之愁,从而实现披文入情、以情入声、以声传情、以情动人。

(二)品味意象,把握意境

意象是一个古老的美学概念,也是鉴赏诗歌最基本、最重要的审美单元。诗歌中的意象是作为诗人主观思想与审美情感的"意"和作为审美客体的景象、事物和场景的"象"的和谐交融和辩证统一,"立象以尽意",可以说,把握了意象,也就抓住了诗歌的意境、风格及其中蕴含的思想感情的关键。以"水"这个意象为例,统编小学语文教材收录了大量描写水的古诗词,这些古诗词呈现了长江、黄河、大海、池塘、小溪、泉水、瀑布、湖泊、山涧等形态万千的水意象及各种伴生、衍生意象。学习这些诗词,有助于学生体会古诗词中水意象所承载的各种情感,如愁情、友情、豪情、爱国爱民之情等;有助于学生欣赏水意象所蕴含的各种趣味,如童趣、奇趣、雅趣、意趣、理趣等;有助于学生感受、理解、传承我国文学长河中熠熠生辉的水文化。统编初中语文教材所选诗词都是经典篇目,其中涉及水意象的诗篇非常多。教材中的水意象具有以下特点:"壮阔之水"抒发抒情主体开阔的胸襟、远大的抱负和满腔豪情,有的还象征着伟大的民族精神,具有革命的意味;"阻隔之水"往往表现为对爱情、归乡、理想的阻隔,引发抒情主体的感伤、无奈等悲观情绪;"流动之水"在诗歌中的表现既有关于时间、历史的逝水之叹,也有通道或纽带的意味。

在教学实施中,教师要善于抓住这些意象展开教学。比如王崧舟老师执教《枫桥夜泊》时提问:你读了这首诗有一种怎样的感受?这种感受从何而来?通过这两个问题引导学生捕捉到月落、乌啼、霜满天、江枫、渔火、钟声等重要意象,尔后通过引导学生想象这些意象的颜色、质地、显隐、动静、虚实等特点,让学生充分感受诗人张继当时所处环境的孤单、寂寞,体会诗人的满腔愁绪。窦桂梅老师在执教《游园不值》时,通过让学生联系生活经验、结合课堂 PPT 展示的苍苔、柴扉、红杏等图片,让学生感受意象的颜色、质地等特点,从而体会春天的勃勃生机。

(三)品味语言

文学是语言的艺术,诗歌是艺术皇冠上的明珠,高度凝练的诗歌语言具有极强的形象性、情感性、音乐性和多样性。对诗歌语言的表现力的分析,有助于学生深入领会诗歌的情感或理趣。在诗歌鉴赏中,应要求学生抓住诗中陌生化的语言,或运用非常精妙的语言进行深入挖掘。品味诗歌语言时,最常用的方法是换词法,比如王崧舟老师让学生比较"江枫渔火对愁眠"和"江枫渔火伴愁眠",从而让学生初步体会"对"之妙;窦桂梅老师让学生比较"春色满园关不住"和"春色满园遮不住",从而让学生感受"关"之妙,都采用了换词法。为了更好地品味语言之妙,还可以让学生联系生活经验。比如为了让学生理解"对"之妙,王崧舟老师提问:同学们可以想象一下,张继一个人睡不着觉,最希望谁来陪伴?通过师生对话,学生明白他亲爱的父母、妻子、朋友都不在身边,无人陪伴,所以只能空对月落、乌啼、霜满天、江枫、渔火、钟声,一个"对"字写出了诗人无人陪伴之苦,更具寂寥之感。

(四)展开想象与联想

诗人在创作诗歌时,往往运用自己丰富的想象和联想来表情达意,因此,阅读和鉴赏时学生应充分展开想象和联想,感受诗歌的意境,领会诗歌的情感。王崧舟老师为了让学生充分领会"钟声化愁眠",让学生想象如果自己是钟声,会想对张继说什么,并以"张继啊,张继"开头写一段话。这个教学活动能让学生感受钟声意象的独创性。窦桂梅老师在执教《游园不值》时,也是让学生展开想象:"如果你是出墙的红杏,你想对园子里的花草说些什么呢?""如果你是被'挤'出来的花草,你此时又是怎样的心情?"通过这样的想象活动,学生充分体会到红杏为了梦想而努力的精神力量。

(五)比较归类,拓展延伸

在诗歌教学中,引导学生将有关的诗歌进行比较、归类,有利于加深其对诗歌内涵及艺术美的理解,强化文化语境。王崧舟老师执教《枫桥夜泊》时,将明月意象有关的"春风又绿江南岸,明月何时照我还""床前明月光,疑是地上霜""明月千里寄相思"等诗句进行联读,让学生明确明月与愁绪的抒情传统;在导入环节将与寒山寺钟声有关的诗句如"十年旧约江南梦,独听寒山半夜钟""几度经过忆张继,月落乌啼又钟声""七年不到枫桥寺,客枕依然半夜钟"等进行归类,强化了文化语境,在课堂收束环节,再一次将寒山寺钟声有关的诗句归纳出来,让学生感受文化的魅力、经典的力量。窦桂梅老师执教《游园不值》时,将"红杏"相关的诗句归类联读,让学生感受红杏意象在传统文化中的独特意蕴,通过将《寻隐者不遇》《雪夜访戴不遇》和《游园不值》进行联读,明确"不遇"主题常常蕴含着"不遇中有遇"的哲思。对诗歌意象、主题等方面的归类联读,能丰富课堂内容,开阔学生视野。

设 计 与 实 施

一、请对以下教学设计进行点评。

《登高》教学设计①

一、教材分析

《登高》出自统编高中语文教材必修上册第三单元第八课。这一单元主要讲的是中华传统古诗词,共学习八首古诗词,第八课则是三首风格体式各不相同的唐诗。本单元的主要任务是通过诵读,体会古诗词的意境之美,借助知人论世等方法把握诗歌内涵,提高综合审美鉴赏能力。《登高》意象丰富,意境深远,且杜甫的人生经历对其诗歌的思想内涵影响很大,对于学习知人论世的方法有很大帮助。在《登高》的教学中,需要引导学生学习情景交融、知人论世等手法,把握诗歌的内涵,体会诗歌的韵律美、意境美,体会诗人忧国忧民的思想。

二、学情分析

杜甫是学生较为熟悉的诗人,学生在初中就已经学过杜甫的数首诗歌,对他的诗歌的风格有了一定的了解,但并未能深入理解杜甫的思想。在此单元之前,学生也仅仅接触过新诗,对诗歌体式分辨不清,对于如何鉴赏诗歌还存在一定问题,对诗歌意象表达不太熟悉,对情景融合的理解也较为生涩,在把握诗歌意境、诗人情感方面存在困难。在教学中要充分发挥学生的主动性,引导学生自主理解诗歌,深挖文本,积累诗歌体式相关知识,学习情景交融、知人论世的方法,并将其运用到之后的学习中去,培养初步鉴赏诗歌的能力,体会诗歌的意境美、情感美。

三、教学目标

1.通过诵读,感受诗的情感之悲、格律之美,了解格律诗的体式,熟读背诵。

2.掌握知人论世的方法,了解诗人生平,理解诗人的悲,体会作者忧国忧民的思想感情。

3.掌握情景交融的手法,把握诗歌沉郁悲壮的意境。

四、教学重难点

教学重点:掌握知人论世的方法,体会诗人蕴涵于作品中的情感,感悟诗人忧国忧民的情感,体会诗人在人生逆境前的态度,并以此为鉴。

教学难点:掌握诗中的意象和意境,掌握情景交融的方法,从情景交融的角度赏析作品。

---

① 该课例为湖北第二师范学院2019级汉语言文学专业陈雨欣同学参加全国师范生技能比赛的教学设计,获初赛语文组第一名。

五、教法学法

诵读法,问题引导法。

六、课时安排

1课时。

七、教学过程设计

教学过程设计如表8-1所示。

表8-1 教学过程设计

教学环节	教师活动	学生活动	设计意图
回忆导入	导入语:在《归园田居》里,我们看到了陶渊明失意时选择避世;在《将进酒》里,我们看到了李白遭遇不公时的豁达不羁。而中国历史上还有这样一位老人,在他遭遇人生困境,于寒秋之中独自登高远望,百感千愁涌上心头时,不禁高声吟唱,留下了这首流传千古的《登高》。让我们一起走进这位老人——杜甫的生活,体会杜甫失意时的情感。	回忆陶渊明、李白失意时的情感,以此为基础明白时代、经历影响情感选择。	将《登高》放到整个单元之中学习,比较不同诗人在遇到人生失意时的不同情感,理解知人论世的方法。
任务1:初次朗读,感登高之情。			
活动1:初听情感	朗诵《登高》(配背景音乐),配合背景音乐示范朗读。	标注读音,把握节奏,跟着教师一起诵读,初步体会诗歌的情感特点。	教师配合背景音乐示范朗读,将学生带入诗歌当中,体会诗歌的情感基调。
活动2:再听朗读	引导:刚刚老师在讲这个故事,吟诵这首诗的时候,大家有没有将自己代入杜甫的角色?请同学们将自己想象成杜甫,在看到这样的景象之后,你应该是怎样的心情,又应该怎样去读这首诗? 做重音、节奏指导。	全班同学和教师一起配合背景音乐进行朗读。	
活动3:找出诗眼	提问:请同学们再次大声地朗读,在朗读的过程中想一想本首诗的感情基调应该是哪一个字。	朗读之后,思考交流,预设答案:悲。	

续表

教学环节	教师活动	学生活动	设计意图
任务2:情景交融,看意象之秋。			
活动1:找意象	提问:前两联写了什么景象?诗人又是怎样勾勒的?	思考交流,明确写了秋天的景象,利用很多景物进行勾勒。	
活动2:品意象	引导学生品味意象,点拨如下。 风急:写夔州的特定坏境。夔州在长江之滨,以猿多著称,夔峡口也以风大闻名。 风是急的,天是高的,这种情境更突出作者的渺小,也更突出作者的孤独。 猿的拓展诗句:巴东三峡巫峡长,猿鸣三声泪沾裳。(增添愁绪) 渚清:水中的一小片陆地便是渚。四周都是水,中间一小块土地,仿佛就是作者自己,无依无靠。 沙白:用一个冷色调的颜色形容沙,给人一种凄凉的感受。 鸟飞回:回巢的鸟,这只鸟在急风之中,高天之下,伴随着阵阵猿叫声,在清渚和白沙之间寻找着自己回家的方向。作者又联想到自己孤单一人,看到这番景象更加悲从中来。 请同学们用自己的话描述一下颔联的场景,体会作者的感情。	小组交流,全班讨论,明确:首联、颔联描写了作者所看到的自然之秋,用风、天、猿、渚、沙、落木、长江这些景物进行描写。意象均是悲,表现作者情感。 学生再次朗读,体会情感。 明确: 诗人仰望茫无边际、萧萧而下的树叶,俯瞰奔流不息、滚滚而来的江水。"无边""不尽""萧萧""滚滚"更加形象化(使用PPT引导学生联想)落木也就是落叶,作者借此说明已经进入秋天,也预示着自己的人生也进入秋天,以此表达生命的短暂。	引导学生自主寻找景物,初步明白意象的作用,分析意象所要表达的情感,学习情景交融的手法,由情看景,由景到情。
活动3:悟感情	点拨: 无边落木:屈原《九歌湘夫人》"袅袅兮秋风,洞庭波兮木叶下",但是杜甫却接上了滚滚长江,使其境界旷远,意象宏阔。 前两联皆为写景,作者通过一系列描绘悲景的词,既是对自然景物的客观描写,也是作者心情的折射与投影,正所谓"一切景语皆情语"。	长江滚滚而来,不仅是江水的生命不息,更是时间的不息,亦是历史长河的奔流不息,与前文无边落木相映衬,衬托出了人生的短暂。 诗人将这句话的景化为境,以景写出自己的现状,写出自己对人生的思考。	

续表

教学环节	教师活动	学生活动	设计意图
任务3:平仄对仗,品格律之美。			
活动1:初读感受节奏	提问:读前两联,大家有一种什么样的感觉? 有节奏感,抑扬顿挫。	学生交流,明确:读起来朗朗上口,有节奏感。 学生讨论平仄对仗,明确:"风急天高猿啸哀,渚清沙白鸟飞还",即全诗的第一联,第一句中的第一个字"风"对第三个字"天";第二句中第一个字"渚"对第三个字"沙",然后第一句的"猿啸"又与第二句的"鸟飞"相对。"无边落木萧萧下"对"不尽长江滚滚来"。"无边"对"不尽","萧萧"对"滚滚"。后面第五、六句的"万里悲秋常作客"与"百年多病独登台"中的"万里"与"百年",又与第三、四句的"无边""不尽"遥相呼应。 学生讨论,明确:注重对仗,讲究平仄,注重押韵。	通过诵读,学生已经对诗歌有了初步体会,再以此介绍诗歌特点,讲解格律诗的体例,并与古体诗作对比,形成更直观的感受。
活动2:讲解平仄对仗	补充讲解平仄对仗: 从对仗的角度来考察杜甫这一首七律,不仅出句与入句相对,同一句中前后相对,颔联(第三、四句)与颈联(第五、六句)也相对。		
活动3:比较感受不同	这与《梦游天姥吟留别》有何不同? 解释平仄格律。		

续表

教学环节	教师活动	学生活动	设计意图
任务4：知人论世，品登高之悲。			
活动1：找八悲 活动2：解八悲 活动3：读八悲	提示：请同学读颈联、颔联，并说一说这两联在描写什么。 提问：宋代的宋大经说"万里悲秋常作客，百年多病独登台"这一联蕴含着八悲，同学们都能够找出来吗？ 补充讲解： ①一悲→"万里"：离家之悲 ②二悲→"悲秋"：季节之悲 ③三悲→"作客"：经历之悲 ④四悲→"常"：流离之悲 ⑤五悲→"百年"：年龄之悲 ⑥六悲→"多病"：身体之悲 介绍杜甫生的病。 ⑦七悲→"登台"：现状之悲 ⑧八悲→"独"：孤独之悲 介绍杜甫的生平经历，展示足迹图，介绍时代背景，引出悲国。 引读。	全班交流。明确：描写自己的人生太悲惨。 同学们前后四个人分为一组，分组讨论找八悲。预设：离家之悲、季节之悲、年龄之悲、身体之悲、现状之悲、孤独之悲。 结合课前所发学习资料，谈谈对八悲的理解。 创意读，齐读。	先是找出八悲，再通过知人论世的方法，介绍杜甫的生平经历、人生轨迹、身体状况、时代背景，让学生更好地理解八悲。 用知人论世的方法解八悲，介绍杜甫生平、背景、经历，以此加深学生的理解。 理解杜甫的情感，读出情感。
课堂小结	我已经感受到大家理解了这首诗，理解了杜甫。这节课，我们学了知人论世的方法，明白诗人个人的生活遭遇、政治理想会影响诗人的情感和思想，这样就便于我们理解诗歌。每一个人都会遇到逆境，遇到不顺心的事，有人会像陶渊明一样选择逃避隐世，也有人会像李白一样不低头、不折腰，也有人会像杜甫一般感叹自己人生不顺。正是杜甫这一生的不如意，一生的颠沛流离，使得他的诗显得如此沉郁悲壮，可见环境造就人的性格。下节课，我们就去看看白居易是怎么对待人生的逆境的，他又在琵琶声中想到了什么。也希望同学们能够将本堂课所学的方法运用到下一堂课之中，并在这几课的学习中明白，在遇到人生的不如意时我们应当怎么做。		

二、自选一首中小学语文教材的诗歌进行教学设计。

第二节 散文教学

一、散文概述

现代散文始于文学革命,20 世纪 20 年代便呈现出繁荣的景象。五四运动对"人"的观念的发现,使得散文写作强调突出个性,从而革新了散文内容。这时期散文文体多样,有杂感小品、叙事抒情的美文、散文诗和文艺性的通讯等,散文表现生活的范围扩大。20 世纪 30 年代的散文继承了五四散文的传统,在"普罗文学"的推动和倡导下,杂文和报告文学呈现繁荣景象。李广田、何其芳等作家以深厚的情感体验进行自我抒写和社会表现,和郁达夫、丰子恺等作家促进了 20 世纪 30 年代小品散文的多元发展。抗战初期(尤其是 1938 年前后),报告文学几乎抢占了整个文坛,而当战争转入相持阶段(大致是 1940 年)以后,以揭露抵制社会弊端为主要内容的杂文又成了主角。新中国成立后,在第一个时期(1949—1956 年),报告文学得到空前发展,第二个时期(1957—1966 年)以杨朔、秦牧为代表的散文作家推动了抒情散文的发展。20 世纪 80 年代的散文创作的特色和价值表现在散文创作找回了失落的文体精神,即真实与真诚;表现在创作主体对散文本体意识的自觉,散文作家开始注意按照散文本体的规律进行审美创作,同时探索文体新质。20 世纪 90 年代以后,散文呈现多元化态势,取得了较大成绩。

(一)现代作家、学者关于散文的论述[①]

许多现代作家、学者阐释过自己对散文的理解,不过多是散文作家的经验之谈或者作品评论,比如刘半农、周作人、王统照、叶圣陶、鲁迅、胡梦华、郁达夫、葛琴等,散文理论专著比较少见。

最有名的可能还是周作人关于散文的界定。1921 年 6 月,周作人在《美文》中指出:"外国文学里有一种所谓论文,其中大约可以分作两类。一批评的,是学术性的。二记述的,是艺术性的,又称作美文,这里边又可以分出叙事与抒情,但也很多两者夹杂的。……读好的论文,如读散文诗,因为他实在是诗与散文中间的桥。"[②]周作人此处提到的"论文"和我们当下的理解是有所不同的,他将论文归属于外国文学,此间又区分出学术性和艺术性两类,而艺术性的一类便是他所要专门阐释的美文。他提炼出美文特点的几个关键词:记述、艺术性、叙事、抒情。孙绍振先生认为周作人对于美文的阐释极

---

① 参考孙绍振:《审美、审丑与审智——百年散文理论探微与经典重读》,广东人民出版社 2014 年版,第 12-17 页。
② 张菊香:《周作人散文选集》,百花文艺出版社 2009 年版,第 10 页。

具历史意义,因为周作人将叙事与抒情确立为散文的审美规范,为散文选择了独立的审美方向。周作人对于美文的界定,来自外国文学的启发,也由于五四时期的文化运动在散文领域批判的矛头直接指向文以载道的桐城派,再加上他自身的艺术趣味以及对晚明公安派性灵小品的执着。中国现代散文在最初的十年里基本上追随周作人的散文理念,取得了一定成绩,但是后来的历史证明,周作人的理念给现代散文带来了一定的局限。

值得一提的还有1923年8月编辑家、作家叶圣陶发表的《读者的话》。在文中,他以一个"读者"的名义要求散文"作家"道:"我要求你们的工作完全表现你们自己,不仅是一种意见一个主张要是你们自己的,便是细到象游丝的一缕情怀,低到象落叶的一声叹息,也要让我认得出是你们的而不是旁的人的。"①因为所写的"话语",正是"你们的心的独特的体相"。1925年12月,鲁迅译介日本厨川白村的文艺论集《苦闷的象征·出了象牙之塔》问世。其中在论及"随笔"时作者写道:"在essay,比什么都紧要的要件,就是作者将自己的个人底人格的色采,浓厚地表现出来。从那本质上说,是既非记述,也非说明,又不是议论。"②叶圣陶和鲁迅都是强调了散文的个人化特点。

还值得一提的是,1935年郁达夫《中国新文学大系散文二集·导言》中所指出的:"最后要说到近来才浓厚起来的那种散文上的幽默味了,这当然也是现代散文的特征之一,而且又是极重要的一点。"③孙绍振先生认为这是郁达夫对散文理论巨大的贡献,是对周作人散文理论的重大补充。周作人强调叙事与抒情是散文的特点,但是不能涵盖林语堂等的幽默散文,而郁达夫的论述填补了周作人的理论盲区。然而可惜的是,该论述并未引起重视。以上论断分别指出了散文抒情性、叙事性、个人化以及幽默味等特点。

(二)当代散文研究论争

关于散文的美学特点,当代产生巨大影响的有如下几次论争。

1. 有关形散神不散的讨论

说到散文特点时,大多数人都会想到"形散神不散"。那么这个说法出自哪里呢?最初出处应该是1961年5月《人民日报》"笔谈散文"专栏的一篇署名为肖云儒的文章。

形散神不散

师陀同志说"散文忌'散'"很精辟。但另一方面,"散文贵散"。说得确切些,就是"形散神不散"。

---

① 刘增人、冯光廉:《叶圣陶研究资料(上)》,知识产权出版社2010年版,第250页。
② 厨川白村:《苦闷的象征·出了象牙之塔》,鲁迅译,人民文学出版社1988年版,第113页。
③ 郁达夫:《中国新文学大系·散文二集》(影印本),上海文艺出版社2003年版,第10页。

神不"散",中心明确,紧凑集中,不赘述。形"散"是什么意思呢?我以为是指散文的运笔如风、不拘成法,尤贵清淡自然、平易近人而言。"煞有介事"的散文不是好散文。会写散文的人总是在平素的生活和日常的见闻中有所触动;于是随手拈来,生发开去,把深刻的道理寓于信笔所至的叙述上,笔尖饱蘸感情,时而勾勒描绘,时而倒叙联想,时而感情激发,时而侃侃议论。鲁迅先生的散文是这方面最好的典范。他的散文,有的"大题小作",如《关于女人》《家庭为中国之基本》《战略关系》等等;有的"小题大作",如《论雷峰塔的倒掉》《论"他妈的!"》《从胡须说到牙齿》等等;有的"借题发挥",如《谈皇帝》《论照相之类》以及大部分的序跋;有的"无题有感",如《随感录》《忽然想到》《马上日记》《无花的蔷薇》等等。看起来,没有一篇紧扣题目,就题论题,"散"得很;实际上,是用自己精深的思想红线把生活海洋中的贝壳珠粒,串缀成闪光的项链。虽然色彩斑驳,但却粒粒如数;虽然运思落笔似不经心,但却字字玑珠,环扣主题;形似"散",而神实不散。

我觉得这种"散"与不散相互统一,相映成趣的散文,方是形神兼备的佳作。

作者肖云儒当时是一个在读大学生,他在《"形散神不散"的当初、当年和现在》中说当时斗胆投稿《人民日报》副刊"笔谈散文"专栏,写了那篇500字短文,没想到"形散神不散"渐渐在文坛、课堂和社会上流传开来。"形散神不散"为什么会很快流传开来呢?可能有以下几个方面的原因:一是因为它表述的明快和传播的广泛,使它事实上成为那个时代关于散文写作极具代表性的一句话;二是因为这个说法在当时已经客观地和一些当局提倡的、成为当时样板的散文作家群体,如杨朔、刘白羽联系在一起,成为一种理论和创作互相印证的散文现象。虽然肖云儒在后来的论争中指出,散文的类别、写法丰富多样,用三五百字来为它总结特征几乎是不可能的事。比如那种记叙一人一事的散文,就可以采用形神都不散、都聚焦的写法,用"形散神不散"怎么能概括散文的百态千姿呢?其本意主要是针对"形散"一类的散文来说的,提醒一下作者,"形散"可以,但神不能"散"。"形散神不散"只能概括一部分散文的特点,并不是散文的本质属性。不过,由于其流传之深远,"形散神不散"对语文教学还是产生了一定的负面影响。[①]

首先,它造成教师对散文的丰富样态和多种体式的忽视,尤其阻碍其对一篇具体文本个性特征的关注。其次,使教师把散文的教学重点放在对"神"的挖掘和理解上。有相当多的教师在备课的时候,面对一篇散文作品,都会不假思索地思考这篇散文要反映的是什么主题,想要表达的是怎样的中心思想,并且希望能够从作品中找到相关的语句,或用一句话明确地回答这些问题。长期以来,这种模式化的阅读习惯已经深入教师的内心,使教师对散文形成特殊的阅读心理结构和稳定的解读取向。对有些不能那么

---

① 步进:《"形散神不散"的内涵演变及对语文教学的负面影响》,《散文教学教什么》,华东师范大学出版社2014年版,第58页。

清晰地解读出来的作品,也要创造出一个"神",课堂上也要学生由这个"神"去理解作品。比如《藤野先生》的"神"是鲁迅的爱国主义情感,《背影》的"神"是赞美父爱的伟大。"形散神不散"的阅读分析往往既简化了作者,也愚化了学生,把作品丰富的意蕴简化、窄化。再次,它使教师用"形散"去笼统地涵盖所有不能理解或不好解释的问题,做牵强附会的解读。比如《藤野先生》起始几段,没有很快入题去写藤野先生;《从百草园到三味书屋》也没有很快归到"神"上面去,许多教师感到大惑不解,但是"形散神不散"便可以笼统地解决这些问题。

2. 真情实感论

20世纪80年代,林非提出了自己的散文理论:真情实感论。其中比较重要的阐释为:散文创作是一种侧重于表达内心体验和抒发内心情感的文学样式,它对于客观的社会生活或自然图景的再现,也往往反射或融合于对主观感情的表现之中,它主要是以从内心深处迸发出来的真情实感打动读者。[①] 有学者对林非的真情实感论提出了批评,认为真情可能会产生虚感,比如人们常说的"情人眼里出西施",而真情也有可能并非出自实感,比如《岳阳楼记》的作者范仲淹写作此文时并未到岳阳楼,并未观洞庭湖,却写出了汪洋恣肆的性情之文。不过,从中小学散文教学的语境来看,真情实感论给了中小学散文教学很大的启发。

(三)散文的特征

前面主要讨论了历史上有关散文的一些论证以及著名论断,那么散文到底具有什么特征呢?首先,散文是一种题材广泛、写法自由、个性鲜明、文情并茂的文学体裁。[②] 由此可见,散文的一大特点是不拘一格、非常自由。表现在散文的内容上,是题材广泛多样,散文的内容,纵观古今,横亘中外,包容大千世界。表现在散文的形式上,写法自由,体式不拘一格,散文是没有一定格式的,是最自由的,记叙、描写、议论、抒情交织其中。散文的结构方式开放而无定态,无须遵循特别的章法和结构模式。

其次,散文张扬个性。散文叙写作者的所见所闻,散文中呈现的是"这一位"作者极具个人特性的感官所过滤的人、事、景、物。散文中谈论的所思,散文中表达的所感,是"这一位"作者依赖其独特境遇所生发的极具个人色彩的感触、思量。比如《荷塘月色》中的荷塘,是朱自清眼中的荷塘,是朱自清心灵中独有的镜像,它是世界上任何人从未见也是平日的朱自清所未曾见过的。《故都的秋》是郁达夫眼里、心中的秋,他感受到的"清、静、悲凉"也是独属于他的,是和其他人迥然相异的。散文中的言说对象是高度个人化的言说对象,它唯有作者的眼能见、耳能闻、心能感。

---

① 林非:《散文的昨天和今天》,广东人民出版社2016年版,第72页。
② 董小玉:《现代写作教程》,高等教育出版社2000年版,第169页。

最后,散文文情并茂。作者之所以写散文,是要表现眼里的景和物、心中的人和事,是要与人分享一己之感、一己之思。阅读散文,是感受作者所见所闻,体认作者所感所思。散文流露出作者的心绪,读者以自己的心绪打量散文,阅读散文是心与心的碰撞、交流。

二、散文教学概述

中小学语文教学中的散文指什么?课程标准(教学大纲)对散文文体有过一些表述,而 1963 年《全日制小学语文教学大纲(草案)》对其表述最为明确:课文以散文为主,包括童话故事、寓言、特写、传记、游记、科学小品以及一般记叙和论说的文章。散文可占课文总数的百分之八十左右。由此可见,20 世纪 60 年代的语文人对散文的认识与现今对散文的认识是有区别的,它既包括故事、寓言、特写、传记、游记、科学小品等,又包括虚拟的教学文体如说明文、议论文等。这么一个宽泛的界定给散文教学带来难度,散文的概念需要不断廓清。

王荣生先生认为,在中小学语文教学中,散文特指现代散文,它主要有两种含义。一种是宽泛的:除去诗歌、小说、戏剧等纯文学和实用文章,并剔除通讯、特写、报告文学、报刊言论文章、演讲词、科普小品、学术札记等已经独立门户的亚文类之后,剩余的那些作品就是散文。另一种是紧缩的:在上述范围之外,进一步圈出回忆录、序言、杂文、散文诗等文体特征已经比较清晰的亚文类,所剩余下来的那些作品,或者只收纳其中文学性较显著的作品,统称为文学性的散文。① 中小学语境下的散文主要是紧缩意义上的散文概念,大体相当于周作人先生所指称的具有抒情性和叙事性的美文。

总体来看,中小学散文篇目众多,以初中为例,专门的散文单元有:八年级上册第四单元,篇目有《背影》《白杨礼赞》、散文二篇(《永久的生命》《我为什么而活着》)、《昆明的雨》。除此以外,还有比较经典的篇目,如《春》《济南的冬天》《雨的四季》《秋天的怀念》《散步》《从百草园到三味书屋》《走一步,再走一步》《猫》《回忆鲁迅先生》《土地的誓言》《阿长与山海经》《老王》《叶圣陶先生二三事》《紫藤萝瀑布》《一棵小桃树》《安塞腰鼓》《灯笼》等。由此可见,散文是中小学语文阅读教学中的重要文体。

三、散文教学内容的开发

前面我们学习了散文文体概念、中小学语境下的散文教学概念等,那么具体到一篇特定的散文教学,我们该如何开发教学内容呢?②

---

① 王荣生:《散文教学教什么》,华东师范大学出版社 2014 年版,第 25-26 页。
② 参考王荣生:《散文教学教什么》,华东师范大学出版社 2014 年版,第 23-37 页。

（一）作者个性化的言语表达、语句章法

散文的语言自由随意、风格多样，既有最本色的如话家常、娓娓道来的语言，也有最优美的经过精心锤炼、讲究文辞的语言。因此，散文语言非常值得，也最适合学生揣摩与学习。所以我们在教学散文的时候要充分研究作者个性化的言语表达以及语句章法，比如：杨绛的《老王》，语言沉稳简洁，又意蕴丰厚；鲁迅的《藤野先生》，语言简洁幽默；朱德的《回忆我的母亲》，语言质朴平实；茨威格的《列夫·托尔斯泰》，语言典雅优美、文气酣畅。即便是同一个作家，在不同的篇目中所呈现出来的言语表达也可能是天差地别的，如朱自清的《背影》语言平实却饱含情感，看似平淡，却极具表现力；而《春》却清新、活泼、优美。所以散文教学要多多关注"这一篇"。

（二）作者的所见所闻及其个人化的言说对象

散文是抒发作者情感的，而不是解说文本中所涉及的对象的。散文确实有现实所指，有外在的言说对象；但散文是文学作品，它是作者个人化的言说产物，是作者眼中和心中在特殊情境中的独特的感觉，客观的外在对象不在散文阅读视野中。每个人心中和眼中都有自己的"秋天"，但是，阅读《故都的秋》一文，却需要感受郁达夫心中的"故都的秋"，这个典型的文人眼中的"秋"有其极为独到、别致之处。阅读《荷塘月色》，也一定是朱自清笔下的荷塘月色，教师一定要注意带着学生读出作者的个人化色彩。

（三）作者的所思所想及其独特的情感认知

根据散文理论研究成果，目前多数学者都强调散文的艺术理性成分，强调散文中的"情思"和"理趣"。所以，在散文教学中，需要指导学生读出散文中作者的思想、作者的情感。读《背影》，不仅要读出父爱的伟大、爱的隔膜等主旨，还要读出此时此地的"我"和彼时彼地的"我"的情感特点，而且这两个"我"既有相同之处，又有相异之处。《老王》也是如此，不仅要读出老王的形象特点，而且要读出"我"的情感变化，深品"几年之后，我才渐渐明白，那是一个幸运的人对不幸者的愧怍"这句话的深刻意蕴。散文教学必须重视散文的这一鲜明的特征。

本部分主要从三个维度介绍了散文教学内容开发的路径：其一，作者个性化的言语表达、语句章法；其二，作者的所见所闻及其个人化的言说对象；其三，作者的所思所想及其独特的情感认知。在实际教学设计及实施中应灵活运用。

四、根据不同文体展开教学的意义——以《驿路梨花》为例

（一）从文体角度解读《驿路梨花》

首先需明了《驿路梨花》这篇课文的文体。尽管作者一再声明《驿路梨花》是一篇小说，但是在阅读过程中，读者很容易就把这篇课文的文体看作散文。之所以会这样，就

是因为《驿路梨花》并不是一篇非常典型的小说,在该文中,人物性格特征并不太突出,人物形象也并不丰满、鲜明,故事情节本身也并非起伏跌宕,加之以第一人称叙事,让很多读者误认为这是一篇散文。该文甚至入选很多散文选本,比如《当代散文选读》(黄绳编,广东人民出版社1983年版)、《中国现代散文欣赏词典》(王纪人编,汉语大辞典出版社1990年版)、《现当代散文名篇赏析》(张虞,重庆出版社1999年版)等。显然,散文有散文的读法,小说有小说的读法,这篇课文到底是散文还是小说,决定了不同的阅读方式。因此作者免不了对该文的文体属性进行说明:"……加上,我这篇小说抒情味较浓(我喜欢用这种笔调写边疆生活和风貌),所以,被一些人误认为是一篇'真实记事'的散文"。① 作者宣称这是一篇小说,统编语文教材也将其定位为小说。

小说是虚构的艺术,福斯特赞同阿比尔·谢括利的界定:小说是用散文写成的具有某种长度的虚构故事。② 当然这个"散文"是相对于韵文来说的,不是我们现在意义上的散文文体,该定义强调小说用虚构创造出一个虚拟的世界。作者强调这部作品是小说而不是散文,其实也是在对这部作品的虚构性进行强调。这个故事发生在"哀牢山南段的最高处",这个"哀牢山南段的最高处"是作者所虚构的一个文学世界,正如莫言笔下的"高密东北乡",王安忆笔下的"小鲍庄",迟子建笔下的"额尔古纳河右岸",这个文学世界必定表现作者的某种思想、寄托或者"心灵世界",这个世界必须是被作者虚构出来的,这才是小说。很多教材专门对小说中的"哀牢山"做注:"山名,在云南省南部。元江和阿墨江的分水岭,云岭南延分支之一。"这个注释有相当大的误导性,正如我们不需要琢磨小鲍庄到底在哪里一样,我们也没有必要知道哀牢山的具体地理位置,只需要知道这是作者所建构的一个文学世界以及作者想通过这个文学世界表现什么思想就可以了。而这个注释,反倒会引起学生的误解,以为这个故事是真实发生的,将该文认定为散文,从而将想象世界等同于真实世界。

从作家的创作谈中得知,作者写作的灵感是源于陆游的《闻武均州报已复西京》这首诗,被其中"驿路梨花处处开"的意境激发了创作灵感,于是结合自己的生活经历虚构了这个故事。故事发生地在深山之中,故事的人物包括"我"、老余、瑶族老猎人、哈尼族小姑娘、梨花、解放军等,这些人物都是典型的"扁平人物",正如福斯特所言:"他们(指扁平人物)最单纯的形式,就是按照一个简单的意念或特性而被创造出来。"③《驿路梨花》中人物的性格特征非常模糊,但无一不是雷锋精神的代言人,他们共同组成了一个和谐、互助的美好社会。小说中的"我"不能认为是作者本身,"阅读小说的基本规则是,

---

① 彭荆风:《我写〈驿路梨花〉》,《语文教学与研究》,1995年第7期,第3-4页。
② 爱·摩·福斯特:《小说面面观》,苏炳之译,花城出版社1984年版,第3页。
③ 爱·摩·福斯特:《小说面面观》,苏炳之译,花城出版社1984年版,第59页。

叙述之'我'并不是作者,因此叙述之'我'所宣称的东西不应该被视为作者的话。从结构上来说,在小说中说话的那个'我'完完全全是一个虚构的'我':就像从沃夫冈·克塞到多利特·科恩等叙事理论家所认为的那样,那便是小说之所以为小说的原因"[1]。小说中由解放军建造的小木屋也是子虚乌有的,作者说得很清楚,这个小木屋是由地理环境和古朴民风共同造就,与解放军或学雷锋其实没有太大关联,是作者虚构出来的贯穿全文的重要物象。从这个意义上来看,这个社会与陶渊明笔下的桃花源的确有几分相似,都带着理想化色彩,都是寄托了作者美好想象的乌托邦。

但是从课堂教学来看,这个寄托作者美好理想的乌托邦被许多课堂坐实了,认为这部小说的主题是"雷锋精神代代传",有鲜明的社会意义,是社会的缩影、时代的画图,因此把小说按照散文的文体来解读了。从小说文本来看,它确实书写了雷锋精神,但是这个雷锋精神是生长在"哀牢山南段最高处"这个"想象世界"中,这个世界是寄托了作者的美好愿望的,忽略这一点,直接将雷锋精神落实到现实生活,认为它是"时代的画图"似有不妥。

(二)从作者的角度来看《驿路梨花》的主题

如上所述,"雷锋精神代代传"的意思确实隐含在文中,但是这其实只是作者的一种美好的向往和追求。毛泽东于1963年号召全国人民向雷锋学习,距离作者创作《驿路梨花》已经有了十几年光景。而在这十几年中,作者经历了噩梦般的"文化大革命"。

彭荆风曾经谈到:"《驿路梨花》是我在'文革'后发表的第一个短篇。十年动乱中,我受'四人帮'爪牙迫害,没有判刑却在六个监狱中关押七年,身心饱受摧残;在那残忍、贪婪横行的苦难岁月,更是情念那些民风淳朴的边地少数民族,以及在他们当中度过的许多美好日子,一种积压已久,呼唤崇高的感情,早就在我心里悄悄萌动,从而形成我写这篇作品的动力!"[2]所以,教学这篇课文不能不提其创作背景:这篇文章发表于1977年11月,"文革"刚刚结束。距离中共十一届三中全会召开还有一年时间,到十一届三中全会才宣布停止使用"以阶级斗争为纲"和"无产阶级专政下的继续革命"的政治宣传口号,于广大中国人民而言,不堪回首的历史终于成为过去,新的历史时期终于到来。《驿路梨花》发表的同时,刘心武在《人民文学》发表伤痕文学代表作《班主任》,"救救孩子"的呼声引起了广泛的共鸣。对于才从"文革"中走出来的遍体鳞伤的作家而言,表现"文革"给人们所带来的巨大的心灵伤痛正是题中应有之意。"文革"虽然结束,但伤痛没有结束,反思没有结束,因此伤痕文学、反思文学成为"文革"后一个时期小说创作的主流。

---

[1] 詹姆斯·费伦,彼得·J.拉彼诺维茨:《当代叙事理论指南》,申丹等译,北京大学出版社2007年版,第223页。

[2] 彭荆风:《我写〈驿路梨花〉》,《语文教学与研究》,1995年第7期,第3-4页。

《驿路梨花》中所表现的那个社会,远不是作者身处的社会,正如作者所说的那样:"虽然我写《驿路梨花》这篇文章只用了两三个小时,但它却是我几十年生活的积累和孕育。特别是在我经历了'文革'的灾难和监狱生活的折磨之后,《驿路梨花》更是成为一个作家对美好人性的眷念和追求的象征。"①作者在七年的牢狱生活中所经历的身心折磨是难以想象的,正是因为"文革"期间人与人关系的冷漠、人性的扭曲才会让作者对"哀牢山南段的最高处"那个互助、淳朴的世界无比向往,正是因为经历了黑暗,才会更加渴望光明。"驿路梨花处处开"这样美好繁华的景象是作者对未来的期许、对美好的渴望。

面对"文革"这一段历史,不同的作家有不同的表达方式。有的作家选择控诉,比如卢新华的《伤痕》;有的选择呼救,比如刘心武的《班主任》;有的选择自我解剖,比如巴金的《随想录》;而彭荆风,用一种乐观的态度选择了对未来的期许,正如作者所说:"生活本身就是多彩的宴会,尽管有曲折,有痛苦,最后,光明必然取代黑暗,正义一定斗倒邪恶,只是欢乐的宴会有早有晚,有时是在鼓乐声中庄严到来,有时是在黑雾迷茫中闪现一下亮光,给人以希望和力量……这就是我在十年动乱的苦难刚刚过去,写作《驿路梨花》的心情!"②综上,在《驿路梨花》中,作者借"驿路梨花处处开"的"哀牢山南段的最高处"表达了作者对人与人之间美好关系的期待,对互帮互助、和谐社会的向往和追求。

从这个角度再来看作者反复声明《驿路梨花》是一部小说而非散文其实是有深意的。如果是散文,这部作品近似于杨朔的《荔枝蜜》式的颂扬之作了,作者的写作目的并不是赞美与歌颂,而是表达了某种向往与追求,关于这一点,在统编教材的单元导读中有所提示:"本单元所选的文章,从不同角度展现了中华美德以及时代对这些美德的呼唤。"笔者认为,对于《驿路梨花》来说,重在"呼唤"二字,在教学中也应突出"呼唤"二字。

第三节　寓言教学

什么是寓言?许多作家、学者都尝试对其进行界定,而《辞海》中对"寓言"的阐释比较全面:"文学作品的一种体裁。是带有劝喻或讽刺的故事。结构大多简短,主人公可以是人,也可以是生物或无生物。主题都是借此喻彼,借远喻近,借古喻今,借小喻大,寓较深的道理于简单的故事之中。"寓言有两个必不可少的要素,一是它的故事,二是它的寓意。拉封丹把前者比作寓言的躯体,把后者比作寓言的灵魂。

---

① 吴秀娟:《美好人性的眷恋和追求——访〈驿路梨花〉作者彭荆风》,《语文教学与研究》,2006 年第 9 期,第 6-7 页。

② 彭荆风:《我写〈驿路梨花〉》,《语文教学与研究》,1995 年第 7 期,第 3-4 页。

语文教材中所选寓言以伊索寓言和先秦寓言为主,伊索寓言如《乌鸦喝水》《狐狸和乌鸦》《北风和太阳》《鹿角和鹿腿》《赫耳墨斯和雕像者》《蚊子和狮子》等;先秦寓言如《坐井观天》(《庄子·秋水》)、《刻舟求剑》(《吕氏春秋·察今》)、《狐假虎威》(《战国策·楚策一》)、《亡羊补牢》(《战国策·楚策四》)、《揠苗助长》(《孟子·公孙丑上》)、《守株待兔》(《韩非子·五蠹》)、《南辕北辙》(《战国策·魏策四》)、《纪昌学射》(《列子·汤问》)、自相矛盾(《韩非子·难一》)、《伯牙鼓琴》(《吕氏春秋·本味》)、《学弈》(《孟子·告子上》)、《两小儿辩日》(《列子·汤问》)、《穿井得一人》(《吕氏春秋·慎行论·查传》)、《杞人忧天》(《列子·天瑞》)、《愚公移山》(《列子·汤问》)、《北冥有鱼》(《庄子·逍遥游》)等。由此可见,教材所选的是世界古代寓言中影响最大、最有特点的两个品种。从语体来看,寓言选文有白话和文言文两种语体,第一、二学段以白话寓言为主,第三、四学段以文言文寓言为主。

寓言在语文教学中有较大的篇幅占有量,那么寓言该教学什么内容?通过义务教育阶段的学习,在寓言阅读方面应该达到什么样的目标?从文体教学的角度来讲,至少必须回答两个层面的问题。一是是否读懂了寓意。一般而言,寓意包括两种内容,即它所类比、影射的具体事件或社会现象(群体意识)以及它所表达的一般性的道德教训或哲理。① 二是如何读懂寓意。统编语文教材的编排体现了寓言阅读的层级性、阶段性特点,比如三年级下册第二单元是一个专门的寓言单元,单元目标要求"读寓言,先要读懂故事内容,再体会故事中的道理。联系生活中的人和事,可以帮助我们更深入地理解故事中的道理"。该单元目标重在对寓意的阐释及其与生活的关联,对于该学段的学生而言是合宜的,解决的是第一个层面的问题。随着学习的深入,初中寓言学习逐步延伸到第二个层面,即如何读懂寓意,要实现阅读方法的迁移。结合教材编排以及寓言的文体特点,寓言的阅读教学可以从以下几个路径入手。

一、紧扣形象,阐释寓意

古人讲"以形见理""立象以尽意",作为文学文体的寓言塑造了丰富的形象,几乎囊括了世间万物,比如伊索寓言中的主人公以动物居多,而先秦寓言主人公以人物居多,如教材所选《两小儿辩日》《穿井得一人》《杞人忧天》等。

(一)扁平化特点

不同于小说、童话等文学作品,寓言中的形象一般比较扁平,即便是长篇寓言,也不着力去塑造性格丰满的形象,而是突出其某一特点,故寓言的形象特点一般比较好把握。寓言篇幅大多比较短小,语言质朴、简洁、准确,过分的修饰是不必要的,多用白描

---

① 陈蒲清:《世界寓言通论》,湖南教育出版社1990年版,第12页。

式的写法,用粗线条描绘人物的轮廓。因此,在理解形象特点的时候,可以通过还原情境、补充细节等方式,使形象变得更生动,让学生发挥想象力,从而更好地理解寓意。比如《杞人忧天》开篇是"杞国有人忧天地崩坠,身亡所寄,废寝食者",为了让学生更好地理解杞人之忧,可以搭建支架,让学生想象在各种情境中杞人忧心忡忡的情形:

情境一:出门遇邻人,杞人大忧,曰:"天地崩坠,身亡所寄,如之何?"

情境二:是日游湖,杞人大忧,曰:"天地崩坠,身亡所寄,如之何?"

情境三:入夜望星辰,杞人大忧,曰:"天地崩坠,身亡所寄,如之何?"

通过设计这些情境,辅以朗读指导,让学生感受到杞人"忧"之深重。教材选文结尾部分的内容是:"其人舍然大喜,晓之者亦舍然大喜。"同样可以搭建支架,让学生补充各种情境,想象杞人会说什么话,以更真切地感受杞人大喜之状。如:

情境一:出门遇邻人,杞人大喜,曰:"天,积气耳,亡处亡气。吾屈伸呼吸,终日在天中行止,无需忧崩坠!"

情境二:是日游湖,杞人大喜,曰:"日月星宿,亦积气中之有光耀者,只使坠,亦不能有所中伤!"

情境三:入夜望星辰,杞人大喜,曰:"地,积块耳,充塞四虚,亡处亡块。吾躇步跐蹈,终日在地上行止,无需忧其坏!"

学生可以想象出更多的场景,使情境更为丰富。通过还原晓之者解忧前后杞人从大忧到大喜的巨大情感转折,杞人这个形象变得更生动可感,学生能更深切感受其庸人自扰的特点。

(二)类型化特点

寓言善于塑造类型化的形象,寓言的形象是一种缺乏内在发展的文学形象,它在几千年的形象发展中,发展的不是形象内涵的东西,它发展的是形象的种类。[①] 所以在语文教学中,除了通过形象的扁平化特点来解读寓意之外,还可以让学生感受形象的类型化特点,从而拓展寓言知识。如傻子形象是寓言中一个非常重要的人物类型,语文教材所选的中国古代寓言塑造了愚傻、憨傻、痴傻等各种傻子形象,如《刻舟求剑》是死守教条、拘泥成法、固执不变通的傻,《揠苗助长》是违反事物的发展规律、急于求成的傻,《守株待兔》是狭隘经验、不知变通、死守教条的傻,《南辕北辙》是行动和目的正好相反的傻,《扁鹊治病》是讳疾忌医、不听取别人意见的傻,《杞人忧天》是为不必要的事情担忧的傻……在教学中,可以在学习某一则寓言的基础上,引入其他寓言故事中的傻子形象,丰富课堂容量,加深学生对寓言形象塑造类型化这一特点的理解。这些傻子形象使

---

① 吴秋林:《寓言文学概论》,辽宁少年儿童出版社1991年版,第91页。

寓言带有一种愚拙感、讽刺感、幽默感，也正是傻子形象推动了情节的发展并因此而更顺畅地揭示了寓意。

（三）虚构性特点

在阐释寓言的本质时，莱辛指出：要是我们把一句普遍的道德格言引回到一件特殊的事件上，把真实性赋予这个特殊事件，用这个事件写一个故事，在这个故事里大家可以形象地认识这个普遍的道德格育，那么，这个虚构的故事便是一则寓言。① 这个论断阐明了寓言的许多特点，其中之一便是虚构性。寓言故事一定是虚构的，它要和生活有一定的距离，从某种意义上来说，这种距离感越明显，越容易被人们所接受，这也就是寓言中会有很多动物做主人公的原因。

与此相关，在教学中需让学生明白，中国古代寓言中经常会出现历史人物，但这些形象并不是真实的，比如《两小儿辩日》中，"孔子不能决也。两小儿笑曰：'孰为汝多知乎？'"，学识渊博的孔子竟然不能回答小儿的问题，这在现实生活中其实是不太可能的。这其实是一个虚构的孔子形象。

二、改编情节，重释寓意

统编语文教材七年级上册第六单元 22 课后的"积累拓展"中指出："寓言的寓意与其情节设计有密切的关系。"确实，寓言通过情节来阐明寓意，不过我们需要明确的是，与小说、童话等文学体裁相比，寓言的情节有其自身特点，正如莱辛所言：叙述诗和戏剧的情节，除了诗人贯穿在情节的意图外，必须具有一种内在的属于情节本身的意图。而寓言的情节却并不需要这种内在的意图，它只要能使诗人达到自己的目的，就很够了。② 也就是说，寓言中的所有情节都必须为其所蕴含的道德训诫服务，基于情节自身发展所需要的情节在寓言这里是不需要的，比如《掩耳盗铃》最后的结局是什么呢？根据情节自身的发展是应该有所交代的，但是从寓意本身来说，已经比较明确了，并不需要故事的结局，所以在《掩耳盗铃》中故事结局并没有写出来。寓言中所有的情节都是为寓意服务，不会有冗余情节存在，情节的改动一般会引起寓意的变化。

基于寓言文体的这种特点，在教学过程中，可以设计改变情节重新阐释寓意的学习活动，此活动能让学生明确情节是决定寓意的重要因素。还是以统编语文教材七年级上册《杞人忧天》为例，至少可以设计以下三个活动。

（一）原情节释寓意

教材节选的是《杞人忧天》的前两段，情节内容为：杞人忧天地崩坠—晓之者解忧—

---

① 中国社会科学院文学研究所：《古典文艺理论译丛》，知识产权出版社 2010 年版，第 1334 页。
② 中国社会科学院文学研究所：《古典文艺理论译丛》，知识产权出版社 2010 年版，第 1326 页。

杞人舍然大喜,从情节发展来看,杞人是被讽刺的对象,通过晓之者的劝解,他从大忧到大喜,说明对于天地崩坠的忧虑实在是庸人自扰,寓意讽刺那些不必要的担忧,晓之者则是智者形象。

(二)改情节释寓意

将故事结尾"其人舍然大喜,晓之者亦舍然大喜"改为"倏忽间,只见天摇地动,其人惶然大惊,晓之者亦惶然大惊"。情节发生了变化,寓意是否发生变化了呢?让学生分析寓意,明确故事情节发生了变化,寓意也随之发生变化,晓之者成为被讽刺的对象,而杞人成为具有忧患意识的形象。然后可以播放地震、流星雨等视频,也可出示相关资料进行佐证,证明天地崩坠确有其事,如:

夏,恒星不见,夜明也。星陨如雨,与雨偕也。(《左传·庄公七年》)

十六年,春,陨石于宋五,陨星也。(《左传·僖公十六年》)

秋,八月,辛卯,沙鹿崩。(《左传·僖公十四年》)

百川沸腾,山冢崒崩。高岸为谷,深谷为陵。(《诗经·小雅·十月之交》)

让学生进一步感受杞人忧天并非无谓担忧,而是体现了中华传统文化中的忧患意识。

(三)增情节释寓意

还可以通过增加情节让学生重新阐释寓意。比如《杞人忧天》原文共有四段,教材只选了前两段,基于此,可以将原文的最后一段补上,让学生阐释寓意:

子列子闻而笑曰:"言天地坏者亦谬,言天地不坏者亦谬。坏与不坏,吾所不能知也。虽然,此一也,彼一也,故生不知死,死不知生;来不知去,去不知来。坏与不坏,吾何容心哉?"

加上这一段之后,杞人和晓之者都变成了被嘲讽的对象:"言天地坏者亦谬,言天地不坏者亦谬",寓意自然也发生了变化,阐明了道家顺乎自然、无为而治的观点。

以上三个教学活动,可以让学生明确一旦寓言情节发生变化,讽刺对象就会发生变化,因而寓意也会发生变化。

三、多重比较,理解文化

从世界寓言发展来看,寓言有三大源头:一是古希腊寓言,二是古印度寓言,三是中国古代寓言。古希腊寓言以伊索寓言为典范,影响了欧洲一大批寓言家;古印度寓言是扩散式发展和传播的,其《五卷书》等促进了欧洲寓言的繁荣,而佛经寓言则给中国寓言注入了新鲜血液,如盲人摸象、猴子捞月等故事情节均出自古印度寓言。不同民族、不同国家的寓言背后也体现着不同的文化,在教学寓言时,也可从文化的角度进行拓展延伸。

（一）中西寓言比较

中西寓言有诸多不同，从教材所选寓言来看，至少可以从结构、形象、语言等方面来理解。以寓言结构为例，《赫耳墨斯和雕像者》《蚊子和狮子》是典型的伊索寓言，即在故事结束后，接着就是一段直白的训诫点明题意。而先秦寓言故事结束后一般没有教训话语，只有主人公结局或者对结局的解释或者特别含蓄的评论，如《穿井得一人》《杞人忧天》。为什么会有这种形式上的不同呢？可以引导学生从文化性格上来分析：西方奔放、活泼的民族性格和坦率的心智特点，决定了他们在讲述寓言时会以直白的方式进行总结型的训诫；而中国崇尚含蓄凝重的风格，喜欢隐而不显、含而不露，因此寓言结尾一般不会像伊索寓言那样点明寓意。也可以从政治背景来分析：古希腊城邦国家民主制度盛行，人们言论比较自由，因而在寓言中敢于大胆讥刺；而先秦是专制制度，诸子在各国游说劝解君王时要做到既不辱没君王，又要让君王接受刺耳的意见，则必须采取含蓄的方式。

（二）本土寓言比较

中国古代寓言不仅是中国古典文学中的艺术瑰宝，而且是世界艺术宝库中的璀璨明珠。中国古代寓言在发展过程中形成了几次高峰，在教学中可引导学生进行多重比较。

首先，横向比较。在先秦寓言内部进行比较，从而明确儒道等不同的文化特点。比如《孟子》寓言与《庄子》寓言相比，没有那种瑰伟浪漫的奇想，而是以"语约而辞尽"见长，比如《揠苗助长》通过动作、语言、神态的描写，寥寥数字便把一个因拔苗而疲惫不堪的宋人写得惟妙惟肖，同时揭示了违背事物发展规律、欲速则不达的深刻道理。再如，同是体现道家文化，与《庄子》相比，《列子》又有其独特之处，如《杞人忧天》《两小儿辩日》便体现了中华民族祖先对宇宙奥秘的探索精神，《愚公移山》则突显了先民改造自然的可贵精神，教学中可将三篇课文勾连起来进行整合，让学生充分感受《列子》的独特价值。

其次，纵向比较。中国古代寓言经历了从先秦哲理寓言、两汉劝诫寓言到唐宋讽刺寓言、明清诙谐寓言的发展，教学中可适度拓展，拓宽文化视野。比如将先秦寓言与唐宋寓言进行比较。先秦寓言以说理为主，《庄子》的几百则寓言是为了宣扬"自然无为""齐物"等道家理论；《韩非子》也是为了说明其法家思想。而作为中国寓言史第一个创作了较多的独立成篇并独立拟定篇名的寓言作品的作家[①]，柳宗元的寓言则呈现出另外的特点，他多方面揭露社会病态，嘲笑和讽刺当时黑暗的社会现实与腐朽的统治阶级，如《黔之驴》借驴讽刺那些位高权重又昏庸腐朽的官员，充分发挥了寓言讽刺的特

---

① 陈蒲清：《中国古代寓言史》，湖南教育出版社1996年版，第189页。

点,从而开创了古代寓言创作的新局面。通过多重比较,学生在感受中华传统文化的同时,对寓言的文体特点也有了更清晰、更精准的理解。

综上所述,寓言是义务教育阶段语文学习的重要内容,在教学过程中,需根据教材的编排循序渐进,纵向、横向适度拓展,既让学生读懂寓言,又让学生掌握寓言的读法、了解寓言背后的文化密码,从而全面提升学生的语文学科核心素养。

设计与实施

一、分小组研读黄厚江老师和王君老师执教的《老王》,从散文文体的角度进行比较分析。

二、请从散文文体的角度对以下教学设计进行评价。

《藤野先生》教学设计[①]

一、教材分析

《藤野先生》是统编八年级上册第二单元第一篇课文,这是鲁迅先生的一篇回忆性散文。根据本单元课文导读的要求,在学习这一类回忆性散文时,要了解回忆性散文传记的特点,比如内容真实、事件典型,以及要注重细节的描写等,而且应该从中学习刻画人物的方法,品味风格多样的语言。本篇课文是鲁迅对20世纪初自己在日本留学时的一段经历的回顾。

二、教学目标

1.通读全文,理解并积累文中的生字词,在此基础上品读鲁迅先生的语言,体会其独特的艺术魅力。

2.研读典型事例,分析鲁迅笔下藤野先生的形象特点,学习运用选取典型事例这种刻画人物形象的方法。

3.通过学习藤野先生身上的高贵品质,了解藤野先生因何"在我的眼里和心里都是伟大的",同时感受鲁迅先生强烈的爱国情感。

三、教学重难点

教学重点:1.了解本文的写作背景以及作者在日本留学期间的生活境况。2.按照文章脉络,分析典型事例,把握文中的人物形象。

教学难点:把握作者对藤野先生的多重情感,感受作者深深的爱国之情。

[①] 该教学设计出自湖北第二师范学院文学院2018级汉语言文学翻斗花园小组。

四、教学时长

1课时

五、教学过程

(一)新课导入

同学们,在七年级我们学过鲁迅的《从百草园到三味书屋》,了解了鲁迅先生的启蒙老师寿镜吾先生,今天我们来认识鲁迅先生的另一位老师——藤野先生。藤野先生是鲁迅在日本仙台学医时遇见的一名医专教授。这两位老师都令他终生难忘。接下来,就让我们看看作者笔下的藤野先生是一个什么样的人,他为什么最让鲁迅先生感激。

(二)作者及背景介绍

鲁迅1881年出生于浙江省绍兴县城一个逐渐没落的封建家庭。1936年病逝于上海。原名周树人,鲁迅是他发表第一篇白话小说《狂人日记》时开始用的笔名,现代著名文学家、思想家、革命家,中国现代文学的伟大奠基人。我们在初中时学过他的作品有《从百草原到三味书屋》《阿长和〈山海经〉》《社戏》《雪》。本文背景是鲁迅抱着寻求救国道路的心愿到日本学医。1904—1906年,鲁迅在仙台医学专门学校学医,他原准备毕业回来救治像他父亲一样被误的病人,来实现治病救人、救人救国的人生梦想。可鲁迅最终并没有成为一名医生,他后来放弃了医学,于1906年到东京开始从事文学活动,1910年回国后,继续用文艺作为武器进行战斗,成为著名的文学家、思想家、革命家。这究竟是怎么一回事呢?下面我们就一起来阅读这篇课文。

(三)梳理文章脉络,掌握生字词

1.学生默读课文,在课文中标注出生字生词,让学生明确"绯红、流言、瞥见、畸形、遗民、不逊、美其名曰"这几个词的意思。

2.提出三个问题:这篇散文是以什么顺序记叙的?又是以什么为中心、以什么为线索记叙的?让学生带着问题去再读课文,并让学生分小组讨论。

3.让学生明确本文变换的三个地点:①我在东京;②我在仙台;③我离开仙台后。

4.划分文章的段落层次,并说说各部分的大意。

(四)研读课文,分析藤野先生的人物形象

1.学生采用跳读方式,阅读有关藤野先生的内容。学生浏览6~10段,找出有关描写人物外貌、语言等方面的语句。

(学生活动)找出文中作者关于藤野先生的描写,说说作者初到仙台时,他所接触的藤野先生是一个什么样的人,课文是如何描写藤野先生的形象的。

回答后明确:目睹印象——治学严谨;耳闻亲见——生活俭朴 学者形象。

2.过渡:这就是作者对藤野先生的第一印象,包括亲眼见到的,亲耳听到的。读到此,一个生活俭朴、治学严谨的学者形象已展现在我们的面前了,这是作者,也是我们读者对藤野先生的初步了解。让我们继续读下去,看作者为我们叙述了藤野先生的哪些事情,透过这些事情,我们将更深入地了解藤野先生的内在品质。大家找找看,一共写了"我"与藤野先生之间的几件事情,分别体现了藤野先生的什么品质。

明确:

添改讲义——认真负责,纠正解剖图——严格要求

关心实习——热情诚恳,了解裹脚——求实精神

3.结论:课文具体写了四个典型事例,从不同的侧面表现了藤野先生治学严谨、正直热诚、没有民族偏见的高贵品质。

(五)体会本文的思想情感

1.让学生朗读36~38段并思考问题:通过这三段,你能看出作者表达了对藤野先生的什么感情以及体现在哪些事情上?

明确:怀念、感激之情。这种怀念、感激体现在惋惜从未寄过照片或信、装订藤野先生修正过的讲义、悬挂藤野先生的相片、藤野先生对于向中国传递医学知识的渴望等。

2.这篇课文除了表达作者对藤野先生的怀念和感激,你还能从中读出作者的哪些情感?组织小组讨论,引导学生讨论得出:作者展现自己的思想历程,表现出强烈的爱国主义情感。

①作者对清朝留学生的厌恶。

②前往仙台途中所经过的日暮引起了作者的乡思。

③记得"水户",也是因为这里是富有民族气节和爱国情感的抗清志士朱舜水客死的地方。

④对初到仙台受到优待非同寻常的理解,也是强烈的民族自尊心的表现。

⑤对藤野先生的敬仰,也主要是因为他能不怀民族偏见、真诚帮助中国学生。

(六)分析本文的艺术特色

学生通读课文,找出这篇文章中运用了哪些手法以及从哪些事情中可以看出。

明确:对比手法(作者与清朝学生所作所为的对比;清朝学生与藤野先生的对比)。

白描手法(藤野先生自我介绍时,以及改正鲁迅的听课笔记和解剖图时,看到鲁迅成功进行了解剖实习时的喜悦之情,以及鲁迅要离开仙台时的惜别之情):这些事件都只是用简单的几笔介绍,却显示出了人物的性格。

(七)作业布置

运用本文选取典型事例突出人物形象的写作手法,写一篇记叙文,不少于500字。

就课堂教学来说，教学要能拨动学生的心弦，激发学生的学习积极性。不是我教你学，也不是我启你发，而是教与学双方做到和谐的交流。教师引导学生，学生也推动教师；教师得心应手，学生如坐春风。双方都欲罢不能，其乐融融。

—— 刘国正：《实说"活"》

第九章 实用文阅读教学

【学习目标】

1. 掌握实用文定义及分类。
2. 掌握实用文阅读教学设计要点。

第一节 实用文概述

一、定义及分类

从功用的角度,一般将文体分为四大类:新闻文体、文学文体、理论文体和应用文体。① 新闻文体,比如消息、通讯、报告文学、深度报道等;文学文体,比如散文、诗歌、小说、戏剧等;理论文体,比如社会评论、文艺评论、学术论文(自然科学论文、社会科学论文、人文科学论文);应用文体,比如行政公文、事务文书、教学文书等。以上四种文体,除了文学文体是审美非实用文体外,其他三类文体都属于实用非审美文体。由此可见,实用文是一个内涵非常丰富的概念,它既包括新闻文体,也包括理论文体,还包括应用文体。

语文教育界的专家和学者也对中小学语境下的实用文进行了界定。比如张志公先生认为实用性文体不是我们一般常说的那种应用文,它与文艺性文体对举,除了文艺性文体之外的,都是实用性文体。各行各业都有自己处理各种问题的实用文。② 教师最常写的实用文就是教案,医生最常写的实用文就是病例,而律师最常写的实用文就是各种法律文书。因而,在日常生活中常见的文体里,实用文体几乎占据了半壁江山。在现实生活中,我们阅读实用类文章,不像阅读文学作品那样通过形象化的表达符号满足情

---

① 董小玉:《现代写作教程》,高等教育出版社2000年版,第133页。
② 张志公:《先生教你写文章:读写门径》,北京教育出版社2014年版,第7-8页。

感和精神生活的需求,而是通过阅读活动,知道文章里写了什么内容,为社会生活服务,也就是说,它具有一定的实用功能,因此才将这类文章叫作实用文。

在实用文教学研究领域,陈隆升博士颇有建树。他认为诗歌、小说、戏剧和散文之外的所有文章,统称为实用文。陈隆升曾经对七套初中和高中语文教材进行了统计研究,认为现行语文教材中出现的实用文包括科普文章、新闻、社科文、演讲词、书信、人物传记、书评和影评、序言、访谈录、调查报告、讨论与辩论、图片说明、日记十三类,其中所占比重较大的有科普文章、新闻、社科文、演讲词。初中语文教材中的科普类文章有84篇,比如《奇妙的克隆》《花儿为什么这样红》等,新闻类和演说词次之。高中语文教材中社科类文章最多,比如《人们如何做出决策》等,共计33篇,其次是新闻类、科普类文章。[①] 也有学者对"社科文"这个概念提出质疑,认为社科文是从文章所写的内容而不是文体上为文章分类,这很容易导致分类上的交叉。比如一篇报道考古发现的新闻,从文体上讲它应该属于新闻,但是若从内容上来说,就属于社科文了。其次,"社科"一词有约定俗成的含义,即社会科学学科,它与自然科学学科、人文学科并称,若是说研究社会科学的文章属于社科文,那么按照上面的划分,有些带有自然科学性质的课文如《花儿为什么这样红》等是自然科学类,就无法归入其中。

王荣生先生认为,根据目前对文体的认识,可以将文体分为四个类型来讨论:实用文、现当代散文、文学作品和古代散文。王荣生先生认为散文是介于实用文和文学作品之间的一个品种、一个类别,所以他强调散文的两栖性。他对散文的理解虽然与大多数学者的理解并不相同,但他对实用文的理解与上述几位学者是一致的。综上所述,语文课程教学论的专家和学者对实用文的理解是比较一致的,基本上都认为实用文是除了文学作品之外的具有实用性的文本。

再看看课程标准对实用文的阐释。《普通高中语文课程标准》(2017年版,2020年修订)指出:"学习任务所涉及的语言学习素材与运用范例、语文实践的话题与情境、语体与文体等,覆盖历来语文课程所包含的古今'实用类''文学类''论述类'等基本语篇类型。"那么问题就来了,如果按照我们对实用文的理解,此处应该只有"实用类""文学类"两种语篇类型,为什么还单列一个"论述类"?这可能基于以下认识:语文学科核心素养包括语言建构与运用、思维发展与提升、审美鉴赏与创造、文化传承与理解;高中阶段是学生思维发展与提升的重要阶段,而论述类文本是训练学生思维的广度、深度、敏捷度的重要载体,所以将其单列以突出在这个阶段学习"论述类"文本的重要性。

此外,《普通高中语文课程标准》(2017年版,2020年修订)还对实用类文本的类型

---

① 王荣生:《实用文教学教什么》,华东师范大学出版社2014年版,第47-49页。

进行了简要介绍,列举了社会交往类、新闻传媒类和知识性读物类等类型。具体而言,社会交往类包括会谈、谈判、讨论及其纪要、活动策划书、计划、制度等常见文书,应聘面试的应对,面向大众的演讲、陈述和致辞等;新闻传媒类包括新闻、通讯、调查、访谈、述评、主持、电视演讲与讨论、网络新文体(包括比较复杂的非连续性文本)等;知识性读物类包括复杂的说明文、科普读物、社会科学类通俗读物等。《义务教育语文课程标准》(2022年版)在实用性阅读与交流学习任务群中提到的实用类文本包括标牌、图示、说明书、留言条、请假条、短信息、书信、日记、观察手记、笔记、大纲、脚本、思维导图等,广泛涉及家庭生活、学校生活、社会生活,充分体现了"实用性"特点。

二、实用文的特点

实用文的体式特征主要表现在实用性方面,其实用性主要体现为以下六个方面。[①]

第一,从文体特征来看,实用文一般不追求言外之意、微言大义,这是与文学作品的最大区别。读者在文学作品阅读中需要揣摩语言背后的深意,而实用文的意义就是字面意义,是从言到意的直线呈现。这种简单的结构方式,给作者的写作和读者的解读都带来一种直接性,阅读过程中无须在此追求言外之意。

第二,从文章语言来看,实用文以社会化、规范化的书面语言为主,即便"生动的说明文"也会尽量避免使用个性化、色彩强烈的语言,这也与文学作品的语言追求个人化特点不同。

第三,从思维方式来看,实用文是为解决实际问题而作,以抽象思维为主,要抛开事物的感性形式,寻求其内在的联系,找到事物的内在规律。

第四,从社会功用来看,实用文对社会产生直接效应,其目的是现实的,其目标是明确的。比如:新闻的目的就是报道某个新闻事件;产品说明书就是要让消费者知道如何使用某种产品;演讲就是要听众同意自己的某种观点;科普文章就是为了将某种科学现象或者规律简单地介绍给读者。

第五,从写作主体和接受主体来看,实用文有比较明确的写作主体,接受主体也是特定的,有特定的阅读者。比如:产品说明书的接受主体就是消费者;病历的接受主体就是病人;教案的接受主体就是教师;演讲稿的接受主体也是既定的,有既定的演讲对象。

第六,从主旨内涵来看,文学作品的主旨意蕴丰富,可能会出现"一千个读者有一千个哈姆雷特"的情况,就像人们常说的,一部《红楼梦》,经学家看见《易》,道学家看见淫,才子看见缠绵,革命家看见排满,流言家看见宫闱秘事。但是实用文一般不会出现这种

---

① 王荣生:《实用文教学教什么》,华东师范大学出版社2014年版,第50页。

情况,因为其主题是相对鲜明、单一、确定的,一般是主题居主导地位,读者在解读过程中无须做更多的创造性发挥。

第二节　实用文教学概述

一、课程标准要求及教材编排

根据《义务教育语文课程标准》(2022年版),实用文阅读教学属于实用性阅读与交流这一发展型学习任务群,在"学段要求"中首先出现有关实用类文章的要求是在第三学段,具体如下:"阅读说明性文章,能抓住要点,了解文章的基本说明方法。阅读简单的非连续性文本,能从图文等组合材料中找出有价值的信息。"第三学段的实用类文章主要包括说明性文章和简单的非连续性文本。就说明性文章而言,课程标准提出了两个目标,一是抓住要点,二是了解文章的基本说明方法。此外还提出了阅读简单的非连续性文本,非连续性文本是日常生活中经常会出现的图文组合材料,此处提出非连续性文本课程目标,体现了语文学习与生活密切相关的特点。与之相对应,教材中也有一些选文进行支撑,如六年级上册的第三单元《竹节人》《宇宙生命之谜》《故宫博物院》等。

第四学段对实用文的阐释更为详尽,包括新闻、说明性文章、复杂的非连续性文本等。具体如下:"阅读新闻和说明性文章,能把握文章的基本观点,获取主要信息。阅读科技作品,还应注意领会作品中所体现的科学精神和科学思想方法。阅读由多种材料组合、较为复杂的非连续性文本,能领会文本的意思,得出有意义的结论。"从课程目标来看,第四学段的实用类文本主要包括四个方面:新闻、说明性文章、科技作品和较复杂的非连续性文本。课程标准阐释了实用类文本阅读的主要目的:把握观点、获取信息。从教材来看,第四学段对实用文的编排主要体现在四个单元:两个活动探究单元,分别是新闻(选文包括《消息二则》《首届诺贝尔奖颁发》《"飞天"凌空》《一着惊海天》)和演讲词(包括《最后一次讲演》《应有格物致知精神》《我一生中的重要抉择》等);两个说明性文章单元,分别为事物说明文单元(包括《中国石拱桥》《苏州园林》《蝉》《梦回繁华》)和事理说明文单元(包括《大自然的语言》《阿西莫夫短文两篇》《大雁归来》《时间的脚印》)。

综上,实用文的教学目标主要表现在:准确、迅速地把握主要内容和关键信息,对文本所涉及的材料有自己的思考和评判;能筛选整合信息,具有批判性思维能力,具有科学求真的态度。实用文的教学思路也是比较明确的,即引导学生把握文章要点,厘清文章结构,学会筛选整合信息,并能区分观点与材料等。

二、实用文阅读方式

以上分析了课程标准中所阐释的实用文阅读教学目标,实际上,教学目标中也包含了一定的实用文阅读方法,让我们回顾一下课程标准的相关内容:"阅读说明性文章,能抓住要点,了解文章的基本说明方法。阅读简单的非连续性文本,能从图文等组合材料中找出有价值的信息"(第三学段),"阅读新闻和说明性文章,能把握文章的基本观点,获取主要信息。阅读科技作品,还应注意领会作品中所体现的科学精神和科学思想方法。阅读由多种材料组合、较为复杂的非连续性文本,能领会文本的意思,得出有意义的结论"(第四学段)。

在具体的教学过程中,对不同类型文本的阅读指导应该有所侧重。阅读实用类文本中的新闻,应引导学生注意材料的来源与真实性、事实与观点的关系、基本事件与典型细节、文本的价值取向与实用效果等;常用应用文教学,应主要借助文本示例来了解其功用和基本格式,以学生自学为主,不必做过多分析。

结合课程标准以及教材编排情况,在实用文阅读教学中可灵活采用以下几种阅读方式。①

(一)理解性阅读

文章的理解性阅读,也称分析性阅读,是文章阅读的主要类型,一切阅读应该都是从理解开始的。理解性阅读的目的是读懂文章说了什么,理解文章的关键,抓住要点,所以课程标准一再强调"阅读说明性文章,能抓住要点""阅读新闻和说明性文章,能把握文章的基本观点",而抓住要点,要通过重要语句进行把握。选文后面的相关习题也涉及理解性阅读,比如:八年级下册第二单元单元导语为"筛选主要信息,读懂文章阐释的事理",《大自然的语言》选文后的思考探究为"本文题为《大自然的语言》,主要是讲物候现象,你能概括一下'物候'是什么吗?",这个问题便是对学生是否读懂了文章的考查。

(二)操作性阅读

操作性阅读的对象,是讲述做事方法和行为方式的文章,其重点在怎么做,或直接说明操作方法、行为规则,或通过做事原理、行为机制的阐述,指导人们合理地进行实践活动。从阅读主体这方面来看,操作性阅读有两种情形。一种是阅读中有操作,我们边阅读边操作,并努力把自己的阅读理解转化为具体操作,比如阅读电器使用说明书。另一种是阅读后有行动,我们带着实践的目的去阅读,并努力把自己的阅读理解落实到实

---

① 参考王荣生:《实用文教学教什么》,华东师范大学出版社2014年版,第3-20页。

践的行为中。小学六年级《竹节人》一文的课前提示"写玩具制作指南,教别人玩这种玩具"就暗含了操作性阅读方式。

(三) 批判性阅读

批判性阅读是批判性思维的运用,批判性思维是一种较为成熟的思维方式,它包括对某个观点的相关证据进行评估,并最终从这些证据中得出合理的结论。它既可以是对文章内容进行客观公正的评估,也可以是在阅读过程中对自己的观念和思想进行理性反思。批判性阅读是在理解性阅读的基础上产生的,两者应该是你中有我、我中有你。相对而言,这种阅读方式在学生具有一定的语文能力之后,才更具深度与广度。

(四) 研究性阅读

研究性阅读是指以研究问题为目的的资料阅读,简称研读。研读大致包括两个方面:一是综合运用理解性阅读和批判性阅读,理解和评估别人的研究成果;二是在接受的基础上谋求创造,或者在别人研究的基础上对问题做进一步研究,或者应用别人的研究成果探讨相关问题,或受别人的研究启发提出新问题并进行研究。这种阅读方式主要出现在高年级,比如在高中阶段学习任务群中的专题研讨。

(五) 检视性阅读

检视性阅读就是以获取信息为主要目的的阅读,即以最快的速度去获取文章的主要信息。拿起一本书,先看目录,看目录就是检视性阅读,通过阅读目录明确一本书分几章,每一章大体是什么内容。检视文章的关键句也能很快获取主要信息,比如《松鼠》一文课后习题要求"默读课文,把从课文中获得的有关松鼠的信息分条写下来"就可以让学生采用检视性阅读的方式对每个段落的中心句,如"松鼠是一种漂亮的小动物,乖巧、驯良,很讨人喜欢""松鼠不躲藏在地底下,经常在高处活动""松鼠不爱下水"等中心句予以关注,在最短时间内获取文章的重要信息。

以上分类主要侧重于阅读主体的分类,强调的是阅读的目的,凸显阅读取向。

第三节 实用文阅读教学策略

一、设计合宜的教学目标

相较于文学类文本,实用文阅读教学设计思路比较明确,即引导学生把握文章内容要点,厘清文章结构,学习如何筛选整合信息,如何对信息的可靠性、文章的可信度做出判断,进而把握文章的思想立场,明白其社会效用。在具体的教学设计中,可结合课程目标、教材单元导语、课前提示、课后练习等助读系统设计教学目标。

比如《中国石拱桥》的单元导语是:"阅读介绍中国建筑、园林、绘画艺术的文章,可以了解我国人民在这些方面的卓越成就,感受前人的非凡智慧与杰出创造力。说明重要纪念性建筑的文章,又可以引导我们了解波澜壮阔的历史,筑牢思想之基。而有关动物的文章,则引导我们去发现大自然的奥秘,激发科学探索的兴趣。学习本单元,要把握说明对象的特征,了解文章是如何使用恰当的方法来说明的;还要体会说明文语言严谨、准确的特点,增强思维的条理性和严密性。"从语文要素来看,该单元导语主要涵盖以下三个方面:一是把握说明对象的特征,二是学习说明方法,三是学习说明语言。而《中国石拱桥》一文的预习提示中就有关于把握中国石拱桥特点的提示,在课后练习中有关于感受说明语言准确性的思考探究,也有关于说明方法的探究。基于此,可以设计教学目标为:①理解课文内容,了解中国石拱桥的特征;②体会说明文语言的准确、严谨;③学习文中举例子、列数字等说明方法。

二、依据文本体式设计合适的教学内容

在实用文教学内容选取时,要依据文本体式设计合适的教学内容。文本是新闻,就按照新闻的特点去设计教学内容。比如八年级上册的新闻单元要求能够从新闻要素的角度把握课文内容,能够从比较中了解不同新闻体裁的特点,能够区分客观事实和主观评价,教学中可以通过阅读新闻、采写新闻等活动让学生明确新闻文体的特点。再如高中必修(上)的新闻单元要求学生学会分析通讯的报道角度、理解事实和观点的关系,抓住典型事件、把握人物精神;了解新闻评论的观点;学习阐述观点的方法,辨析和把握新闻的报道立场等,这些目标也是紧扣文体设计的。

文本是演讲词,就按照演讲词的特点去设计教学内容。比如八年级下册的演讲词单元首先让学生通过阅读演讲词的活动明确演讲词的文体特点,比如演讲的针对性和演讲词鲜明的观点、明确的态度、清晰的思路、充实的内容以及语言技巧等。通过读演讲稿、写演讲词、举办演讲活动等更具体的任务情境,让学生掌握演讲词的特点,学会演讲。

文学作品由于丰富性和解读多元性的存在,教学内容的选择和确定有一定难度,但是对于实用类文本来说,教学内容的选定要简单清晰得多。实用类文本有很多不同的具体形式,教学设计时应注意选择与文体相应的阅读知识,以帮助学生提高某类文本的阅读能力。比如科普类说明文《中国石拱桥》,宁鸿彬老师在执教过程中就紧扣文体特征进行教学设计,主要步骤如下。

第一课时

第一个环节:初读感知:这是什么样的中国石拱桥?要求学生加修饰语。

第二个环节:质疑问难:对课文还有什么不理解的地方?

第三个环节:初步理解"举例子",明白例子要具有代表性。提问:为什么要举赵州桥和卢沟桥这两个例子?

第二课时

第一个环节:再次理解"举例子",明确要按类型举例。提问:能不能只举一个例子?

第二个环节:三问(中国石拱桥的共同特点是什么?赵州桥是否具备这些特点?卢沟桥是否具有这些特点?),通过分析得出结论,明确所举例子要具备被说明事物的共同特征。

第三个环节:借助板书,小结举例子的方法。

复习收束,明确设疑学习法。

宁鸿彬老师的课例在今天看来仍有很多值得学习的地方。整个教学过程围绕明确说明对象的特点、学习文章运用什么样的方法(举例子)来说清楚说明对象,紧扣文体特点,同时进行了一般阅读方法(设疑学习法)的迁移。

三、设计形式多样的阅读教学活动

在实用文教学中,可以设计形式多样的阅读教学活动,在活动中培养学生对语言文字的感受力、理解力和应用能力。《义务教育语文课程标准》(2022年版)指出,实用性阅读与交流学习任务群的学习活动可采用朗读、复述、游戏、表演、讲故事、情景对话、现场报道等学生喜闻乐见的形式。总体来看,活动要有明确的内容、目标和路径,在各种活动中巧妙渗透阅读知识,让学生通过参加各种活动能自然而然地掌握相关知识,比如在新闻的教学中,可以设计采写新闻、播报新闻等活动,在演讲词的教学中,可以设计撰写演讲词、举办演讲比赛等活动,学生在这些活动中自然就掌握了文体特点,学会了某一类实用文的阅读方法。

设 计 与 实 施

选择一篇实用文,分小组进行教学设计和模拟训练。

在中等以上的教育里，经典训练应该是一个必要的项目。经典训练的价值不在实用，而在文化。有一位外国教授说过，阅读经典的用处，就在教人见识经典一番。这是很明达的议论。再说做一个有相当教育的国民，至少对于本国的经典，也有接触的义务。

——朱自清：《经典常谈》

第十章 文言文阅读教学

【学习目标】
1. 掌握文言文教学的特点。
2. 掌握文言文设计的基本策略。

第一节 文言文教学概述

一、课程标准要求及教材编排情况

我们平常所说的古文,指的是古代的书面语作品,包括文言文和古代白话文。文言文是以先秦口语为基础而形成的上古汉语书面语言写成的文章,包括先秦时期的作品,以及后世历代文人模仿先秦书面语写成的作品。

《义务教育语文课程标准》(2011年版)中与文言文学习相关的目标要求有:"认识中华文化的丰厚博大,汲取民族文化智慧。关心当代文化生活,尊重多样文化,吸收人类优秀文化的营养,提高文化品位。""诵读古代诗词,阅读浅易文言文,能借助注释和工具书理解基本内容。注重积累、感悟和运用,提高自己的欣赏品位。""评价学生阅读古代诗词和浅易文言文,重点考察学生的记诵积累,考察他们能否凭借注释和工具书理解诗文大意。词法、句法等方面的概念不作为考试内容。"《义务教育语文课程标准》(2022年版)指出义务教育阶段的语文核心素养包括文化自信、语言运用、思维发展和审美创造四个方面,文化自信是指学生认同中华文化,对中华文化的生命力有坚定信心,而文言文的学习有助于培养学生对中华文化的热爱,有助于继承和弘扬中华优秀传统文化。

《普通高中语文课程标准》(2017版,2020年修订)在中华传统文化经典研习中对文言文学习的目标要求为:"本任务群旨在引导学生通过阅读中华传统文化经典作品,积累文言阅读经验,培养民族审美趣味,增进对中华优秀传统文化的理解,提升对中华民族文化的认同感、自豪感,增强文化自信,更好地继承和弘扬中华优秀传统文化。"

语文学科的核心素养包括语言建构与引用、思维发展与提升、审美鉴赏与创造、文化传承与理解四个方面。从课程标准要求来看,文言文学习的重要目标之一便是文化传承,让学生认识中华文化、提高文化品位、增强文化自信、提升文化认同。

从教材编写来看,文言文的篇目出现年级提前,统编语文教材在三年级便出现了文言文教学,初中所选文言文篇目如表 10-1 所示。

表 10-1　初中所选文言文篇目

所在册	所选文言文(散文)
七年级上册	《〈世说新语〉二则》《〈论语〉十二章》《诫子书》《狼》《穿井得一人》《杞人忧天》
七年级下册	《孙权劝学》《卖油翁》《陋室铭》《爱莲说》
八年级上册	《三峡》《短文二篇》(《答谢中书书》《记承天寺夜游》)《与朱元思书》《富贵不能淫》《生于忧患,死于安乐》《愚公移山》
八年级下册	《桃花源记》《小石潭记》《核舟记》《〈庄子〉二则》《〈礼记〉二则》《马说》
九年级上册	《岳阳楼记》《醉翁亭记》《湖心亭看雪》
九年级下册	《鱼我所欲也》《唐雎不辱使命》《送东阳马生序》《曹刿论战》《邹忌讽齐王纳谏》《陈涉世家》《出师表》

第二节　文言文阅读教学设计策略

文言文是中国传统文化的载体,在文言文中教学中,文言、文章、文学和文化,一体四面,相辅相成。

一、文言学习为基础

文言是以先秦汉语为基础形成的一种古代汉语书面语。文言与现代汉语的差异,主要表现在词汇和语法方面。《普通高中语文课程标准》(2017 年版,2020 年修订)强调文言文学习要"梳理所学作品中常见的文言实词、虚词、特殊句式和文化常识,注意古今语言的异同"。文言文的学习,一定是以文言为基础,只有掌握了文言实词、虚词、基本句式以及文化常识等内容,才能更好地阅读文言文。

教材编排也体现了编者对文言知识学习的重视。比如"体会古今汉语差异"这一学习内容在课后练习中多次出现:《桃花源记》课后练习要求学生体会"芳草鲜美""阡陌交通""率妻子邑人来此绝境""无论魏晋"等加点词语的古今差异;《与朱元思书》的课后练习要求翻译课文的中间两段,把原文和自己的文字都朗读一遍,从而体会不同的语言特点。除此之外,教材还编排了一些练习,让学生关注古今汉语的联系,比如《〈礼记〉二则》课后练习要求解释加点词语"教学相长""不独子其子""男有分,女有归"等加点字词,注意古今意义的异同;《河中石兽》课后练习要求写出含有加点字的成语,并要求意思不变,比如"尔辈不能究物理""一老河兵闻之"等。

对文言字词的学习不可眉毛胡子一把抓,需要讲究一定的策略。比如有些字词语句,教学中可以放手让学生自学,不需要特别处理。这有两种情况:第一,古今一致,或古今词义直接对应,学生理解不存在困难的,无须处理,比如"孔子曰";第二,生僻的难字难句,教科书上有浅易注释的,一般让学生借助注释,知道即可。而上文提到的古今同中有异的常用字词,在文言文阅读教学中应予以突出。常用字词大多不止一个意义,而字义又受时代限制,不能用现代的字义去理解古书,也不能用后起的字义去理解时代在前的文字,需要学生重点关注。还有些文言字词是文章的文眼,需要深入学习,通过由表及里、深入挖掘,引导学生充分领会。还可以将在文言文阅读测试中出现频率较高的词语在课前课后反复练习。比如在教学柳宗元的《小石潭记》时,第一个步骤便可带领学生借助注释通文意,在讨论、交流、朗读等多种多样的教学形式中,让学生掌握文中出现的词类活用、一词多义、古今异义等文言现象。余映潮老师在教学《陈太丘与友期行》的"辨中积累"板块出示五个小问题,其中"找出两个你认为意思比较难理解的字""找出两个分别表示敬和谦的美字""找出两个同形而意义有区别的字""找出两个字形不同而意相近的字"都是帮助学生积累古今异义、一词多义等文言现象。教学《周亚夫军细柳》时,可让学生借助注释和工具书理解下列带点词的意思。

已而之细柳;不闻天子之诏;称善者久之(明确:意思分别为"到""的""音节助词无实义");吾欲入劳军(明确:"慰问");于是上乃使使持节诏将军(明确:于是皇帝就派使者手持符节诏令将军);将以下骑送迎(明确:从将军到下属官兵都骑马迎送)。

二、朗读指导贯始终

文言文承载着中华传统文化的精华,在传统语文教学中,朗读法是文言文教学的不二法门。朱熹曾谈过古文学习之道:"大抵观书须先熟读,使其言皆若出于吾之口;继以精思,使其意皆若出于吾之心,然后可以有得尔。"[1]曾国藩在《家训·谕纪泽》指出:"非高声朗诵,则不能得其雄伟之概,非密咏恬吟,则不能探其深远之韵。"[2]这些都强调了朗读在文言文学习中的重要作用。《义务教育语文课程标准》(2022年版)继承了古代阅读教学经验,在每个学段的阅读教学中都提出了"用普通话正确、流利、有感情地朗读课文"的教学目标。课程标准要求各个学段的阅读教学都重视朗读和默读,重视诵读在培养学生语感、增进文本理解中的作用,引导学生积累古代作品的阅读经验。许多名师都特别注重通过朗读培养学生的文言文语感。以余映潮老师为例,他在文言文教学中

---

[1] 黎靖德:《朱子语类(第1卷)》,岳麓书社1997年版,第151页。
[2] 曾国藩:《曾国藩治家全书》,岳麓书社1996年版,第398页。

朗读贯穿始终。具体做法如下。

(一)小步轻迈:培养文言文朗读能力

由于文言文距离当下时间久远,相较于其他阅读材料而言,要将文言文读得正确、流利、有感情,难度要稍大一些。在文言文教学中,必须结合文言文自身的特点进行朗读能力的训练,余映潮老师采取的是小步轻迈的方式,以此实现教学目标的达成。

1. 结合文言基础知识,读准字音

要想读正确,首先需特别关注通假字、生僻字、多音字等字的读音。余映潮老师一般有两种做法,一种做法是直接将认读有困难的字整理后在PPT中呈现出来,课堂教学中让学生进行认读。如《卖油翁》的教学中将"矜、圃、睨、矢、颔、忿、酌、杓、沥"这些读音较难的字投影在PPT上,要求学生每个字读三遍。除这种集中呈现方式之外,余老师还经常采用读课文、读注释的方式。通过试读课文,发现疑难之处,通过读注释(包括课下注释和教师的补充注释)破解疑难。比如执教《爱莲说》时先让学生读课文,然后读注释,在读注释的过程中教师相机提醒"鲜(xiǎn)有闻""谥(shì)号""洗涤(dí)"等词注音,扫清朗读障碍。《咏雪》《共工怒触不周山》《记承天寺夜游》《诫子书》等课文的教学,也是采用全班齐读的方式,可以避免因分不清单音词还是双音词而读破句、因弄错词义或词性而造成误读,也能实现集体训练的目标。

2. 根据文言断句特点,读准句读

要想将文言文读正确,还需要读准句读。只有句读正确,才能进行准确的文意理解,对于初中生来说,这是文言文学习的一个难点。余映潮老师同样采用小步轻迈的方式进行分解教学。

第一,理解字词,明确句读。将文句中比较难以理解的词单独学习,可以化解难度,为后面明确句读、理解语意做铺垫。如《陋室铭》教学时,余老师用PPT出示了"斯、馨、鸿儒、白丁、素琴、金经、丝竹、案牍、劳形、南阳诸葛庐、何陋之有"等词或短语的意思,学生通过教师讲解、齐读等方式理解这些字词或短语的意思之后,再进行全文朗读,基本能做到句读无误,教师的教学会更顺畅。

第二,以讲促读,确定句读。以讲促读的方式灵活方便,学生通过"讲"文言文能够检验是否已经通晓文意,在此基础上朗读原文便轻车熟路,这种方式在余映潮老师的文言文课例中使用频率较高,如《共工怒触不周山》《曹刿论战》等课文的教学。《陈太丘与友期》的教学中,为了让学生讲得更顺畅,教师将"讲"的方式进行了分解,专门提示了四种理解文言字词的方法:加字、换字、直接理解和读注释。然后让学生按照这四种方式讲课文,课文讲清楚后回过头来再读课文,则能更好地确定停顿,省时高效。

第三,讲解知识,读好句读。善于在教学中渗透相关语文知识是余映潮老师教学的一大特色,朗读教学中也是如此。如《咏雪》教学"读得好听"环节,余映潮老师将停顿分解为顺应语法的停顿、清晰音步的停顿、特殊语境的停顿,通过知识的讲授,巧妙实现理性与感性的有机融合,这是更高级、更细腻的句读教学方式,符合余映潮老师小步轻迈的教学策略。该课例中,顺应语法的停顿主要是读出文句的结构,清晰音步的停顿则是把节奏读清楚、读出语气语调,特殊语境的停顿通过特殊的停顿还原故事情境,通过对"公/大笑/乐——"的示范读及齐读让学生产生身临其境的感觉。

3. 适当运用朗读技巧,读出韵味

第一,调控语速,读得有韵味。古代汉语的词汇大多由单音节构成,若以现代文的速度来读,很难弄清文意,因此,要读得清楚、听得明白,首先就要控制语速。如《记承天寺夜游》教学中,刚开始学生齐读全文时,语速稍快,教师敏锐地关注到了这个问题,及时对学生进行指导:"我们首先要把语速调整好,'记承天寺夜游',大家看这个'记'字,就是叙说。朗读时要读出叙说的味道,'元丰六年十月十二日夜,解衣欲睡,月色入户,欣然起行',要用中速朗读,而且要给人以身临其境的感觉。"① 在教师的指导下,学生语速降了下来,初步读出了文言文的韵味。

第二,关注语气,读得有变化。关于如何评价朗读,课程标准中指出,"评价学生的朗读,可从语音、语调和语气等方面进行综合考察"。余映潮老师教学的《马说》用"语气"一个关键词贯穿始终,通过训练,让学生切实感受到了朗读中的语气的千变万化,是非常巧妙的教学设计。具体步骤为:第一步,训练用句子内部的停顿读出同情等语气;第二步,用句中关键词语"不"读出愤慨等语气;第三步,通过句末叹词"也"读出文中惋惜、不平的语气;第四步,读好精段里的丰富的语气变换。

第三,拖长韵尾,读得有滋味。余映潮老师许多课例有中对拖音的强调,从而读出文言文的特别味道。如《三峡》"诵文章"板块:读好领起词的短暂拖音,读好四字词语的节奏,读好特别之处的顿音。PPT 上呈现"自/三峡七百里中,或/王命急宣,有时/朝发白帝,虽/乘奔御风,则/素湍绿潭,每至/晴初霜旦,故/渔者歌曰",要求学生读出首字拖音。《记承天寺夜游》的朗读指导"读出文言文的味道"环节中要求学生将"念""盖""但"三个字的读音拖长,教师范读,学生跟读,从而读出文言文的特别韵味。

(二)朗读为法:训练文言文阅读能力

朗读自古以来也是一种极有效的学习方法,可以促进学生对阅读材料的理解、提升学生的语感、训练学生思维。余映潮老师认为,朗读能够在训练语感与训练阅读能力方面起更加重要的作用,有些训练效果是单纯的朗读训练永远不可能达到的。② 朗读作

---

① 余映潮:《余映潮文言课文教学实录及点评》,中国人民大学出版社 2017 年版,第 165 页。
② 余映潮:《余映潮语文教学设计技法80讲》,广东人民出版社 2014 年版,第 3 页。

为一种学习方法,能有效助力阅读能力提升。

第一,通过朗读完成知识学习。首先,通过朗读可以完成知识铺垫。文言文距离当前历史久远,有必要对文本中的关联文化进行铺垫,这种学习方法一般用于课堂起始阶段,采用的方式一般是齐读。如开课时让学生齐读《〈论语〉十二章》中补充的孔子和《论语》的相关知识、《诫子书》对诸葛亮和《诫子书》地位的背景介绍、《孙权劝学》中对司马光和《资治通鉴》的介绍、《夸父逐日》对神话的介绍等,用最便捷的方式让学生明确所学课文的相关背景知识,开课揭题,高效切入课堂教学。除了开课时用齐读的方式完成各种知识铺垫外,余映潮老师还会在课中或课堂即将收束时让学生齐读老师整理的知识小结,比如《爱莲说》中在师生对话后让学生齐读知识卡片、读名句品析等。这能及时对所学知识进行巩固,也符合余映潮老师集体训练的理念。

第二,通过朗读疏通文意。即便是这种最常见的教学方式,余映潮老师也有其独具匠心之处。如《陈太丘与友期行》中的朗读训练有两个环节:读出文中的两件事;读出文中的两个人。第一个环节通过让女生齐读第一个故事、男生齐读第二个故事的方式厘清文章层次;第二个环节通过重点朗读人物对话的方式让学生对人物有了初步感知。《狼》的"初读板块"安排了"四读"环节:一读感知故事内容、感知课文结构,二读了解故事情节,三读概括段落大意,四读表现课文情境。一读一目标,层层推进,通过四读疏通文意,完成对课文的初读感知。

第三,通过朗读理解内容。即让学生从不同角度来进行朗读,从而多维度理解课文内容。如《口技》的教学中,通过"五读"来理解课文内容:第一次读,要读得流畅响亮,目的在于初步感知课文;第二次读,要读得字正腔圆,目的在于为全文朗读定一个基调;第三次读,要读得层次分明,主要从理解段落层次的角度进行训练;第四次读,要读得有情有境,主要是品味文中情境,提升对文本的理解;第五次读,要读得有急有缓,既读出文本情境,又读出段落层次。这样的朗读训练由浅入深,角度分明,实现学生对课文内容的理解。

第四,通过朗读感受情味。朗读实质上是学生和文本对话的过程,缺乏情感互动和情感渗透的朗读,就不是真正意义上的朗读,因此,教师应引导学生从朗读中感受作者的情感,体味作品的意味乃至读出作品隐含的意义。《卖油翁》的教学中通过让学生"以神态传神""以声音传神"和"以动作传神"三个环节来进行朗读训练,在活泼生动的朗读活动中感受故事情境,体会人物的性格特点。《记承天寺夜游》的"深情读背"板块通过"读出一点文言文的味道""读出一点夜游的兴致""读出一点复杂的情愫"三个分解环节让学生充分体会作者夜游愉悦的心情以及寂寞、失意的复杂情绪。《与朱元思书》的教学中,"读出陶醉感""读出起伏感""读出层次感"三个分解环节让学生充分感受文章的意味。

第五，通过朗读培养语感。关于朗读和语感的关系，钱理群先生提到，朗读所达到的是一种"整体感悟"，是进行"语感"的熏陶和"情感"的浸润，是通过声音而直抵心灵。[①]《陋室铭》的课堂教学分为读清句法特点、读出节奏，读出句子的结构、读出情感，读背课文三个层次。余映潮老师在很多课例中都要求熟读成诵，也有助于培养学生的语感。

(三)朗读为策:巧妙进行教学设计

从教学设计的角度来说，朗读还可以成为巧妙的线索，串连起整篇课文的教学；可以巧妙调控教学节奏，营造课堂氛围。

第一，以朗读为线索设计教学内容。作为线索的朗读教学设计在余映潮老师的课例中是最常见的。比如《咏雪》以朗读为线索设计三个课堂教学板块："读得清楚"板块通过读课文、读注释、读翻译，完成课文初读环节；"读得好听"板块通过对几种停顿方式的学习，完成对课文人物和情境的初步感知；"读得有味"板块通过与学生对话的方式完成关键语句的朗读和赏析，提升了阅读的高度，完成课文的精读。《口技》通过"五读"完成教学。第一次读：读得流畅响亮——人人出声、读得沸沸扬扬；第二次读，读得字正腔圆，主要训练朗读第一段；第三次读，读得层次分明，主要朗读二、三段；第四次读，读得有情有境，主要是朗读第三、四段；第五次读，读得有急有缓，重点读第四段。有点有面，点面结合，有读有思，动静相宜。《三峡》也是以朗读为线索设计教学：教学活动一，朗读、理解，读得顺畅；教学活动二，朗读、欣赏，读清节奏；教学活动三，朗读背诵，读出感情。以朗读为线索来设计课堂教学，层次丰富，使课堂呈现出一种特别的灵动之美。

第二，以朗读为抓手调控教学节奏。《卖炭翁》以朗读串联起四个教学步骤：第一步：朗读——读得顺畅，说话——翻译课文（叙说性语言表达训练）；第二步：朗读——读出轻重，说话——品析文句（分析性语言表达训练）；第三步：朗读——读出情境，说话——品味词句（欣赏性语言表达训练）；第四步：朗读——读出情感，说话——表达想象（描叙性语言表达训练）。这种教学设计和上面不同的是，朗读训练和其他阅读能力训练相辅相成，互相印证，正是因为有了朗读训练，课堂才变得更为灵动，更为诗意。《答谢中书书》中的朗读设计贯穿三个教学环节，通过"朗读，自读自讲""朗读，趣味练习""朗读，美句欣赏"三个环节的教学，朗读穿插其间，使教学节奏有快有慢、舒缓自如。

第三，以朗读为契机营造课堂氛围。余映潮老师也善于用朗读营造课堂氛围，但是他明确指出：氛围浓郁不是指播放课文朗读录音来进行渲染，不是指用教师表演式的全

---

① 钱理群:《钱理群语文教育新论》,华东师范大学出版社2010年版,第54页。

篇范读来形成效应,不是指将录音复制到课件中进行配读,而是指能让全体学生都能参与、愿参与的朗读活动,指能让学生通过自己的朗读传达出作品真情的朗读活动。① 余映潮老师一贯强调学生的主体性,比如《卖油翁》中朗读是一种学习方法,教师引导学生通过以神态传神的朗读、以声音传神的朗读、以动作传神的朗读营造了良好的课堂氛围,激发了全班学生朗读的兴趣,课堂呈现出一片生机。这样的教学片段还有很多,比如在《狼》的教学中,余老师要求学生在最后一段自认为合适的地方加进一个"啊"字进行朗读。这个教学片段精彩纷呈:有的同学读"啊!盖以诱敌",有的同学读"啊!狼亦黠矣",有的同学读"亦毙之,啊"。这种极具创新性的朗读教学设计,不仅让学生读得精彩,而且其思维也处于高速运转状态,学生参与度高,课堂氛围特别好。

余映潮老师文言文教学中的朗读教学有着特别的意义。他摒弃了朗读教学中时常会出现的作秀成分,关注集体训练,注重于切实提高每一个学生的语文能力。他的朗读训练层次丰富,环环相扣,提高了学生的朗读能力;将朗读作为一种优质的教学方法加以运用,角度多维,既关注了语言学用,又注重了技能训练,有效促进了学生阅读能力的提升;将朗读作为教学设计的策略,或一线串珠,或一词经纬,或一点宕开,提供了巧妙的教学设计思路,使课堂别开生面。余映潮指出:成功的朗读教学一定层次非常细腻,过程非常丰富,形式非常灵活。② 他用自己的教学活动很好地践行了这一点。

三、文章文学巧赏析

中学语文教科书中的文言文都是历久传诵的经典名篇,很多篇目既是经世致用的实用文章,又是中国文学中的优秀散文作品。就这些文言文而言,文章与文学是统一的。有些篇目在当时有明确的实用功能,如《陈情表》《出师表》等;有些是载道,如《劝学》《师说》;有些是言志,如《兰亭集序》《项脊轩志》等。言志与载道的作品有游记散文、抒情小品,也有主旋律。学习文言文就是要体认它们所言志、所载道。这些流传千古的文章往往也是文学经典,引导学生研习布局谋篇的章法,体会炼字炼句的艺术,是教学中不可或缺的重点。

比如教学《小石潭记》时,在疏通文意的基础上,通过文体介绍,理游踪,然后通过所见所闻分析作者的情感特点。教学可从"乐"切入,扣住"闻水声,如鸣佩环,心乐之""似与游者相乐"等语句,抓住重点段感受作者通过"寻声见物""动静相宜""移步换景""定点观察"等表现"心乐之"的写作手法;以忧接续,紧扣"凄神寒骨,悄怆幽邃"等句,通过提问"何处见忧""为何见忧"等,结合作者生平、时代背景等,引领学生品味文字深处潜

---

① 余映潮:《余映潮语文教学设计技法80讲》,广东人民出版社2014年版,第22-23页。
② 余映潮:《余映潮语文教学设计技法80讲》,广东人民出版社2014年版,第18页。

藏的意蕴,从而明确作为贬官的柳宗元,乐是暂时的,而忧却是一以贯之的,他寄情山水,却忧从中来,这种忧在柳宗元心中是无法排遣的。

再如黄厚江老师执教的《黔之驴》由以下几个步骤组成。①导入;②整体感知;③分析驴的形象,抓住"虎见之,庞然大物也""驴一鸣,虎大骇""驴不胜怒,蹄之"等关键语句体会驴脾气暴躁、外强中干、无真才实学等特点,从而提炼出黔驴技穷、黔驴之技、外强中干、庞然大物等成语;④分析虎的形象,引导学生分析"以为神""稍出近之""虎大骇,远遁""又近出前后""稍近益狎"等关键词句,体会虎工于心计等特点,从而提炼出黔虎之智、黔虎识驴等成语;⑤分别从驴和虎的角度讲述故事;⑥探究故事的深层寓意,明确柳宗元寓言极具讽刺性的特点;⑦结课。课例从故事、形象、寓意等方面展开教学,体现了寓言的文体特点。

再如教学《周亚夫军细柳》时,可以围绕"真"字展开教学,进行如下教学活动。

一、读亚夫,品将军之"真"

本课题目叫《周亚夫军细柳》,周亚夫是作者着力塑造的人物形象。那么周亚夫是一个什么样的人呢?请同学们从课文中找出一句话概括一下。

(明确:文帝曰:"嗟乎,此真将军矣!")

指导有感情朗读。抓住:嗟乎、真、矣三处及文末感叹号读出文帝的震惊、钦佩。

什么样的将军是真将军?(明确:治军严明;刚正不阿;屡建战功;忠君爱国)

周亚夫之"真"体现在何处?

(抓住四处"不":"不得入""又不得入""不得驱驰""不拜"展开教学。前面三个"不"主要表现周亚夫的治军严谨,后一个"不"主要表现周亚夫的刚正不阿)

表演这一段,进一步体会周亚夫之真。

为了表现周亚夫之真,作者运用了哪些写作手法?(明确:对比、衬托、正面描写)

二、读文帝,析天子之"赞"

当文帝欲劳军,到了细柳,先驱不得入,天子又不得入,入了之后不能驱驰,见了亚夫之后亚夫不拜时,文帝有怎样的表现?

(明确:上乃使使持节诏将军:"吾欲入劳军";按辔徐行说明其遵守规矩;天子为动,改容式车说明其震惊、敬重;"真将军矣"说明其钦佩)

为什么文帝能够忍受周亚夫看起来的无礼行为反而去赞他?除了周亚夫忠于职守、治军严谨,是否还有其他外部原因?

(文帝之后六年,匈奴大入边。抓住"大"理解形势的危急,朝廷正是用人之际)

补充介绍文帝。

(明确:文帝能赞周亚夫,说明他是一个审时度势的聪明帝王。从他对周亚夫之父周勃的态度说明他也有其冷酷、多疑的一面)

三、读作者，感司马迁之"悲"

这样一位真将军，人生结局如何呢？补充介绍周亚夫经历。

吴楚七国之乱是西汉初期最严重的政治军事危机，景帝政权面临着巨大的危险，周亚夫以其非凡的勇气和过人的谋略一举平叛，使景帝为首的中央政权转危为安，而赢得景帝信任。一是景帝废栗太子刘荣时，周亚夫以丞相身份据理力争，此事深深激怒了景帝；二是周亚夫坚决不同意封景帝夫人的哥哥王信为侯，使得景帝记恨在心；三是周亚夫不同意封匈奴降人徐卢等人为列侯，又一次激怒了景帝。果然没过多久，景帝就设局给周亚夫难堪。他在自己的住处召亚夫赐食，单单给了一大块肉，既不切开，也不给筷子，这显然是有意侮辱他。此后不久，周亚夫的儿子为其父亲到工官尚方购买了五百具甲楯，作为其父百年之后殉葬之物。后被搬运工告以盗买皇帝器具，此事牵连到周亚夫，说他欲造反。周亚夫知道辩解无用，最后绝食而亡。而他的父亲周勃，也因为功高盖主遭猜忌，在文帝时曾经被捕入狱遭受屈辱。父子相近的命运悲剧，令人扼腕叹息。

太史公曰：亚夫之用兵，持威重，执坚刃，穰苴曷有加焉！足己而不学，守节不逊，终以穷困。悲夫！

周亚夫的用兵，一直保持威严庄重，坚韧不拔，即使司马穰苴这样的名将也不能超过他。可惜他自满自足而不虚心学习，能谨守节操但不知恭顺，最后以穷途困窘而告终，真令人悲伤啊！

这一切与司马迁的遭遇有相似之处。司马迁继承父命写作史书，然而天汉三年，李陵战败投向匈奴，司马迁因向汉武帝解释事情原委而被捕入狱，并被处以官刑，在身体和精神上遭受了极大的创伤。出狱后，他忍辱含垢，继续写作《史记》。这既是一部通史，又是作者带着心灵肉体创伤所做的倾诉。《史记》成功塑造了一大批悲剧人物形象，使全书充满浓郁的悲剧气氛。

以上三个教学活动，围绕"真"展开教学，结合文章关键，补充相关背景资料，让学生充分感受将军之真、天子之赞以及作者之悲，深得文章滋味。

四、以文化传承为目标

文言文多层面地体现着中国传统文化，可从四个方面展开看。其一是文言。它本身就是中国传统文化的体现。其二是文言和文言文所体现的传统思维方式。如《劝学》注重比喻论证，《师说》注重类比论证，都体现出偏感性的民族思维方式。其三是文言文记载着典章制度、天文地理、民俗风情等具体文化内容。这是显见的文化，对中学生的文言文学习而言，应该是学习文言文的副产品。其四是文言文所传达的中国古代仁人贤士的情意和思想，及所言志所载道，这是中国传统文化的直接体现，也是中学生文言文学习的主要方面。

正如朱自清先生所说："在中等以上的教育里，经典训练应该是一个必要的项目。

经典训练的价值不在实用,而在文化。"①学习《庄子》感受道家文化,学习《论语》触摸儒家文化,最终落脚点是文化的传承与反思。课程标准明确指出:学习中国古代优秀作品,体会其中蕴含的中华民族精神,为形成一定的传统文化底蕴奠定基础;学习从历史发展的角度理解古代作品的内容价值,从中汲取民族智慧。文言文教学指向中华优秀传统文化的传承和发扬,通过经典篇目的学习,学生能充分感受到辉煌灿烂的中华文化,增强文化自信。

设计与实施

一、请对以下课例做出评析。

《杞人忧天》教学设计

【教学目标】

1. 疏通文意,积累"亡""中伤""奈何"等常见文言字词。
2. 通过梳理情节和分析杞人、晓之者的形象,掌握读懂寓意的方法。
3. 发挥想象,从不同角度解读寓意,培养发散思维能力。

【课前准备】

熟读课文,结合注释理解课文大意。

【教学过程】

一、勾连旧知,明文体

大家学过哪些寓言?在你们看来寓言有什么特点?

明确:寓言是一种文学体裁,它总是通过一定的故事说明某个道理,也就是我们说的寓意。我们读寓言,一定要努力把寓意弄明白,而寓意总是通过故事中的情节和形象来揭示的。今天我们就尝试着通过形象和情节两个方面来学习寓言《杞人忧天》。请同学们大声朗读课文,边读边思考这则寓言讲了一个什么故事。

二、初读感知,晓故事

(一)检查预习情况

1. 给加点字注音。

杞(　)人　　崩坠(　)(　)　　身亡(　)所寄　　星宿(　)

中(　)伤　　躇(　)步跐(　)蹈　　舍(　)然

2. 读好节奏。

杞国/有人/忧/天地崩坠,身亡所寄,废/寝食者。

又有/忧彼之所忧/者,因/往/晓之,曰:"天,积气耳,亡处/亡气。若/屈伸呼吸,终

---

① 朱自清:《经典常谈:插图版》,广西人民出版社2017年版,第1页。

日/在天中行止,奈何/忧崩坠乎?"

其人曰:"天/果/积气,日月星宿,不当坠邪?"

晓之者曰:"日月星宿,亦/积气中之/有光耀者,只使/坠,亦不能/有所中伤。"

其人曰:"奈地坏何?"

晓之者曰:"地,积块耳,充塞四虚,亡处/亡块。若/躇步跐蹈,终日/在地上行止,奈何/忧其坏?"

其人/舍然大喜,晓之者/亦/舍然大喜。

(二)大家能用自己的话说说这则寓言讲了一个什么故事吗?

点拨:在学生回答的过程中,若遇到理解有偏差的,可将其不能解决的词句进行讲解,强调"亡""中伤""躇步跐蹈"等字词。

明确:这则寓言讲述了杞国有人担忧天塌地陷,寝食难安,后来在晓之者的劝导下才放下心的故事。

三、紧扣形象,释寓意

(一)展开想象,析杞人

故事总离不开情节和形象,在大家眼中,杞人是一个怎样的形象呢?你是从哪里看出来的?

明确:"杞国有人忧天地崩坠,身亡所寄,废寝食者"说明杞人是一个不切实际、庸人自扰的形象。请同学们想象一下杞人会忧到什么程度。

PPT:

情境一:赴友人之约途中,杞人曰:"天地崩坠,身无所寄,如之何?"

情境二:＿＿＿＿＿＿,杞人曰:"天地崩坠,身无所寄,如之何?"

情境三:＿＿＿＿＿＿,杞人曰:"天地崩坠,身无所寄,如之何?"

点拨:可以引导学生想象各种情境,如:出门遇邻人,杞人大忧,曰:"天地崩坠,身亡所寄,如之何?"是日游湖,杞人大忧,曰:"天地崩坠,身亡所寄,如之何?"入夜望星辰,杞人大忧,曰:"天地崩坠,身亡所寄,如之何?"通过还原情境让学生感受杞人忧虑之深重。那么,在晓之者的劝导下杞人有什么变化?

明确:"其人舍然大喜,晓之者亦舍然大喜。"请同学们再次展开想象,此时的杞人又是一番怎样的情形?

PPT:

情境一:＿＿＿＿＿＿,大笑曰:"＿＿＿＿＿"

情境二:＿＿＿＿＿＿,大笑曰:"＿＿＿＿＿"

情境三:＿＿＿＿＿＿,大笑曰:"＿＿＿＿＿"

点拨:可以引导想象各种情境,如:翌日,杞人游湖,抬头望天,大笑曰:"天,积气耳,亡处亡气。吾屈伸呼吸,终日在天中行止,不必忧崩坠!"席间,杞人大笑曰:"日月星宿,亦积气中之有光耀者,只使坠,亦不能有所中伤!"夜晚,更衣而睡,大笑曰:"地,积块耳,充塞四虚,亡处亡块。吾躇步跐蹈,终日在地上行止,不必忧其坏!"乃安然入睡。

明确:杞人从前面的忧"天地崩坠"到最后的"舍然大喜",只是因为晓之者说了几句话,说明这些担忧都是多余的、没有意义的,足见其庸人自扰的特点,从而讽刺了那些不必要的担忧。

PPT:

杞人⟶不必要的担忧

(二)设置情境,析晓之者

文中除了杞人,还有一个形象——晓之者。晓之者的主要行为是什么?让我们一起扮演晓之者,来劝劝杞人吧!

PPT:

一劝:"天,积气耳,亡处亡气。若屈伸呼吸,终日在天中行止,奈何忧崩坠乎?"

二劝:"日月星宿,亦积气中之有光耀者,只使坠,亦不能有所中伤。"

三劝:"地,积块耳,充塞四虚,亡处亡块。若躇步跐蹈,终日在地上行止,奈何忧其坏?"

换一种方式劝劝,行不行呢?朗读比较。

PPT:

一劝:

天,积气,亡处亡气。若屈伸呼吸,终日在天中行止,奈何忧崩坠?

天,积气耳,亡处亡气。若屈伸呼吸,终日在天中行止,奈何忧崩坠乎?

二劝:

日月星宿,积气中有光耀,坠,不能有所中伤。

日月星宿,亦积气中之有光耀者,只使坠,亦不能有所中伤。

三劝:

地,积块,充塞四虚,亡处亡块。若躇步跐蹈,终日在地上行止,奈何忧其坏?

地,积块耳,充塞四虚,亡处亡块。若躇步跐蹈,终日在地上行止,奈何忧其坏?

明确:把虚词删去后语气就会显得比较急促,让人感觉不耐烦,而原文更能表现晓之者慢条斯理、耐心解答的语气,说明他很会劝人,善于劝导、关爱他人。

哪位同学愿意来扮演晓之者,来劝一劝杞人呀?生扮演。

明确:晓之者有了"忧"便及时行动,不仅解了别人的"忧",也解了自己的"忧",反衬出杞人庸人自扰的形象,进一步加深寓意,讽刺了杞人那些不必要的担忧。

PPT：

杞人 ⟶ 不必要的担忧 ⟵ 晓之者

(三)学法小结

寓言通过形象来揭示寓意,通过刚才的学习,我们学会了一种阐释寓意的方法:紧扣形象释寓意。

四、增改情节,释寓意

(一)原情节释寓意

刚才我们是从形象出发去阐释寓意的,我们还可以通过情节来阐释寓意。哪位同学可以为我们梳理故事情节呢?

点拨:

①开端:杞人忧天。

②发展:晓之者解忧。

③结局:杞人与晓之者皆舍然大喜。

明确:情节开端杞人忧虑到废寝食,经过晓之者劝导后,杞人大喜,杞人是被讽刺的对象。课文中的情节揭示了完全没必要为毫无根据的事情担忧这样的寓意。

(二)改情节释寓意

如果情节发生了改变,寓意会不会改变呢?我们将这则寓言的结尾改一改,请同学们分小组讨论,看看情节发生了怎样的变化,寓意是否发生变化。

PPT：

晓之者曰:"地,积块耳,充塞四虚,亡处亡块。若躇步跐蹈,终日在地上行止,奈何忧其坏?"

顷刻间,只见天摇地动,其人惶然大惊,晓之者亦惶然大惊。

小组讨论,全班交流。

点拨情节:

①开端:杞人忧天。

②发展:晓之者解忧。

③结局:杞人与晓之者皆惶然大惊。

明确:晓之者劝导后天摇地动,结局从原先的"大喜"变成了"大惊"。杞人先前担忧的事情变成了现实,他的担忧是有意义的。杞人变成了具有"忧患意识"的人,晓之者成为讽刺的对象。天摇地动本身就是存在的(播放汶川大地震视频)。其实,早在先秦就已有关于"天地崩坠"的相关记载了。

(三)增情节释寓意

其实啊,这篇文章有所删节。老师截取了《杞人忧天》的删节部分,请同学们一起朗读。

PPT:

子列子闻而笑曰:"言天地坏者亦谬,言天地不坏者亦谬。坏与不坏,吾所不能知也。虽然,此一也,彼一也,故生不知死,死不知生;来不知去,去不知来。坏与不坏,吾何容心哉!"

如果把这一段加在课文的最后,情节又会变成怎样?揭示了什么寓意呢?

点拨情节:

①开端:杞人忧天。

②发展:晓之者解忧。

③高潮:杞人与晓之者皆舍然大喜。

④结局:列子笑杞人和晓之者。

明确:"坏与不坏,吾何容心哉!"意思是说毁坏与不毁坏,是我们不可能知道的事情,因此不必放在心上。列子是道家学派的代表人物。同为道家学派的庄子在《逍遥游》中这样形容列子:"列子御风而行,泠然善也,旬有五日而后反。彼于致福者,未数数然也。"列子驾风行走,轻盈美好,没有拼命追求招福的事情。体现了道家顺乎自然、无为而治的观点。

小结:结合我们刚才的分析可以看出,杞人和晓之者的观点列子都不赞同,认为"天地崩坠"是不需要讨论的问题,顺其自然就好,这就是我们通过增加情节解读出来的第三个寓意。

(四)学法小结

通过学习这篇寓言,我们掌握了理解寓意的两个方法。

PPT:

①分析形象 释寓意

②增改情节 释寓意

五、布置作业,拓展迁移

阅读《列子》中的另一篇寓言《齐人攫金》,请从情节和形象两个角度来阐释寓意,并尝试重新设计情节,赋予其新的寓意。

齐人有欲得金者,清旦,被衣冠,往鬻金者之所,见人操金,攫而夺之。吏搏而束缚之,问曰:"人皆在焉,子攫之金,何故?"对吏曰:"殊不见人,徒见金耳。"

六、板书设计

二、比较余映潮老师和罗海萍老师执教的《陈太丘与友期行》。

提示:余映潮老师执教的《陈太丘与友期行》注重语感的培养,注重文言字词的积累,结构清晰;罗海萍老师执教的《陈太丘与友期行》思路清晰、形式活泼,注重文体特点并能巧妙进行拓展。

三、从统编语文教材中选择一篇文言文进行教学设计。

在语文学科中学习语文,主要是学习承载着人们情理意趣的语文,而不是孤立的、静止的、不表现任何实际内容的语文。

——顾黄初:《顾黄初语文教育文集》

第十一章 整本书阅读教学

【学习目标】
1. 掌握整本书阅读教学的基本策略。
2. 能自主进行整本书阅读教学设计与实施。

第一节 整本书阅读教学概述

《义务教育语文课程标准》(2022年版)指出"提倡少做题,多读书,好读书,读整本书",《普通高中语文课程标准》(2017年版,2020年修订)更是明确了整本书阅读的重要性,在18个任务群中将其作为第一个学习任务群在课程内容中呈现出来,该任务群的学习贯穿必修、选择性必修和选修三个阶段。近些年来,整本书阅读一直是个热点,也是个难点。一般来说,中小学语境下的整本书、经典和名著所指基本一致。按照结构方式可分为两类:篇章集合式和内容贯通式。

一、课程标准有关整本书阅读的要求

《义务教育语文课程标准》(2022年版)将整本书阅读列入拓展型学习任务群,旨在引导学生在语文实践活动中,根据阅读目的和兴趣选择合适的图书,制定阅读计划,综合运用多种方法阅读整本书,借助多种方式分享阅读心得,交流研讨阅读中的问题,积累整本书阅读经验,养成良好阅读习惯,提高整体认知能力,丰富精神世界。高中课标的第一个学习任务群便是整本书阅读与研讨:"本任务群旨在引导学生通过阅读整本书,拓展阅读视野,建构阅读整本书的经验,形成适合自己的读书方法,提升阅读鉴赏能力,养成良好的阅读习惯,促进学生对中华优秀传统文化、革命文化、社会主义先进文化的深入学习和思考,形成正确的世界观、人生观和价值观。"整本书阅读的教学价值主要表现为扩大、提高、选择、营造四个方面,即多读书,增加阅读数量;读有品位的书,拓展阅读领域;学生要具有自主选择的能力,能够选择合宜的阅读内容;学校应具有良好的

阅读氛围,能够提供平台激发和维护学生的阅读兴趣,创设良好的情境开展阅读活动。①

二、整本书阅读在教材中的呈现

整本书阅读在教材中的呈现如表 11-1 所示。

表 11-1　整本书阅读在教材中的呈现

年级	名著阅读篇目	名著阅读训练点
七年级上册	《朝花夕拾》	消除与经典的隔膜
	《西游记》	精读和跳读
七年级下册	《骆驼祥子》	圈点与批注
	《海底两万里》	快速阅读
八年级上册	《红星照耀中国》	纪实作品的阅读
	《昆虫记》	科普作品的阅读
八年级下册	《傅雷家书》	选择性阅读
	《钢铁是怎样炼成的》	摘抄和做笔记
九年级上册	《艾青诗选》	如何读诗
	《水浒传》	古典小说的阅读
九年级下册	《儒林外史》	讽刺作品的阅读
	《简·爱》	外国小说的阅读

人民教育出版社的王本华老师这样介绍整本书编排思路:"特别是名著阅读,教材一是推荐了较多的阅读书目供师生选择,二是每一个主推荐书目都有名著简介、阅读方法指导和专题探究栏目,力求能对阅读进行有效的引领。"②为了改善阅读兴趣缺失、阅读数量偏少、阅读内容随意、阅读方法不当、阅读品质偏低等问题,要实现名著阅读课程化。首先,整本书阅读在教材中的位置发生了变化,这显示出编者对名著阅读教学内容的重视;其次,每部作品都提供一定的阅读方法,根据名著的具体内容、主要特点,设计有专题探究的内容,力求使学生边读边思考,读有所获。为进一步提高阅读量,名著阅读采用"一拖二"的形式,即一部主推荐作品加两部自主阅读推荐作品。主推荐作品基本是课程标准推荐的篇目,如七年级上册是《朝花夕拾》《西游记》,七年级下册是《骆驼祥子》《海底两万里》;自主阅读推荐作品尽可能与主推荐作品形成呼应,或题材相近,或

---

① 吴欣歆:《语文课程视野下的整本书阅读》,《课程·教材·教法》,2017 年第 5 期,第 22-26 页。
② 王本华:《依托统编语文教材 建构学生语文素养》,《课程·教材·教法》,2021 年第 6 期,第 64-65 页。

主题一致,或时代、体裁相同,或大体可以采用同样的阅读方法,等等。这样配合起来,可以给师生提供自由选择的空间,便于调动学生的阅读积极性,提升其阅读兴趣。

高中阶段的整本书任务群在必修阶段安排1学分,18课时。应完成一部长篇小说《红楼梦》和一部学术著作《乡土中国》的阅读,重在引导学生建构整本书的阅读经验和方法,在选择性必修和选修阶段要运用这些方法阅读相关作品,不专门安排学分。总体来说,阅读整本书,应以学生利用课内外时间自助阅读、撰写笔记、交流讨论为主,不以教师的讲解代替或限制学生的阅读与思考。教师的主要任务是提出专题学习目标,组织学习活动,引导学生深入思考、讨论与交流,解答学生的疑惑,保护和支持学生阅读中的独到见解。

三、整本书阅读教学课型及评价

根据不同的分类标准,整本书阅读教学又分为很多课型,比如按照整本书阅读的推进,可以分为读前指导、读中指导和读后提升、读后展示等,根据课堂的活动方式又大致可分为导读型、交流型、展示型等。导读型指教师呈现精彩片段,通过引导学生对精彩片段的细读,激发阅读整本书的兴趣。交流型一般为学生读后围绕一些话题对整本书进行交流,彼此分享不同的观点,可以交流整本书的主题、梳理人物关系、梳理故事情节等,在交流中碰撞出思想的火花,促进再读。展示型则可让学生充分汇报自己课外阅读中的收获和成果,形式更为丰富多样,如读书笔记展示、课本剧表演、读物插图设计展示、朗诵展示等。

整本书由于阅读量大、阅读周期长,其评价方式更应多元化。总体来看,阅读评价要分阶段分步骤有序推进,终结性评价和过程性评价相结合。比如《西游记》可能要读10次课,《海底两万里》要用3~4次课推进。分阶段阅读可以让学生读起来更轻松,克服长篇巨著带来的阅读恐惧感,而分阶段评价也可促使学生反思前阶段的阅读情况,改善后阶段的阅读。此外,过程评价的方式应当丰富多样,可设置学生喜闻乐见的阅读活动,在活动中评价,比如可采用给主人公写信,写好书推荐语,制作读书小报,重拟小标题,开展专题故事会、辩论会、课本剧表演、人物采访活动,写简短的书评,写故事新编等学生感兴趣的学习方式,通过评价每一次活动来推动学生读完整本书。这样,在整本书阅读教学评价中,既有终结性评价,又有过程性评价;既有教师评价,也有同伴评价,避免评价片面化、单一化。

第二节 整本书阅读教学策略举隅

一、多管齐下,获取初步信息

如前所述,整本书阅读指导的全过程包括读前指导、读中指导和读后提升、读后展示。以下以《水浒传》为例,说明读前指导大致包括的要素。

(一)从书名入手,了解大体内容

首先,可以提问学生:这篇小说为什么叫"水浒"?《水浒传》是为谁立传?激发学生学习兴趣,经过师生讨论,明确"水浒"说明英雄不得志,流落江湖,这里就蕴含了英雄"落草"的意思,因此《水浒传》就是为失势英雄立传。顺势介绍《水浒传》别名,提示在别名里也可以看出这本书的主要内容,并介绍作者施耐庵生平,让学生对作者有初步了解。

(二)版本溯源,了解成书过程

叶圣陶先生指出:"读者读一本书,总希望得到最合于原稿的,或最为作者自己惬意的本子;因为惟有读这样的本子才可以完全窥见作者的思想感情,没有一点含糊。学生所见不广,刚与一种书接触,当然不会知道哪种本子较好;这须待教师给他们指导。"[1]古典小说成书过程漫长,由于印刷技术等问题,在传播过程中版本更为复杂,因此在进行整本书教学时,对学生进行版本溯源,了解整本书的成书过程,应该是题中应有之义。

以《水浒传》为例,在导读之前,可借助毕博、QQ等网络平台为学生发放《水浒传》版本相关资料。通过课前的预习,课上与学生梳理,需要明确:①简本与繁本两大系统,主要版本有百回本、百二十回本、七十回本等;②了解《水浒传》的成书过程,让学生了解独立的水浒故事及连缀的水浒故事,在此基础上,为学生推荐版本。《水浒传》在成书过程中版本比较复杂,影响最大的版本有三种。一种是百二十回本《忠义水浒全传》,是水浒故事最完整的一个本子,由袁无涯根据杨定见所提供的本子刻行。第二种是百回本,容与堂刊《李卓吾先生批评忠义水浒传》是较早和较有名的百回本。第三种是近三百年来最流行的七十回本,即经过明末金圣叹删改过的贯华堂本,名《第五才子书施耐庵水浒传》,删去了大聚义以后的内容。建议使用的是由人民文学出版社出版的百回本,这个版本包括每回正文前的开篇诗及楔子一篇,最接近书的原貌。而百二十回本中没有开篇诗以及楔子,百七十回本主要是金圣叹先生的点评本,个人色彩比较突出。相比之下,阅读百回本更利于学生相对完整地了解和学习这本书。此处需推荐版本并说明理由,关于版本之间的差异,由于学生并未通读整本书,此处只需略微提及,并不需要展开阐释。

(三)布置专题,制定阅读计划

通过指导学生阅读序跋,可以让学生了解更多有关《水浒传》的信息,帮助学生更好地理解整本书。在此基础上,可以为学生制定阅读计划表,如表11-2所示。

---

[1] 叶圣陶、朱自清:《精读指导举隅·略读指导举隅》,河南教育出版社1989年版,第145页。

表 11-2　制定阅读计划表

阅读时间	阅读内容(章节)	阅读感悟
第一周	第一回至第十四回	
第二周	第十五回至第二十九回	
第三周	第三十回至第四十四回	
第四周	第四十五回至第五十九回	
第五周	第六十回至第七十四回	
第六周	第七十五回至第八十九回	
第七周	第九十回至第一百回	

要求学生每天读两回,以此推进。在阅读过程中,可根据学生阅读进度,进行专题推进。比如可定三个读中指导专题(情节结构专题、人物形象专题、语言艺术专题)及一个读后指导专题,主要对阅读后产生的疑问进行讨论,对阅读中的收获进行交流。

二、巧抓回目,初步感知整本书

目录在整本书阅读中有着不容忽视的作用。叶圣陶先生说:"目录表示本书的眉目,也具有提要的性质。所以也须养成学生先看目录的习惯。"[①]《普通高中语文课程标准》(2017 年版,2020 年修订)在论及整本书阅读时强调:"利用书中的目录、序跋、注释等,学习检索作者信息、作品背景、相关评价等资料,深入研读作家作品。"章回体小说是中国古代长篇小说的主要形式,而回目是理解章回体小说的一个非常重要的窗口,它具有画龙点睛、提示情节等重要功能。在整本书阅读教学中,巧妙利用回目进行教学能提升整本书阅读教学效果,起到事半功倍的作用。

(一)一读回目,初步感知章回体特征

此教学环节的目的是让学生初步知晓回目是章回体小说一个特别重要的标志。通过研读具体目录,学生初步了解章回体小说在回目上的特点。

1. 每回两句,形式对仗

翻开目录,学生很容易就能发现《水浒传》回目形式上的特点,如"第一回　张天师祈禳瘟疫　洪太尉误走妖魔""第二回　王教头私走延安府　九纹龙大闹史家村"。每一回的回目都是由两句组成,回目中人物往往两两相生,或对比或陪衬,趣味横生,同时揭示了相应的主题。在这个教学环节需要提示学生:"中国古典小说回目从发生到发展、成熟,

---

① 叶圣陶、朱自清:《精读指导举隅·略读指导举隅》,河南教育出版社 1989 年版,第 147 页。

经历了一个长期而复杂的过程。在此历程的早期,所有的回目都是单句状态,直到《水浒传》与《西游记》这样成熟的典范性作品产生以后,回目才开始向双对演进。"①《水浒传》的回目体现了它是比较成熟的章回体小说。

从形式上看,双句对仗的回目是中国古典小说回目的成熟格式。《水浒传》回目以两句对仗的文字作标题,每句以七八字为主,如"第三回 史大郎/夜走/华阴县 鲁提辖/拳打/镇关西""第九回 柴进/门招/天下客 林冲/棒打/洪教头",偶尔也有六字的,如"第七十三回 黑旋风/乔/捉鬼 梁山泊/双/献头",对仗比较整齐,节奏鲜明,既有稳定的节奏形式,又富于变化,便于记诵。为了让学生熟悉目录,可以用填空的方式安排教学活动。比如"第九十五回 张顺魂捉方天定 宋江□□宁海军""第一百回 宋公明□□蓼儿洼 徽宗帝梦游梁山泊",在填空的过程中进一步感知传统小说回目对仗的特点,又可以激发学生学习兴趣,培养语感。

2. 花开两朵,各表一枝

再从关注回目的形式到关注其内容。《水浒传》回目一般会将主要人物放在句首,如"赵员外重修文殊院 鲁智深大闹五台山""朱贵水亭施号箭 林冲雪夜上梁山"这种结构方式所占回目最多,当然也有变化之处,比如"放冷箭燕青救主 劫法场石秀跳楼"。无论表述形式如何变化,回目都是对回内内容的高度提炼:回目大多交代清楚了人物、地点和事件,都设置了大体相对称的两段故事,具有相对独立性。通过回目的学习,可以引导学生大致明确《水浒传》和许多经典章回小说一样,回目之下的正文经常是"花开两朵,各表一枝",这也是章回体小说发展到一定阶段的显著特征。

(二)二读回目,把握整体结构特点

中国古代章回体小说的回目之间本身具有对比、铺垫、勾连、递进等关系,对整体结构具有极大的提示作用。该教学环节从单个回目的学习扩大到对整本书回目的把握,通过把握回目之间的关系,从而把握整本书的结构特征。

首先,通过对单个回目"瞻前顾后"的阅读,将前后几个回目连缀起来,基本能够发现《水浒传》人物出场特点。比如,可以让学生重点学习鲁提辖出场以后的几个回目:从"第三回 史大郎夜走华阴县 鲁提辖拳打镇关西"到"第十二回 梁山泊林冲落草 汴京城杨志卖刀",从回目上能够发现第三回至第八回重点讲述鲁智深的故事,并从第七回开始穿插叙述林冲的故事,叙事重心逐步从鲁智深过渡到林冲,而"第十二回 梁山泊林冲落草 汴京城杨志卖刀"林冲的故事告一段落后,又巧妙开启杨志的故事。总体来看,在小说前七十回中,一百零八好汉一一登场,大多采用这种写法——往往集中几回写一组

---

① 李小龙:《中国古典小说回目对叙事的控制》,《明清小说研究》,2010年第2期,第4—15页。

或一个主要人物,将其上梁山的业绩基本写完,然后引出下一组或下一个主要人物,而上一组人物则退居次要地位。这样环环相扣,以聚义梁山为线索将一个个、一批批英雄好汉串联起来,形成连环勾锁、层层推进的特点,这种结构形式被称为"连环列传体"①。为了让学生更清晰地了解结构特征,可以通过对部分回目进行圈点勾画的精读方式,用不同的符号表示出来,一目了然。与此同时,提示学生到"第七十一回 忠义堂石碣受天文 梁山泊英雄排座次"时,所有英雄全部登场,因此从结构上来说,第一回至第七十回是整本书的第一部分,七十一回以后是第二部分。可以指导学生通读七十一回以后的回目,比较其与第一部分的不同。学生不难发现:后三十回回目中宋江名字出现次数最多,"曝光率"占绝对优势,体现了宋江在梁山泊的领袖地位。后三十回正是讲述梁山好汉在宋江的带领下受招安、征辽、征方腊等故事,已由第一部分的主要写人转变为重在写事,表现梁山泊由盛而衰的过程。从整体来看,《水浒传》的情节结构是以单线纵向进行的。通过以上学习,学生对《水浒传》的结构有了一个整体把握。

(三)三读回目,梳理主要人物事迹

《水浒传》的一个巨大成就是塑造了栩栩如生的好汉形象,因此对人物形象的把握是题中应有之义。为了让学生在后面的整本书正文阅读中更为顺畅,在读前指导的回目指导环节,可以请学生通过阅读回目对人物形象进行一定的分析。

首先,章回小说的回目对故事情节具有重要的提示作用,通过分析小说人物在回目中的出现频次,学生不难找到小说的主要人物形象:宋江、林冲、鲁智深、吴用、武松等。通过讨论能够发现:作者喜用不同方式称呼同一个人,比如宋江还有宋公明、及时雨等称呼方式,鲁智深还有鲁提辖、花和尚等称呼方式,林冲还有林教头、豹子头等称呼方式,既可有效避免重复,又可从不同侧面提示人物的身份、性格等特征。学生对这种人物指称方式并不陌生,在七年级阅读《西游记》时就有所了解,比如回目中对孙悟空的称呼就有"孙悟空""孙行者""心猿""大圣"等多种方式。在此可以整理出中国传统章回体小说回目的一个典型特征。

其次,通读回目,请学生梳理英雄好汉的主要事迹,能够让他们在最短的时间内整体把握英雄人物生平,有助于在阅读正文时将人物的某一个事件放在其整个人生经历中进行考量,也有助于把握整部小说的大体故事情节,可以用思维导图形式作为支架帮助学生梳理。

最后,有些人物形象的特点在回目中已有所提示。如"鲁提辖拳打镇关西""鲁提辖大闹五台山""花和尚大闹桃花村""鲁智深火烧瓦罐寺""花和尚倒拔垂杨柳""鲁智深大

---

① 袁行霈:《中国文学史》,高等教育出版社1999年版,第54-55页。

闹野猪林""花和尚单打二龙山"……一个力大无穷、大胆鲁莽的好汉形象在其中已经可以略窥一二。再如"吴用智取生辰纲""吴学究双用连环计""吴用智赚玉麒麟""吴用智取大名府""吴学究智取文安县"……一个足智多谋的军师形象已经呼之欲出。教师可以选取有代表性的回目让学生提炼人物形象特点。

（四）四读回目，体会小说艺术手法

该教学环节通过研读回目，让学生体会小说的艺术表现手法。就《水浒传》而言，从回目上就可以看出作者写法的大胆。比如"第四回　赵员外重修文殊院　鲁智深大闹五台山""第五回　小霸王醉入销金帐　花和尚大闹桃花村""第八回　林教头刺配沧州道　鲁智深大闹野猪林"，这几回主要写鲁智深，具体事件有：大闹五台山、大闹桃花村、大闹野猪林。除了写鲁智深的各种"大闹"，回目上还可以看到"武松大闹飞云浦""花荣大闹清风寨""镇三山大闹青州道"等，标题看似重复，写来却是如何？这个问题可以引发学生阅读的兴趣。其实，这正是金圣叹曾经点评过的"正犯法"："正是故意把题目犯了，却有本事出落得无一点一画相借，以为快乐是也。"① 通过阅读目录，学生初步了解这种写法与我们平常的写法是相悖的，在后面阅读正文的过程中会更加关注作者的"正犯法"之妙。

从回目上还可以看出有些事件写得特别详细，如"第四十七回　扑天雕双修生死书　宋公明一打祝家庄""第四十八回　一丈青单捉王矮虎　宋公明两打祝家庄""第五十回　吴学究双用连环计　宋公明三打祝家庄"用了三回来写打祝家庄；"第七十八回　十节度议取梁山泊　宋公明一败高太尉""第七十九回　刘唐放火烧战船　宋江两败高太尉""第八十回　张顺凿漏海鳅船　宋江三败高太尉"也用了三回来写宋江击败高太尉，这便是金圣叹所说的"大落墨法"。② 在阅读正文之前，学生也须对此有所了解。此外，这"三打""三败"并不是在一回中完成，而是分散在三回，比如每回在叙写宋江攻打祝家庄之外，再穿插另外的故事——扑天雕双修生死书、一丈青单捉王矮虎、吴学究双用连环计，吊足了读者的胃口，这样更能激发读者阅读的兴趣，也体现了《水浒传》从话本中脱胎而出的特点。

回目也特别擅长营造独特的意境，初见回目，便会对正文将要讲述的故事背景产生丰富的联想。回目中出现地名是一种常态，这些地点的命名大多是根据小说情节需要"有意为之"的，如"梁山泊""乌龙岭""清溪洞""金沙渡""翠屏山""清风寨""野猪林""白虎堂"等，有的地名给人以清风拂面之感，有的却令人觉得危机四伏，地名本身便营造了特定的氛围。此外，《水浒传》回目中出现最多的意象是"雪""月""夜"三种意象，如"林教头风雪山神庙""武行者夜走蜈蚣岭""燕青月夜遇道君"等，可以让学生进行统计。这些意象特别适合营造紧张氛围，凸显英雄好汉的豪壮之气。有文指出，《水浒传》回目中

---

① 金圣叹：《金圣叹批评本·水浒传》，岳麓书社2015年版，第5页。
② 金圣叹：《金圣叹批评本·水浒传》，岳麓书社2015年版，第4页。

的环境意象不是随便加入的,它们在回内对人物、气氛起到烘托作用,同时在结撰故事情节上也起到穿针引线的作用。① 关于回目环境描写在文本中的作用,可提示学生在后面的正文阅读中予以特别关注。

三、巧选章节,切入整本书阅读

整本书阅读中,有些章节具有提纲挈领的作用,巧妙选择这些章节,能够让学生对整本书有大体印象,并吸引学生继续往下读。以《红楼梦》为例,该书章回多,篇幅长,人物众多,情节复杂。全书一百二十回,前五回是总纲,第六回到第一百二十回是在前五回铺叙的背景上展开的。学生可能会因为篇幅太长、意蕴深刻而读不下去,在这种情况下,带领学生读好总纲,初步绘制人物关系图,有助于降低后文的阅读难度。

长沙市明德中学蒋雁鸣老师执教的《开篇探密钥,红楼有大观》选择从《红楼梦》第一回入手,通过第一回的学习使学生梳理人物关系、故事情节;质疑提问,激发学生自主探密的兴趣和能力;合作释疑,探究甄士隐、贾雨村与贾府命运的隐喻性、关联性,整体把握《红楼梦》的创作意图,从而为此后的全书阅读做好铺垫。

该课堂教学中有三个比较重要的环节。一是初读梳理环节,蒋老师提问:第一回中,你印象深刻的人物和情节有哪些?二是细读质疑环节,教师提问:阅读第一回,你有哪些不懂的问题需要我们一起来解决?预设学生可能会提出的问题有:①《红楼梦》书名的含义是什么?为什么又叫《石头记》?②小说为什么从女娲补天说起?有什么特殊含义吗?③贾宝玉、林黛玉的前世、今生是什么?什么是三生?为什么不紧接着写宝黛的爱情发展?④一僧一道在小说中有什么作用?⑤《红楼梦》的主要内容是讲述贾府的悲欢离合,可小说第一回却为何要先写甄家的故事呢?⑥作者为什么要创作《红楼梦》?⑦《红楼梦》为什么不直接从"四大家族"写起?⑧小说主要的创作手法谐音、诗谶如何理解?这个环节的设计意图主要是鼓励学生发表自己的看法,提高学生的阅读思考力。三是深读释疑环节,蒋老师根据学生提出的问题,归类整合,集中解决比较典型的疑难问题,如《红楼梦》的主要内容是讲述贾府的悲欢离合,可小说第一回却为何要先写甄士隐和贾雨村呢?他们的命运变化与贾府的故事有着怎样的关联?有人认为,如果《红楼梦》没有第一回,仅把《红楼梦》写成"四大家族"的故事,似乎也无伤大雅。你认同吗?这个环节的设计意图是,此问题涵盖了学生提出的众多小问题,旨在引导学生站在宏观的角度整体把握《红楼梦》第一回在整本小说中的独特作用,培养学生的思辨能力,深层次激发学生阅读整本书的兴趣。

---

① 董志:《〈水浒传〉回目中的环境氛围渲染》,《南通大学学报(社会科学版)》,2011年第4期,第75-80页。

四、巧选话题,提升整本书阅读水平

有些整本书阅读难度并不是很大,故事性也很强,学生能很快进入阅读状态。对于这一类整本书,可以巧妙设计话题进行专题研讨,深入探究作品人物、作品思想意义、内涵价值、社会影响、创作艺术,促使学生将整本书读得更深入,理解得更透彻。

比如昆明市第八中学李燕童老师执教的《〈红星照耀中国〉读后提升课》便具有此特点。该课所设计的教学重难点是深入理解《红星照耀中国》中"红星"的内涵。课堂教学由两个主要环节组成,分别是:"粉碎谎言,初探'红星'"和"红星论坛,揭秘'红星'"。第一个环节围绕三个"粉碎"展开。首先是"粉碎关于红军队伍的传言",通过带领学生阅读从《红星照耀中国·探寻红色中国》及《红星照耀中国·去前线的路上》节选的部分百姓对话以及《红星照耀中国·长征》等文段对红军队伍的描述完成。其次是"粉碎关于红军政策方面的传言",通过带领学生阅读《红星照耀中国·探寻红色中国》《红星照耀中国·红星在西北》《红星在西北·苏维埃社会》等文段完成。第三个"粉碎关于红军领导人传言"通过引导学生阅读《红星照耀中国·在保安》中的几处文段完成。第二个环节"红星论坛,揭秘'红星'",首先由学生结合材料,说说"红星"的内涵是什么,然后进行总结提炼,让学生明确"红星可以是一个人,是有卓越领导、军事才能的毛泽东……红星可以是一群人,是信念坚定、勇敢顽强的红军战士;可以是心怀国家,投身革命的群众百姓……红星更是一种精神,是信仰坚定、永不放弃的决心;是一往无前、毫不畏惧的勇气;是一心为民、复兴中华的初心……"通过以上教学环节的设计,实现了"重点研读部分文段,熟悉名著情节;分析红军队伍、红军政策、红军领导人相关特点;能理解作品主题,加深对作品内涵的认识"的教学目标。

随着整本书阅读教学的推进,学生的课外阅读量有所提升,我们对整本书阅读的意义和价值有目共睹,但是在整本书阅读教学中,也需要注意几个问题,需要防止几个认识上或实践上的偏向:一是性质定位偏于狭窄,二是教学内容偏于随意,三是教学方式过度结构化,四是侧量评价偏于僵化。[①] 廓清认识,纠正偏向,通过实践不断总结经验,整本书阅读方能健康、持续发展下去,才能真正增加学生的课外阅读量,切实提升学生的语文核心素养。

设 计 与 实 施

分小组设计一个整本书阅读读前指导方案。

[①] 李卫东:《整本书阅读教学的几种偏向》,《中学语文教学》,2018年第1期,第7-10页。

国文教学的目的有二：

（一）正目的

国文一科所特具的教学目的，是："使学生对于生活所需的工具——国文——能运用，能了解，且能欣赏。"

（二）副目的

国文科与其他学科同具的教学目的，又可分为两项：

（甲）"使学生了解我国固有文化之一部分——学术和文学的流变。"

（乙）"使学生明了我国固有道德的观念及修养的方法，并培养或训练其思辨的能力。"

——蒋伯潜：《中学国文教学法》

第十二章 群文阅读教学

【学习目标】

1. 掌握群文阅读教学的基本概念及特点,明确群文阅读对中小学生语言、思维、审美、文化等方面的重要意义。

2. 能进行群文阅读教学设计及实施。

作为一种新兴的阅读教学样态,群文阅读教学是相对于单篇阅读教学的一个概念,是单篇阅读教学的有益补充,在纠正不良的阅读教学惯性、突破单篇阅读教学局限等方面发挥了引领和示范作用。

第一节 群文阅读教学概述

一、群文阅读教学的概念

较早开始群文阅读教学实践的特级教师蒋军晶在群文阅读方面有着大量成功的课例,蒋军晶老师认为"所谓'群文',顾名思义,就是在教学现场,较短的单位时间内,要呈现多篇文章,多到四五篇,甚至七八篇"[①]。

台湾小学语文教育学会理事长赵镜中较早提出群文概念,认为群文阅读教学活动是结合教材及课外读物,针对相同的议题,进行多文本的阅读教学。[②]

这是两个引用率比较高的有关群文阅读教学的阐释,蒋军晶老师的界定主要突出了群文阅读教学篇章的数量特点,不过,现在一般认为,群文阅读应该不仅仅局限于完整的文章,重要文段之间的比读也是群文阅读教学比较常见的一种样态,因此,一般比较倾向于将群文中的"文"解释为文本,既可以是完整的篇章,也可以是各种形式的文

---

① 蒋军晶:《语文课上更重要的事——关于单篇到"群文"的新思考》,《人民教育》,2012年第12期,第30-33页。

② 赵镜中:《从"教课文"到"教阅读"》,《小学语文教师》,2010年第5期,第16-18页。

段。赵镜中的界定突出了群文教学的两个关键词：议题和文本。综合以上论述，我们认为：群文阅读教学，是指师生围绕着一个或多个议题选择一组文本，而后围绕议题进行自主阅读和集体建构，最终达成共识的过程。① 对于以上阐释，需要注意以下几个方面。

（一）文本关联

群文不是多个文本的杂乱堆砌或简单相加，而是将具有某种关联的多个文本，按一定原则组合的阅读整体。如上所述，群文阅读教学中的群文不一定是文章，也可以是文段，所以统称为"文本"。通过对一组有关联性的文本展开梳理整合、拓展联系、比较异同等教学活动，促使学生在多文本阅读过程中关注语言特点、意义建构、结构特征以及写作方法等，从而使阅读由原有的读懂"一篇"走向读通"一类"。

（二）议题导向

议题是群文阅读教学的逻辑起点。所谓议题，就是一组选文中所蕴含的可以供师生展开议论的话题，一组选文中可以具有一个或者多个议题。一般认为，议题具有两个非常重要的特征：可议论性和开放性。可议论性意味着学生可以就这个议题发挥自己的创造性，充分与文本对话，从而形成不同见解，因而也就具有了开放性。

（三）任务驱动

许多群文阅读教学以各种任务驱动学生研讨文本，活动是群文阅读教学的任务分解。需要强调的是，群文阅读教学的任务应该具有典型性，整体指向学生语文核心素养的培养。分解后的学习活动应该具有语文特点，包括阅读与鉴赏、表达与交流、梳理与探究等语文实践活动。

（四）有机整合

群文阅读教学不是单篇课文教学的简单叠加，在学习内容、学习情境、学习资源和学习评价等方面均体现了有机整合。比如阅读方法的整合，单篇课文的教学可能更注重精读指导，而群文由于在单位时间内阅读量增加，必须整合各种阅读方法，才有可能完成群文阅读任务。既可以采用单篇阅读教学中经常运用的精读方法，也可以采用泛读、略读、浏览等多种阅读方法，实现慢读、速读相结合。

二、群文阅读教学的意义

语文教学的目标是全面提升学生的语文学科核心素养。语文学科核心素养包括四

---

① 于泽元、王雁玲、黄利梅：《群文阅读：从形式变化到理念变革》，《中国教育学刊》，2013 年第 6 期，第 62—66 页。

个方面:语言建构与运用、思维发展与提升、审美鉴赏与创造、文化传承与理解。有学者认为,群文阅读有助于提升学生的语文学科核心素养。①

语言建构与运用包括学生理解语言、运用语言、积累语言等方面,在课堂教学中涉及语言表达与交流、语言梳理与整合等学习活动。这是语文课堂教学的重中之重,也是语文课程有别于其他课程的最根本的特点。由于群文属于具有某种关联的同一类文本,这些文本同中有异、异中有同,能让学生更好地体会语言的多样性,丰富对这类事物认识,从而扩大自己的思想视野和情感感受的范围和深度。比如海南文昌中学徐阳老师执教的《美读感诗意,对比见真情——〈金色花〉〈荷叶母亲〉诵读与品析》一课中,《金色花》和《荷叶母亲》的语言都具有清新的特点,但是在这两篇文章中,又显示出不同的特点,《金色花》更加口语化,而《荷叶母亲》显得更为典雅。

思维发展与提升是指学生在语文学习过程中获得思维能力的发展和思维品质的提升。语言是思维的工具,也是思想的物质外壳。语言的发展与思维的发展相互依存、相辅相成,语言的训练也即思维的训练。群文阅读属于比较阅读,比较是把两种或两种以上的语文因素加以比照、分析、归纳,辨别出被比较因素的共同点和差异点,从而达到加深理解的目的,培养思维的深刻性、灵活性、批判性。河南省襄城县斌英中学孙秋备老师的《悲悯是照亮时代的光——〈唐诗三首〉教学设计》训练学生用矛盾法解读文本,通过找出《卖炭翁》中的矛盾句"可怜身上衣正单,心忧炭贱愿天寒",读出设身处地、感同身受的悲悯;通过找出《茅屋为秋风所破歌》中"归来倚仗自叹息"到"安得广厦千万间"段落的矛盾,感受自我牺牲、担荷苦难的悲悯;通过让学生找出《石壕吏》的语篇矛盾,即作者一直表明自己在场,他看见了这场悲剧,却没有任何表示,读出了理性思辨的悲悯。通过逐层推进,训练了学生的思辨能力,有助于培养学生思维的广度、深度。

审美鉴赏与创造是指通过语文课程的学习,学生所具有的发现美、体验美、欣赏美和评价美的能力及品质。语文教学中的审美鉴赏主要是鉴赏文本的语言之美、情感之美、形象之美、结构之美、章法之美……比如营口市第二十九中学张彬彬老师执教的《变与不变说人物——〈变色龙〉〈我的叔叔于勒〉〈范进中举〉群文阅读》便是对人物形象进行审美鉴赏。通过建群、起昵称、选群主、找成员等学习活动,让学生感受《变色龙》中的警官奥楚蔑洛夫、《我的叔叔于勒》中的菲利普夫妇、《范进中举》中的胡屠户等人物形象的"变"与"不变",通过一组人物的学习,让学生更加深刻地感受到唯利是图、自私势力、冷漠世故、见风使舵这一类人的本质特点,也更好地体会文本的细节刻画魅力。

文化传承与理解是指在语文学习过程中,学生能立足于中华优秀传统文化的根基,初

---

① 倪文锦:《语文核心素养视野中的群文阅读》,《课程教材教法》,2017年第6期,第44-48页。

步具有对民族文化的理解和吸收、传承和发展的能力以及吸取人类文明优秀成果的能力,并在语文学习中拓展文化视野,增强文化自觉和文化自信。比如中国人民大学附属中学朝阳学校廖瑾的《〈子路、曾晳、冉有、公西华侍坐〉——品读儒者之志》教学设计通过精读《侍坐章》,带读《论语》中其他章节,让学生深刻体会儒者之志,感受儒家文化的魅力。

第二节　群文阅读教学策略

一、组群策略

群文阅读首先涉及"文"的组合问题,根据不同的标准,有不同的组群策略。简而言之,组群是在一定的议题之下,选择一组同中有异、异中有同,具有可比性,通过比较而得出的有价值的一组文本,不可为了比较而强行比较,更不是单篇文本的简单相加。以下是几种最常见的组群方式。

(一)文体组群

通过文体来组群,是最常见的做法。比如《金色花》和《荷叶母亲》都是散文诗,都体现了散文诗的文体特点,通过比较诵读,可感受散文诗的不同语言风格,体会两文所抒发情感的不同之处。将《故都的秋》《荷塘月色》《我与地坛》组合为群文,那么议题可以确定为"把握散文的艺术特征,分析情景交融、情理结合的手法,体会不同作者通过自然景物描写表达的独特人生感悟"。这样的议题表述更贴近散文教学的核心内容,有助于教师准确定位教学目标,从而规避学习议题散漫、学习目标空泛的教学偏向。寓言善于塑造类型化的形象,寓言的形象是一种缺乏内在发展的文学形象,它在几千年的形象发展中,发展的不是形象内涵方面的内容,而是形象的种类。[①] 既可以进行中国先秦寓言的横向比较,感受庄子寓言、列子寓言、孟子寓言、韩非子寓言等的不同之处;也可以进行纵向比较,将先秦寓言与唐宋寓言比较,感受不同阶段寓言的发展特点;还可以将中西寓言进行比较,感受不同文化的魅力。群文阅读能够加深学生对寓言文体的理解,丰富相关的知识。

(二)写法组群

可以将文本的艺术技巧作为议题来组群,修辞手法、结构方法、写作手法等都可以作为组群的切入口。比如有的教师将《项链》《麦琪的礼物》《最后一片叶子》组群,指导学生认真阅读,挖掘其共性要素,深入思考其共同写作手法——情节反转的价值与魅力,促进学生读写思路的拓展。长沙市怡雅中学谭嘉慧执教的《难忘故园貌 大地赤子

---

① 吴秋林:《寓言文学概论》,辽宁少年儿童出版社1991年版,第91页。

心——《向〈土地的誓言〉〈灯笼〉学写作》的目标之一是挖掘课文写作方法,指导学生学习"意象组合法"。课堂教学过程中,谭老师首先引导学生阅读《土地的誓言》,明确该文"精选意象,叠印凸显地域特色;渲染颜色,多角度描绘大地风貌;修辞点缀,铺排浸染乡土情怀"的意象组合法特点,接着联读《灯笼》,进一步深入学习意象组合法。这也是写法组群的课例。

(三)作者组群

中小学语文教材中收录了一些作家的多篇作品,比如李白、杜甫、鲁迅等,可以将这些作家的作品加以选择组群,有利于学生整体把握作家创作情况,也有利于学生更好地把握作品。也可以将某一种具有共同之处的作家进行组群,比如有教师以"被贬的作家"为议题,将《小石潭记》(柳宗元)、《记承天寺夜游》(苏轼)、《醉翁亭记》(欧阳修)组群。这些文本中的作者共同面对被贬境遇,但在文本中表现出不同的人生状态:《小石潭记》中无法排遣的凄凉、《记承天寺夜游》中的乐观旷达、《醉翁亭记》中的与民同乐,让学生感受到了逆境中不同的人生,丰富了他们的生命体验。当然,组群的方式还有很多种,有时候一组文本可能既涉及作者组群,又涉及文体组群,甚至还有更多的组群方式。在实际操作中要灵活运用。

二、结构策略

一般来说,单篇阅读教学的课堂结构大致是导入—整体感知—精读课文—拓展延伸—布置作业等,群文阅读由于涉及多个篇目,相对而言,课堂结构更为复杂多变,具有多种形式。根据不同的划分标准,会有不同的课堂结构。以下介绍几种最为典型、最常见的群文阅读教学课堂结构。

(一)并列式

所谓并列式的教学结构,就是将群文的核心话题或主题分为几个并列的方面逐一展开教学,在单位时间内对所有的文本进行阅读教学的教学结构。这应该是最常见也是最容易操作的一种教学结构。比如海南省文昌中学奉悦老师执教的《古代两大"浪漫高手"的情怀人生——〈离骚〉〈蜀道难〉比读课教学设计》设计了两个任务。第一个任务是巧抓意象,比读鉴赏,要求学生分别找出《离骚》中与"植物"有关的诗句和《蜀道难》中与"动物"有关的诗句,明确《离骚》运用了象征、托物言志的手法,借香草塑造了唯美高洁、卓尔不群的抒情主人公形象,表达了作者不愿同流合污的感情;《蜀道难》借动物烘托渲染出环境的凶险,以此来表达对友人的不舍和担忧。让学生明确巧抓意象是比较和鉴赏诗歌的方法之一,意象的选择一定是与表达作者的情怀和心志有关的。第二个任务是综合探究,比读人生:两位诗人在诗中分别有一处"叹息",请找出两句诗歌来仔细品味,思考从中可以看出各自怎样的人生追求,再次回归文本,提醒学生关注两首诗歌中的叹息处——"太息"和"咨嗟",由此分析两位诗人为什么叹息,通过知人论世法进而探讨两位诗人不同的人生追求。该教学过程每个任务都对两篇文本进行了比较分析,是比较典型的并列式结构。徐阳老师执教的《金色花》《荷叶母亲》诵读与品析,也是一种并列式结构。课例分为五个环节:导入之后第一个环节是"听读入情",教师配乐范读两篇课文的片段,在后续"探寻美意"环节中,教师要求学生自由地朗读《金色花》和《荷叶母亲》,《金色花》要求通过想象,读出画面,抓住词句,走入角色;《荷叶母亲》要求读出情绪的变化,体会情感,从而实现"以读寻情"。接着让学生找出两篇文章中的典型语段,试着分析,实现"以声传情"。在"赏读悟情"环节,提示学生可以从主题、手法、物象、情感、语言等方面将《金色花》和《荷叶母亲》加以比较,同中求异,异中求同,深层次探究二者相同和不同的原因。最后是"朗读回味"环节。基本上每个环节都是在进行比读。一般来说,并列式结构适合文本较少的群文,三篇以上的文本使用这种并列式的概率会大大降低。

(二)辐辏式

辐辏式的教学结构即首先在群文中确定一篇核心文本,然后围绕核心文本展开群文教学。辐辏式结构应该有两种情况,一种类似于"阳光万丈",由核心文本辐射其他文本;另一种类似于"万箭穿心",由其他文本带动核心文本。黄厚江老师执教的《李白的送别诗》以李白的《渡荆门送别》为核心篇目,借助《送友人》《赠汪伦》《黄鹤楼送孟浩然之广陵》和《金陵酒肆留别》,从情感、意象、结构等不同角度解读核心文本,进而使学生深入认识李白送别诗的特点,并初步了解古代送别诗的常见写法,该课堂结构就是辐辏式结构。廖谨老师执教的《子路、曾皙、公西华、冉有侍坐章》虽是整本书阅读教学,但也可以从群文阅读的角度进行分析。该课以《子路、曾皙、公西华、冉有侍坐章》为核心,辐射《论语》中的多篇,如:

子曰:"见义不为,无勇也。"(《论语·为政》)

子适卫,冉有仆。子曰:"庶矣哉!"冉有曰:"既庶矣,又何加焉?"曰:"富之。"曰:"既富矣,又何加焉?"曰:"教之。"(《论语·子路》)

子曰:生,事之以礼;死,葬之以礼,祭之以礼。(《论语·为政》)

孔子谓季氏:"八佾舞于庭,是可忍,孰不可忍。"(《论语·八佾》)

齐鲁"夹谷之会"。"大道之行也,天下为公。选贤与能,讲信修睦。故人不独亲其亲,不独子其子,使老有所终,壮有所用,幼有所长,矜、寡、孤、独、废疾者皆有所养,男有分,女有归。货恶其弃于地也,不必藏于己;力恶其不出于身也,不必为己。是故谋闭而不兴,盗窃乱贼而不作,故外户而不闭。是谓大同。"(《礼记·礼运》)

以上语段的带读能帮助学生更深入地理解儒者之志,这种课堂结构也属于辐辏式。

(三)推进式

所谓推进式,就是围绕某一主题、依照一定顺序组织多个文本的阅读,有时候也叫串联式、伸展式。比如余映潮老师教学普希金的《假如生活欺骗了你》便是这种课堂结构。他在引导学生细读课文《假如生活欺骗了你》之后,又拓展阅读了宫玺的《假如你欺骗了生活》和邵燕祥的《假如生活重新开头》,逐步推进,加深理解,读写结合。孙秋备老师的《唐诗三首》教学设计也具有推进式特点。该课分为三个教学活动:第一个教学活动是朗读《卖炭翁》矛盾句,读出设身处地、感同身受的悲悯;第二个教学活动是品析《茅屋为秋风所破歌》矛盾段,读出自我牺牲、担荷苦难的悲悯;第三个教学活动是思辨《石壕吏》矛盾篇,读出理性厚重的悲悯。句段篇逐步推进,让学生掌握矛盾阅读方法的同时,加深对悲悯情怀的认识,这也是典型的推进式。

同组群策略一样,群文阅读的结构策略也有很多,也需要灵活运用。需要说明的是,群文阅读最忌蜻蜓点水、浮光掠影,强调群文阅读教学对多篇文本进行整体观照,并不是否定单篇文本阅读的价值。群文阅读教学本身就隐含单篇阅读和多篇比较阅读两个不同层级的思维活动。单篇阅读是多篇比较阅读的基础。群文阅读以单篇阅读为基础,二者相互补充,共同促进学生语文学科核心素养的全面提升。

设计与实施

一、请选择一个议题,进行群文阅读教学设计。

二、请就以下群文阅读教学设计进行评析。

革命女性形象——《荷花淀》《党费》群文阅读教学设计

一、教材分析

本课时所采用的课文《荷花淀》《党费》均出自统编高中语文选择性必修中册第二单元的第八课,这个单元的作品主要与革命斗争有关,围绕"苦难与新生"这个主题展开。两篇课文均为小说文体,塑造了鲜明、生动、典型的革命女性形象,她们均热爱生活、勇于革命,却又有很大的不同,且《荷花淀》清新优美,富有诗情画意,是典型的荷花淀派风格,而《党费》则体现了简约明了、节奏紧张的军旅作家风格。这便为本课进行革命女性形象的比读提供了依据。本课将引导学生比读《荷花淀》和《党费》的环境描写、人物刻画等方面,在此过程中感受流派风格特点,渗透革命女性的成长主题,引导学生学习革命女性不怕牺牲、甘于奉献的革命精神,激发其奋斗向上的精神力量。

二、学情分析

教学对象为高中二年级学生,他们经过一段时间的学习已经初步掌握了高中语文学习的节奏,有了一定的语文学习能力。根据课文特点,需要将群文教学重点放在人物分析上,在教学中要充分发挥学生的主动性,引导学生自己发掘异同之处,学习不同题材作品的特征,通过对比学习描写人物的方法,尤其是语言描写、细节描写,并锻炼其运用能力。帮助学生理解革命志士的高尚品质,培养其革命精神。

三、教学目标

1.能用对比的方法进行小说比读,得出有意义的结论。

2.掌握人物描写的方法,能通过语言、神态、动作、细节等方面分析人物形象。

3.分析革命女性形象,反思现在,体会、激发革命斗争精神。

四、教学重难点

掌握人物描写的方法,通过语言、神态、动作、细节分析人物形象。

五、教法学法

任务驱动法、小组讨论法、朗读法、情景设计法。

六、课时安排

1课时。

七、教学过程设计

教学内容	教师活动	学生活动	设计意图
任务一:精心比对设环境。			
活动1:拍摄电影,析环境 活动2:背景拓展,明风格	引导语:学校准备举行革命题材微电影展,我们准备把《荷花淀》和《党费》拍成微电影,请同学们快速通读课文,看看你准备给这两部微电影设置什么样的环境。 引导语:同样是在战火纷飞的年代,故事发生的环境为什么完全不同呢?请同学们说一说。	分小组讨论,全班交流。 预设:①自然环境对比,如"现在已经快到晌午了……水像无边的跳荡的水银。""她们奔着那不知道有几亩的荷花淀去……是监视白洋淀的哨兵吧。"描写了美丽、如诗如画的白洋淀;"可是,现在呢,鸦雀无声,连个火亮儿也没有,黑沉沉的,活像个乱葬岗子。"表现了八里坳没有生机、冰冷、恐怖。 ②家庭环境对比,如"月亮升起来,院子里凉爽得很,干净得很。",这是《荷花淀》温馨和谐的小家庭;"这是一间用竹篱子糊了泥搭成的窝棚……上面堆着一些破烂家具和几捆甘蔗梢子……",这是《党费》中贫穷、脏乱、可怜的家。 讨论,交流。 明确:《荷花淀》中的环境描写体现了荷花派小说的特点;《党费》中的环境则是革命历史题材小说中的典型环境。	引导学生寻找描写环境的句子,比较环境的不同。 从环境的不同出发,引导学生感受荷花淀派诗化小说和革命历史题材小说的异同,体会其特点。

续表

教学内容	教师活动	学生活动	设计意图
过渡： 我们已经看到了诗画一般的白洋淀和死气沉沉的八里坳，看到了两个同样贫穷，但一个温馨、另一个冰冷的小家，完成了微电影的环境设置。现在人物要出场了，如果让你来拍摄人物，你最想采用文中的哪些片段来塑造人物，为什么？			
任务二：步步为营塑人物。			
活动1：精选片段，刻画人物	引导语：请同学们3~4人为一组，你会选择哪些片段来塑造人物，为什么？ 点拨：语言描写。 点拨：动作描写和对比。 引导语：微电影还需要特写镜头，同学们想一想，两篇小说我们可以选择哪些特写镜头？ 点拨：神态描写和对比。	讨论交流，比如：①"女人没有说话，过了一会儿，她才说：'你走，我不拦你。家里怎么办？'""听说他们还在这里没走。我不拖尾巴，可是忘下了一件衣裳。""我有句要紧的话，得和他说说。"等句表现水生嫂们深明大义、内敛、羞涩的特点。②"同志，你不知道，一跟党断了联系，就跟断了线的风筝似的，真不是味儿！……有你们在，有我们在，咱们想法儿把红旗再打起来！""知道了还问什么！""程同志，往西跑啊！""孩子，好好地听妈妈的话！"等句表现了黄新临危不惧、沉着冷静、直白的特点。 讨论交流：①"这几个青年妇女咬紧牙，制止住心跳，摇橹的手并没有慌。"表现了水生嫂们临危不惧、沉着冷静、技艺高超的特点。②"她妈一扭头看见了，瞅了瞅孩子，又瞅了瞅箩筐里的菜，忙伸手把那根菜拿过来。孩子哇的一声哭了"表现黄新爱党爱人民、心怀革命大爱的特点。 小组讨论交流，朗读表演。明确：①"女人鼻子有些酸，但她并没有哭。""女人流着眼泪答应了他。"等句表现了水生嫂对丈夫的爱、不舍与坚强。②"她一霎间变得严肃起来，板着脸，说话也完全不像刚才那么柔声和气了。""只见她扭过头来，两眼直盯着被惊呆了的孩子。"表现了黄新对孩子的爱、不舍与冷静。	采用小组讨论法，充分调动学生的学习积极性，发挥学生的主体性。 用朗读法、表演法、提问法加深学生对人物的体会，调动学生学习的主动性。
活动2：紧扣特写，品味人物			

续表

教学内容	教师活动	学生活动	设计意图
活动3:比对外貌,体会风格	点拨:细节描写。 引导语:咱们用片段刻画了人物,用特写表现了人物,现在我们要选演员了,应该选什么样的演员呢?	讨论交流,明确:①"女人的手指震动了一下,想是叫苇眉子划破了手。她把一个手指放在嘴里吮了一下。"体现了水生嫂深明大义、坚强勇敢、沉稳果断的特点;②"她揭起衣裳,把衣裳里子撕开,掏出了一个纸包。纸包里是一张党证,已经磨损得很旧了,可那上面印的镰刀锤头和县委的印章都还鲜红鲜红的。"表现了黄新拥有信仰、对党忠诚的革命精神。 讨论交流,明确:①《荷花淀》没有具体的外貌描写,体会其写意风格以及诗化小说的特点;②《党费》"头发往上拢着,挽了个髻子……看去是那么和善、安详又机警。"突出了其革命女性利落、机警的特点。	让学生把握外貌描写,深化荷花淀派诗化小说的特点,让学生全面深入地理解人物形象。
任务三:联系生活悟主题。			
活动1:小组讨论悟成长 活动2:联系生活精神传	引导语:有人说,《荷花淀》是一部书写成长的小说,你同意吗? 引导语:还有人说,《党费》也隐含着成长主题,你同意吗? 引导语:微电影的最后需要运用快闪的方式,展现其他革命女性,除了她们之外,你还知道哪些革命女性呢? 引导语:当今时代,你知道还有哪些女性具有敢于奉献、敢于牺牲的革命精神?	讨论交流,明确:水生嫂们成长了,残酷的战争环境促使人的思想性格成长成熟,她们从贤惠、温顺、内敛的农村妇女,成长为勇敢抗战的革命战士,成为"黄新",这正是中国女性的成长,是中国人民的成长。 讨论交流,明确:《党费》中的"我"成长了,女性成为帮助他人成长的力量。 讨论交流,明确:江姐、刘胡兰、刘和珍等。 讨论交流,明确:屠呦呦、杨倩、张桂梅以及无数女性基层工作者、女性医务人员、女警察等,她们都在自己的岗位上发光发热。革命年代已经结束,她们依旧闪烁着光辉,那是精神的传承。	渗透革命女性的成长主题,引导学生学习革命女性不怕牺牲、甘于奉献的革命精神,激发学生奋斗向上的精神力量。 启发学生与现实结合,落眼于当代,以培养学生的革命战斗精神。

续表

教学内容	教师活动	学生活动	设计意图
课堂小结:通过本堂课的学习,我们掌握了刻画人物的方法,对革命女性有了更深的认识。中国共产党成立100多年来,出现了无数让我们感动的女性形象。从府门喋血的刘和珍君,到荷花淀中摇着船的水生嫂,再到拿着鲜红的党证的黄新,到如今挺身而出的抗疫女性医护人员,女性的力量从未缺席。希望各位同学,不论是男性还是女性,都能践行这种革命精神,贡献青春力量。			

读文是吸收知识,发展知识的判断力;作文是运化知识,发展知识的发表力。读文好比蚕的吃桑叶,作文好比蚕的吐丝。吃了桑叶不会吐丝的蚕是没有用的;吃了桑叶仍吐桑叶的蚕,是消化器患了病的瘟蚕。我们要看所吃的桑叶好不好,消不消化,原要看他吐丝的成绩如何!

——阮真:《中学作文教学研究》

第十三章 写作教学

【学习目标】
1. 掌握写作教学的课程目标及教材编排情况。
2. 能自主进行写作教学设计与实施。

写作教学在中小学一直受到特殊的关注,每年的语文高考一结束,高考作文题很快便成为热点话题,引起广泛关注。其原因有三。第一,写作是语文学科最重要的课程内容之一,在语文设科的百年历程中,写作教学和阅读教学几乎各占半壁江山;第二,写作是语文考试的必考内容,并且在语文考试中,写作题通常是所占分值最大的一道题,写作在语文测评中举足轻重的地位,使其不仅在语文教学中备受重视,而且牵动着语文教育圈内外人士的敏感神经;第三,写作是一种具有高度综合性、创造性的言语活动,往往从一篇作文就能看出写作者语文素养的高低。因此,新中国成立后,几乎历次大纲都强调写作是衡量学生语文水平的重要尺度。

第一节 写作课程目标概述

传统写作理念对中小学写作教学目标有深远影响,《义务教育语文课程标准》(2022年版)充分吸收了传统写作教学理念的精髓,至少体现在以下几个方面。

第一,注重积累修炼。许多古人表达了积累修炼在作文中的重要性,比如韩愈《答李翊书》中说:"无望其速成,无诱于势利,养其根而俟其实,加其膏而希其光。根之茂者其实遂,膏之沃者其光晔。"拥有丰富的积累,才能写出漂亮文章。有些中小学生作文无病呻吟、言之无物,究其原因,很重要的一点就是缺乏积累。那么如何才能丰富积累呢?课程标准指出:"对写话有兴趣,留心周围事物,写自己想说的话,写想象中的事物。"(第一学段);"观察周围世界,能不拘形式地写下自己的见闻、感受和想象,注意把自己觉得新奇有趣或印象最深、最受感动的内容写清楚。"(第二学段);"养成留心观察周围事物的习惯,有意识地丰富自己的见闻,珍视个人的独特感受,积累习作素材。"(第三学段);"写作要有真情实感,力求表达自己对自然、社会、人生的感受、体验和思考。"(第四学段)。这些课程目标都涉及认识世界、积累素材方面,为的是解决学生写作"无米之炊"的问题。

第二,修辞立其诚。育人训练是作文训练的重要内容之一,它包括提高思想道德素质,提高学生心理素质,培养高尚的审美情趣,培养良好的个性修养,培养美的文德文风和写作习惯等内容。朱自清先生称写作是"生活技术的训练——说是做人的训练也无不可"①。正如《周易·文言传》所言:"修辞立其诚,所以居业也。"课程标准的"实施建议"要求学生说真话、实话、心里话,不说假话、空话、套话,并且抵制抄袭行为,这便是对"修辞立其诚"的诠释。如何在写作中落实呢?课程标准强调"写自己想说的话"(第一学段),"能不拘形式地写下自己的见闻、感受和想象,注意把自己觉得新奇有趣或印象最深、最受感动的内容写清楚。"(第二学段),"珍视个人的独特感受"(第三学段),"写作要有真情实感,力求表达自己对自然、社会、人生的感受、体验和思考。"(第四学段)。这些课程目标都突显了表达个体独特感受的重要性,也是对当前作文虚假连篇问题的有力纠偏。

第三,先放后收。谢枋得在《文章轨范》中提出"凡学文,初要胆大,终要心小——由粗入细,由繁入简,由豪荡入纯粹。此集皆粗枝大叶之文……初学熟之,开广其胸襟,发舒其志气,但见文之易,不见文之难,必能放言高论,笔端不窘束矣",这提醒我们在写作初始阶段应该放开让学生写。《义务教育语文课程标准》(2022年版)中的实用性阅读与交流、文学阅读与创意表达、思辨性阅读与表达三个发展型学习任务群均涉及写作教学,且多次强调安排各种学习活动应注意不同学段特点,避免操之过急、求之过深,体现了循序渐进、先放后收的思想。首先要让学生喜欢写、愿意写,在后续学习中才可能写出优秀文章,如果一开始就给学生过多的条条框框,让他们对写作产生畏难情绪,他们就很难写好作文。

写作教学还要注重思维训练、多作多改、读写结合等,比如第一学段"写想象中的事物"、第二学段"能不拘形式地写下自己的见闻、感受和想象"、第三学段"能写简单的记实作文和想象作文"、第四学段要求"运用联想和想象"都强调了想象能力训练。与此相适应,教材中多角度、多层面编排了想象作文训练,涉及童话故事编写、想象未来生活、续写故事、续编生活故事等。课程标准还强调了形象思维和逻辑思维训练,以逻辑思维为例,第三学段提出"能根据内容表达的需要,分段表述",第四学段要求"合理安排内容的先后和详略,条理清楚地表达自己的意思"等,教材也编排了"说明的顺序""议论要言之有据"等相关内容支撑课程目标的达成。此外还有语言训练,包括写作中要尝试使用

---

① 蔡清富、孙可中、朱金顺:《朱自清选集(第三卷)·论语文教育》,河南教育出版社1989年版,第38页。

"阅读和生活中学到的词语""有新鲜感的词句",做到语句通顺等。课程目标还强调了修改的重要性,比如第四学段要求"能与他人交流写作心得,互相评改作文,以分享感受,沟通见解"等。

第二节 统编初中语文教材写作教学编排

统编初中语文教材的写作系统囊括了初中三个年级六本教材的写作知识。每本教材六个单元,根据文体特点在每单元之后设置独立的写作专题,初中三个年级共设置35个写作专题(九年级下册第五单元戏剧单元没有安排写作任务)。每一个写作专题都由两部分组成:第一部分是写作知识短文,第二部分是三个写作实践。具体写作内容安排如表 13-1 所示。

表 13-1 统编初中语文教材具体写作内容安排

年级	序号	写作内容
七年级上册	1	热爱生活,热爱写作
	2	学会记事
	3	写人要抓住特点
	4	思路要清晰
	5	如何突出中心
	6	发挥联想和想象
七年级下册	1	写出人物的精神
	2	学习抒情
	3	抓住细节
	4	怎样选材
	5	文从字顺
	6	语言简明
八年级上册	1	新闻写作
	2	学写传记
	3	学习描写景物
	4	语言要连贯
	5	说明事物要抓住特征
	6	表达要得体

续表

年级	序号	写作内容
八年级下册	1	学习仿写
	2	说明的顺序
	3	学写读后感
	4	撰写演讲稿
	5	学写游记
	6	学写故事
九年级上册	1	尝试创作（诗歌）
	2	观点要明确
	3	议论要言之有据
	4	学习缩写
	5	论证要合理
	6	学习改写
九年级下册	1	学习扩写
	2	审题立意
	3	布局谋篇
	4	修改润色
	5	无
	6	有创意地表达

总体来看，编排呈现出如下特点。

第一，写作知识丰富。从教材编排来看，每次写作训练基本由两个部分组成：知识短文和写作实践。知识短文一般援引单元课文，深入浅出地讲解某种写作知识。比如八年级上册《说明事物要抓住特征》的知识短文以《中国石拱桥》《梦回繁华》《清明上河图》等为例，指出：抓住事物的特征要善于观察和比较；除了突出每个事物的独特之处，还要注意表现一类事物的共同特点；恰当引用资料，有利于说清楚事物的特征；可以运用一些生动形象的说明方法。学生通过阅读知识短文基本能够掌握某一项写作知识。教材中的写作知识涉及各个方面，内容丰富。

第二，形成了一定的写作教学序列。从写作教材编排来看，既注重学生独立作文能力的训练，又注重文体写作能力的训练和改编式写作能力的训练；既包括写作动态过程，如审题立意、怎样选材、布局谋篇、修改润色等，又有文章静态要素，如表达方式训练包括记叙、议论、抒情、描写,语言训练细分为文从字顺、语言简明、语言连贯、表达得体等。在文体写作方面,既有虚拟的教学文体如记叙文、说明文、议论文的训练,又有日常文体的训练如新闻、传记、读后感、演讲稿、诗歌等。这些不同的写作内容穿插编排,给人以灵动之感,容易激发学生学习的兴趣。

第三,注重搭建支架。每个单元的写作知识短文有助于学生理解写作要点,后面的写作实践则注重循序渐进、从易到难,通过各种支架搭建,既给授课教师使用的弹性空间,又有助于学生完成各项写作任务。

第三节 写作教学方法

写作教学方法多种多样,此处列举几种常用的写作教学方法。

一、范文引路法

在写作前指导学生学习范文,指导学生领悟写法,从中汲取营养,比如丁锋老师的《学会记事》的作文教学设计,该教学设计一共分为"五步三关"[①]。

第一步——亮日记:呈现问题,学策略。日记是:"今天,一只小虫子在我们旁边飞。雯雯被吓得半死。我捉住虫子,把它扔到外面去了。"师生交流,明确这则日记的问题是时间地点不明,过于简单,不具体不生动。针对此问题,开始下面的闯关学习活动。

第二步——第一关:抓住要素,写清楚。以《秋天的怀念》为例,让学生明确作者在交代时间、地点这些要素时,有时候是直接交代,有时候是间接交代,间接交代可以通过环境、特定的事物以及情节来暗示。以《散步》为例,让学生明确在记叙事情的经过时,要重点突出有价值的部分。然后让学生以此为例修改作文的时间、地点及经过。

第三步——第二关:添加细节,写具体。以《秋天的怀念》片段描写为例,让学生明确动作细节表现了"我"的暴怒无常,动作和神态细节表现了母亲对"我"的理解、担忧、焦急的复杂心态。以此为例,让学生增加细节描写修改短文。

第四步——第三关:融入情感,写真切。该教学环节还是以《秋天的怀念》和《散步》为例,让学生明确可以直接抒情,也可以通过心理描写表达自己的感受,再次让学生修改作文,要求在相关地方穿插作者的感受、感情等。在第一步中出示需要升格的作文:通过"三关"的逐步改进,最后的升格作文为:

[①] 丁锋:《〈学会记事〉教学设计——部编〈语文〉七上第二单元写作教学设计》,《语文教学通讯》,2017年第10期,第69-70页。

同桌雯雯怕虫子怕得要死。

"嗡——嗡——"啊,什么声音?我一抬头,瞥见一只黑色的虫子,好不惬意地乱飞。我条件反射地瞥向旁边的雯雯,她也正疑惑地往我刚看的方向看。"虫子,虫子!"那只虫子像是听懂了她的话,打着圈朝我们飞过来。雯雯脸色瞬间煞白,又惊恐地尖叫一声,双手在空中胡乱舞动着。虫子一个俯冲,朝她脚边飞去,她吓得直跺脚。她满眼无助,欲哭无泪,两眼直直地看着我:"快把虫子赶走——"

我被她逗乐了,这个雯雯啊,真丢咱女生的脸,看我的!待那只虫子落地,我一把捂住,然后小心翼翼捏起它,送它离开这"是非之地",到窗外广阔的天地里去了。

小虫,你可别再吓唬我们雯雯宝宝啦!

第五步:总结方法,布置练习。这个作文教学课例不仅呈现如何记事的范文,而且通过这个升格例子向学生展示了升格记事的过程,总结了如何记事的方法:抓住要素,写清楚;添加细节,写具体和融入感情,写真切。通过教材中的课文范例明示方法,让学生"有法可依"。

二、创设情境法

创设情境的作文教学方法不仅能够很好地解决学生没有写作素材的问题,而且能够激发学生的写作动机。著名语文教育家李吉林老师的"情境教学法"摘得首届基础教育国家级教学成果奖特等奖,她的情境教育体系被誉为"新时代教育改革的壮丽画卷"[1]。"情境教学法"中的情境被称为"人为优化的情境",是富有教育内涵的生活空间和多维互动的心理场,也是情景交融的教育场域和理寓其中的靶向情境。[2] "情境作文主张将作文'镶嵌'在丰富多彩的活动中,'浸泡'在浓浓的生活'汁液'里,用生活的方式写生活,使作文真正成为由内而外的、灵动的东西,成为生命历程的表达。""情境教育十分注重在优化的情境中强化学生的感受,将'强化感受性'作为情境教学的原则之一。""情境作文通过引导学生在情境中体验,将生活引入内心,从内心出发进行表达,用文字将生活定格,并'储藏'起来,继续拥有,从而使生活的滋味更醇厚,更温热,更美好。"[3] 创设情境的方法多种多样,比如通过画面创设情境,通过音乐创设情境,通过视频创设情境,通过教师的讲述创设情境,等等。

除李吉林老师之外,许多教师通过创设各种情境设计了优秀的作文课堂,令人耳目

---

[1] 陶西平:《新时代教育改革的壮丽画卷——从情境教学到情境教育》,《中国教育学刊》,2016年第10期,第1页。

[2] 王灿明:《情境:意涵、特征与建构——李吉林的情境观探析》,《教育研究》,2020年第9期,第81-89页。

[3] 施建平:《以生活润泽童心 以真情叙写生命——情境作文的探索》,《人民教育》,2013年第15-16期,第40-43页。

一新。如靳家彦老师执教的《音响作文》就是通过教师的声音模拟创设各种情境,让孩子们发挥想象力,写出了颇具新意的作文。闫学老师执教的《假如你给老鼠吃饼干》主要是通过绘本创设情境,课堂氛围轻松愉悦。通过"绘本阅读,启发想象""续编故事,交流想象""绘本续读,修改故事""故事再悟,学会感恩"四个步骤,由观察到想象、由读到写、由扶到放、由说到写、由仿到创、由浅入深,培养孩子们的写作能力。王崧舟老师执教的《亲情测试》也是创设情境的经典作文指导案例,该课将心理学的一个实验引入课堂,通过设计"你生命中最亲近的五个人是谁,为什么""如果让这五个人离开,你会让谁最先离开"等问题,创设了一个又一个虚拟的极致情境,课堂共分为四个环节:第一部分是"忆,擦亮五个名字的圣洁之光";第二部分是"划,体验不能承受的生命之重";第三部分是"写,倾听自己最隐秘的心灵之声";第四部分是"悟,点亮习焉不察的成长之思"。在这个特殊的环境中,王崧舟老师通过极具感染力的语言创设情境,然后运用渲染、夸张、暗示、聚焦、记叙交流、回忆联想等方式,让学生情感达到极致状态。王崧舟老师认为该教学情境设置的妙处在于:第一,以深度的情感体验唤醒学生沉睡的言语生命欲求;第二,以共通的言语生命欲求重构言说之弦的谐振;第三,以言语表现方式治疗和救赎虚拟的精神创伤。该课例写前侧重于创设情境、激发情感,让学生有话可写、有情可抒、不吐不快;写后侧重于写作方法指导,着眼于写作能力的培养。

三、知识渗透法

在作文指导中,渗透写作知识,可谓"明里探讨"。何捷老师执教的《情节!情节》便渗透了写作知识。该课教学过程大致如下:

一、何为情节?(明确情节之"三有":有情感、有联系、有故事)

二、看图基本功。(明确看图基本功:看得见,用眼;看不见,用心;出示《祖母与猫》的四幅图,图片来自日本摄影师美代子拍摄的系列作品《祖母与猫》)

三、写一写。(列一串"我需要"的情节清单。例:老人的名字)

交流汇报情节清单。思考:故事雷同了怎么办,怎样让自己的故事与众不同?建议:用儿童最擅长的办法——想象!把自己送到图中去,故事就活了!

结合画面,展开想象,写一段有"我"参与的故事。例:我对老人的采访,我与老人的交往……

四、实话实说,你编写的《老人与猫》的故事,读者会爱看吗?故事的看点在哪里?(明确:看点可以是情节,"文如看山不喜平",好的情节要有冲突、转折、变化,甚至具有颠覆性);出示两种情节的构思:一路平铺和急转变向。让学生明确情节构思的特点。写一写。

五、思考:设定情节之后,该怎样让故事有亮点?(明确:亮点藏在细节里,找准能打

动读者的细节,描写刻画,让故事更好看)

六、作文拟题艺术。(明确如何拟题)

七、修改的重要性。

海明威:"第一遍的文章,就像一堆臭狗屎。"

鲁迅:"文章不是写出来的,而是改出来的。"

何捷:"写作就是不停的修改,永远也没有写完的时候。"

叶黎明老师认为此课选材很灵活、指导有亮点、教学有趣味。该课不仅用图片创设情境,而且在教学过程中巧妙渗透写作知识,比如多图习作要注意图片之间的关联性,第一人称叙事的妙处(把自己"送"到图中去),好的情节具有冲突、转折、变化甚至颠覆性的特点,细节描写的好处,修改的妙处等,几乎每个教学环节都有隐含的写作知识。学生能够将丰富的写作知识运用到其他写作活动中,实现方法的迁移。

四、任务驱动法

任务驱动法主要是通过设置一个个情境任务,来培养学生的写作能力。比如胡晓东老师执教的《说明顺序的选择》,就运用了任务驱动的方式。该课大致情况如下。

一、导入:熟悉说明对象,准备说明内容

师:同学们都戴过手表,昨天发给大家一张关于手表相关知识的资料,大家都读过了吗?

师:文字有些长,大家能全读下来,很不错。课前,我已经给大家观察了几块手表。这里还有一些图片,大家再看看,请把你对手表的观察与了解和大家分享一下吧!

二、根据说明内容确定说明顺序

师:如果以"手表"作题目,写一篇说明性的文章,你会从刚才说的内容中选择什么来写?又会选择什么顺序来写呢?

师:大家发现没有,同样的内容,可以采用不同的顺序:既可以按逻辑顺序,由主要到次要;也可以按时间顺序,从古到今介绍它的功能逐渐在更新和完善。当然还有空间顺序。想一想,说明顺序的选择,跟什么有关?

三、设置交流情境,训练说明技巧

1.从交流目的出发选择说明顺序

如果你看中了一块手表,想让爸爸妈妈买来作为生日礼物送给你,你会怎样介绍呢?

2.针对交流对象调整说明顺序

师:我们大多数同学都有手表,相信你的手表也是你精挑细选买来的。如果你心仪的手表被爷爷奶奶或者弟弟妹妹看中了,也想买一块跟你一样的或者类似的,你又该如何向他们介绍呢？我们拟写一个提纲吧！

师：通过讨论，我们看出，无论是向别人要一块手表，还是向别人介绍手表，其间是有差异的。向爸爸妈妈介绍手表，是因为我们有需求；向别人介绍手表，是让他们去买，同时也是在关注别人的需求。在生活中进行写作的话，一定要关注这个方面。

四、课堂小结

上述作文教学课例设置了两个任务情境，一是"如果你看中了一块手表，想让爸爸妈妈买来作为生日礼物送给你，你会怎样介绍呢？"，二是"如果你心仪的手表被爷爷奶奶或者弟弟妹妹看中了，也想买一块跟你一样的或者类似的，你又该如何向他们介绍呢？"，这两个任务有不同的目标，一个是说服父母为自己买一块手表，重在介绍手表对自己的重要性，另一个是向想买这块表的亲人介绍这块表，重在介绍表的特点，而且根据不同对象的年龄特点、需求特点来确定不同的介绍策略，一个是从交流目的出发选择说明顺序，另一个是针对不同的交流对象调整说明顺序。以上教学环节培养了学生在写作中选择说明顺序的能力，不过，课无完课，写作教学研究专家叶黎明老师指出，如果设置诸如工厂、商场、旅游景点、手表维修点等任务情境，学生对手表的介绍可能会更有特点，无论是在内容的选择还是在说明顺序的选择上可能会更有区分度。

五、写后讲评

作文讲评是师生之间、学生之间进行讨论、评议、修改作文的过程，是师生共同参与的教学活动。作文讲评的目的在于发扬优点，鼓励进步，互相启发，取长补短。作文讲评的方式有很多，比如综合式讲评，这种讲评一般是以教师综述为主，先从中心思想、写作方法、遣词造句等方面对全体学生的情况进行全面概括和总结，指出共同性的问题，归纳出几条正反对比的经验教训。优点是学生可以较为全面地了解自己和别人作文的情况，扬长避短。不足之处是内容不够深入，学生的印象不深。再如专题式讲评，这种讲评主要是抓住作文中一两个主要问题或突出的普遍性问题，结合有关写作知识进行深入的讲评。还有小组合作式讲评，这种讲评方式能充分调动学生的积极性，以学生为主体来进行作文讲评。学生以评阅者的视角审视同学文章，可以观照自己写作过程中可能出现的问题。此外，还有欣赏式讲评、典型式讲评、对比式讲评等多种方式。

著名语文教育家于漪老师对写后讲评很有研究，比如她执教的《一件小事》讲评课，讲评目的是：懂得选材要严、开掘要深的道理；培养观察生活认识社会的能力；懂得叙事须有详略、宾主、虚实的安排，能寓情寓理；运用印发的习作进行口头作文的训练。讲评材料如下：《一件小事》习作三篇，课文《我的老师》片段和鲁迅作品《一件小事》的片段。讲评方法如下。首先让学生阅读三篇习作，师生交流，综合评论。在该环节提问：这几篇习作各记叙了什么事？文中的事反映了怎样的主题思想，它们中有无深浅的分别，原因何在？这几篇习作在事情的叙述上各有什么特点？你认为这样表达能否充分地显示文章的主题思想，为什么？尔后要求学生就三篇习作中的材料重新结构篇章，需注意做到充分表现主题思想。每个同学就一篇习作中的材料思考两种结构情节的方案，口头叙述如此设计篇章结构的原因。在这个过程中，可训练学生的口头作文能力以及发散性思维能力。最后一个环节是赏析借鉴鲁迅的《一件小事》片段，加深体会。训练扎实有章法，学生的写作水平能够稳步提升。小学语文特级教师管建刚老师的写作教学也颇有特色，倡导"先写后教，以写定教"，管建刚作文讲评课一般环节为欣赏、"挑刺"和指导。其独到之处主要在于无论是欣赏、"挑刺"还是指导环节，都能够结合小学生身心发展特点及语文素养的现实情况，用学生喜闻乐见的方式概括出诸如"开始病""然后病"等学生作文中容易出现的语病，既高屋建瓴，又接地气，这种极具针对性的作文指导方法也能切实提高学生的写作水平。

设 计 与 实 施

任选一个单元作文进行教学设计。

话法本来比读法重要些,而且要用在读法教学之先,因为读法是教学"阅看文字",而话法是教学"运用语言";儿童运用语言的本能和经验,比阅看文字来得多而且早。所以国语的读、写、作种种教学,乃至其他各科的教学,都是从"说话"方面打进来的。所以话法教学实在是一切教学入手的基础,而一切教学又处处都有施行话法教学的机会。

——黎锦熙:《新著国语教学法》

第十四章 口语交际教学

【学习目标】
1. 明确课程标准对口语交际教学的要求。
2. 掌握口语交际教学策略。

第一节 口语交际教学概述

一、口语交际的概念

现代语言学认为，口语交际是一种人们（交际双方）依照一定的目的，运用口头语言和适当的体态语言进行信息交流和思想感情沟通的言语活动，或者说是人们在特定的情境中，为完成某种交际任务，针对特定对象，借助于标准的口语（有声语言）和非口语（态势语言）进行的一种听说沟通和双向反馈的言语实践活动。① 口语交际素养包括交际内容知识、交际基本技能、交际高级技能、交际情感态度等。

二、口语交际在教材中的编排情况

《义务教育语文课程标准》（2022年版）总目标中"学会倾听与表达，初步学会用口头语言文明地进行人际沟通和社会交往"这一条目标指向口语交际教学，并在四个学段的表达与交流学习活动中分学段提出了要求。与之前的各种版本相比，统编教材的口语交际训练数量变少了，但是要求并没有降低，且更加科学化。总体来看，有如下特点。

第一，交际话题全部来自学生的生活，包括校园生活、家庭生活、社会生活等各方面。比如《我说你做》《用多大的声音》都涉及口语交际中说话的音量问题，场景包括教室、图书馆、办公室、操场等，几乎所有的场景都是从学生熟悉的生活里精心挑选出来的，有较强的针对性，对学生的日常生活有很强的指导意义。同时，这些话题符合学生

---

① 何更生：《新编语文教学论》，安徽师范大学出版社2018年版，第203页。

的身心特点,让学生有话可说,容易使学生快速地参与到交际的实践活动中,积极地去体验、交流。第四学段的《讲述》《应对》《即席讲话》《讨论》等口语交际内容设计的场景也是学生非常熟悉的生活场景。

第二,独立编排。统编教材将口语交际单列编排,并对课程标准提出的学段目标进行分解细化,口语交际教学的编排有力支撑了口语交际课程目标,并体现了语文教学目标达成的螺旋式上升的特点。大多数交际活动的编排设计体现出前后兼顾的特点,强调在反复训练、不断强化中培养学生的口语交际能力。比如一年级上册《我说你做》要求:"大声说,让别人听得见。注意听别人说话。"在后续口语交际训练中,要求与同学相互之间做自我介绍时,也要求做到"大声说,让别人听得见。注意听别人说话"。再比如六年级上册第二单元安排了一个演讲的口语交际活动,要求"语气语调适当、姿态大方;演讲时利用停顿、重复或者辅以动作强调要点,增强表现力"。在八年级则有专门的演讲词单元,教材要求在撰写演讲稿的基础上举办演讲会,让学生更进一步了解演讲的特点,培养演讲能力。这样的编排,有利于对某种口语交际能力进行反复训练,从而形成循序渐进、螺旋上升的训练体系。

第三,目标明晰。统编教材用小贴士的形式明晰了每次口语交际的学习目标,比如,口语交际《我说你做》的小贴士为"大声说,让别人听得见""注意听别人说话";《我们做朋友》的小贴士是"说话的时候看着对方的眼睛";《说话的声音》的小贴士是"有时候要大声说话,有时候要小声说话";《小兔搬南瓜》的小贴士是"大胆说出自己的想法"。泡泡贴大多对口语交际的双方提出要求,注重交际性,是对之前听话说话训练只注重听话能力或说话能力单方面训练的优化。泡泡贴的呈现方式生动形象,学生喜闻乐见;从教师的角度来说,每次口语交际目标清晰明了,便于教师在执教时抓住学习要素。第四学段的口语交际教材编排与小学阶段稍有不同,一般由两个部分组成:第一部分是口语交际知识短文,通过知识短文让学生把握口语交际的核心知识,明确口语交际的目标,从而在实践中灵活运用;第二部分为口语实践,一般会安排几个实践活动让师生根据实际情况灵活选择。比如八年级上册口语交际《复述与转述》,首先通过知识短文让学生明确:复述可以分为书面材料复述、口语材料复述,可以分为详细复述、简要复述,转述则要求传递准确完整,把握重点,不遗漏要点等。后面的"口语实践"环节一共有三个活动,分别训练简要复述、详细复述、口头材料复述、书面材料复述以及转述等各种能力。

第四,突出交际。与听话说话训练时代只注重静态的听话说话能力不同,统编语文教材口语交际的编排十分重视培养学生的交际习惯和交际意识。教材设置了学生熟悉的诸多生活场景,鼓励学生积极主动地与他人进行沟通交流,学会尊重他人、礼貌待人,遵守交际规则,勇于交际、乐于交际,逐步养成良好的交际习惯。

第二节　口语交际教学策略

以王旭明老师执教的《学会邀请》为例。该课例一共分为五个环节。第一个环节,设计第一个邀请情境:邀请你最好的朋友到家里作客,该怎么邀请呢?通过师生对话、学生现场邀请,明确邀请要说清楚时间、地点和原因。第二个环节,设计第二个邀请情境:在邀请的过程中,如果对方有困难,该如何邀请?通过师生对话等教学活动让学生明确:可以通过改变邀请时间说服对方,发出正式的邀请函打动对方,用吸引人的内容说服对方。在该教学环节穿插学习邀请要用到的谦词、敬词以及尊称。第三个环节,设计第三个邀请情境:必须邀请成功该怎么做?下周一班上要开一个主题班会,老师给了你一个任务,邀请自己的父亲或者母亲必须来参加活动,那么这个时候该怎样进行邀请?在该教学环节中,王老师扮演家长设计真实情境,让学生明确:邀请内容是最重要的,态度是为内容服务的。为了邀请成功,要注意在邀请的过程中使用谦辞敬语。第四个环节,设计第四个邀请情境:假设下周一要举行主题班会,要求你们把我请来参加主题班会,但是我很忙,来不了,那么在这种情况之下,该如何进行邀请?通过师生对话,再一次明确了邀请要说清楚时间、地点、内容,并且态度要诚恳,使用礼貌用语。第五个环节是课堂收束环节,在此教学环节让学生制作邀请函,把邀请上升到文化的层面。

以上《学会邀请》的口语交际教学很好地体现了口语交际教学的策略。

一、明确教学目标

每一次口语交际教学均要有明确的教学目标。《学会邀请》的目标就是让学生学会在不同情境中用正确的方式邀请别人,课例中设置的四个口语交际情境为达成这个目标提供了有力支撑。只有目标明确,学生才可能有所收获。

二、创设真实情境

口语交际教学强调情境设置,教师应为学生创设真实情境,培养学生在真实情境中的口语交际能力。在日常生活中,邀请别人会遇到各种情况,在该课例中王旭明老师设计了四个情境:邀请同学,对方欣然同意;邀请同学,同学没有马上答应;邀请父母,而且必须邀请成功;邀请其他人,且尽量邀请成功。这四个邀请场景从学生最熟悉的校园生活入手,逐步过渡到家庭生活、社会生活,体现了层次性;而且邀请的难度也是逐步提升的,从邀请熟悉的人到邀请不熟悉的人,从对方满口答应到对方推辞。那么,种种情境之下,邀请者该如何做出应对从而圆满地完成邀请任务?这便是学生需要掌握的交际策略。该课例在设计的交际情境中巧妙地渗透了各种交际策略。因此,在进行口语交际教学时，教师要善于针对某一特定的口语交际策略或方法，灵活运用多种手段还原日常生活中可能出现的各种生活情境，为学生创设想参与、想表达的语境，让学生主动交际、乐于表达，比如可以利用教材插图创设情境，利用现代信息技术创设情境，也可以巧妙运用教室这个大环境创设情境。不过需要警惕的是，"那些单向传输信息、交流互动缺失的，那些事先排演背词、满口套话、真实性缺失的，那些简单复制生活、学习元素缺失的，只注意表面形式、不重视内涵实质的'伪交际''伪生活''伪学习'情境，都不符合案例教学对典型实例的要求，都难以承担并完成口语交际课的教学任务和课程任务"[①]。真实的口语交际情境一定是学生在日常生活中遇到或可能遇到的交际情境。

三、在交际中学会交际

知识可以传授，能力必须训练，口语交际能力必须在口语交际的实践中才能掌握。在口语交际课教学中，教师不宜过多地讲要求、讲做法或讲交际的各种知识与技巧，而应该围绕交际的要点，创设一个又一个交际情境，鼓励学生参与其中，积极地去互动交流，在交际的实践中逐步学会文明得体地与他人交流，提升交际能力，养成良好的交际习惯。《学会邀请》课例中，王旭明老师在多种情境中引导学生进行多层次、多角度、多元化的邀请，让学生参与到真正的交际情境中，学生的交际意识、交际习惯正是在大量的交际实践活动中逐步形成的，唯有在交际中才能学会交际。

以学生为本是教育的出发点，也是口语交际教学的立足点。在口语交际教学中，必须遵循以人为本的主导思想，让学生在活动中真正成为交际的主体。教师不仅要关注交际动机强的学生，而且要关注交际动机弱的学生，让所有的学生都参与到交际活动中来。《学会邀请》课例中的第四个环节专门请很少发言的同学加入口语交际训练，切实提高了全体学生的口语交际能力。

四、文化传承

在口语交际教学中，适当渗透传统文化也是题中应有之义。从教材编排来看，有些口语交际内容本身就涉及中华优秀传统文化，比如六年级上册口语交际《聊聊书法》，便需要在教学活动中渗透书法艺术。通过分享中国古代书法家的故事，分享自己参观过的书法艺术作品展以及自己练习书法的感受，学生可以充分感受中华书法的艺术魅力，从而激发对祖国传统文化的热爱。从教材编排来看，虽然有些口语交际教学在内容上没有突出传统文化，但是教师在教学设计及实施时可以巧妙地渗透。比如王旭明老师执教《学会邀请》时提示学生在邀请对方时可以使用谦辞、敬辞和尊称；在课堂收束环

---

① 叶萍：《基于口语交际课的课堂目标和情境的反思》，《上海教育科研》，2019年第5期，第68-70页。

节,王老师提示学生:"我们是一个讲礼仪的国家,我们有很多讲礼仪的词语用于表达,无论是口头语还是书面语,都要做到礼貌表达。"在该课例中,王旭明老师让学生体会到了中华民族这个礼仪之邦的传统文化之美,有助于培养学生的文化自信,从而更好地传承中华优秀传统文化。

设计与实施

选择一个口语交际教学内容,设计教学方案。

我们的教学应该立足于这样一个基本点上：语文教学的基本任务应该是使学生思维清楚，语言准确。学生之间，差别很大，兴趣爱好，各不相同。但不管他们之间有多大差别，语文教学应该有共同的、基本的要求，那就是能够合乎逻辑地思维，能够比较准确地表述自己的思想。只要做到了这一点，学生便获得了他在自己未来实践中所需要的语言手段。

——章熊:《思索·探索:章熊语文教育论集》

第十五章 综合性学习

【学习目标】
1. 掌握语文综合性学习的基本内涵及教材编排情况。
2. 能自主进行综合性学习设计与实施。

《基础教育课程改革纲要(试行)》中指出:"改变课程结构过于强调学科本位、科目过多和缺乏整合的现状,整体设置九年一贯的课程门类和课时比例,并设置综合课程,以适应不同地区和学生发展的需求,体现课程结构的均衡性、综合性和选择性。"在此背景之下,中小学增设综合实践活动课程、综合学科课程,并且加强学科内的综合。语文综合性学习是义务教育语文课程的重要组成部分,属于学科内的综合。

第一节　语文综合性学习概述

语文综合性学习强调语文知识的综合运用、听说读写能力的整体发展、语文课程和其他课程的沟通、书本学习和生活实践紧密结合。所以,有学者指出:"语文综合性学习作为一种学习方式而存在,是指在语文教学中,学生围绕某个或某几个方面的目标与内容,在综合运用多种教学途径、工具、手段、形式、方法或技术等教学策略的情形下开展语文学习活动的学习方式。综合性学习方式的特点既可以体现为目标与内容上的综合,也可以体现为学习策略上的综合,还可以同时体现为这两种综合的叠加。也就是说,综合性学习是围绕比较综合的目标和内容,比较综合地运用学习策略而开展语文学习的一种学习方式。"[1]语文综合性学习的设置,突破了传统的、狭隘的语文课程观,有利于激发学生学习的兴趣,有助于全面提升学生的语文学科核心素养。

语文综合性学习最大的特点便是综合性,具体表现在以下几个方面。

---

[1]　朱洁如:《语文综合性学习的课程定位与教学设计》,《全球教育展望》,2014 年第 7 期,第 120-128 页。

一、学习目标的综合性

语文综合性学习和识字与写字、阅读、写作、口语交际等都是语文课程的有机组成部分,并与其他部分的学习相辅相成、互为补充。语文综合性学习的目标是综合性的,每一次的语文综合性学习,既蕴含丰富的语文知识,又注重培养学生的语文能力,并在此过程中陶冶情感态度和价值观,强调语言建构与运用、思维发展与提升、审美鉴赏与创造、文化传承与理解等方面的语文学科核心素养的培养。比如五年级下册综合性学习单元《遨游汉字王国》的目标是:感受汉字的有趣、了解汉字文化;学习搜集资料的基本方法;学写简单的研究性报告。该目标既包括语文学习方法与能力,又传承了优秀中华传统文化,有利于听、说、读、写、思能力的整体发展。

二、学习内容的综合性

学习内容的综合既指语文学习领域的综合,即识字与写字、阅读、写作、口语交际的综合,又指语文与其他学科、领域之间的综合。在综合性学习中,学习内容常常与其他学科有关联,比如八年级上册的综合性学习《身边的文化遗产》就涉及一些历史知识、文化常识;八年级下册的《倡导低碳生活》则涉及一些地理、化学知识,所以活动中提示"可以从一些权威网站搜集最新的可靠数据,也可以从地理课本、百科全书中找相应的介绍,还可以访问权威人士、咨询相关学科老师"。学习内容的综合使得语文学习突破了单一的学科知识系统的局限,拓宽了语文学习和运用的领域。

三、学习方法的综合性

语文综合性学习应鼓励学生走出课堂,走出校园,走进自然,走进社会,结合课堂内学到的知识与方法观察社会、观察生活,关注现实生活中有价值的问题,发现与语文学习有关的问题。在读书、调查、研究、写作等多种学习活动中培养语文学科核心素养。在学习方式上,语文综合性学习包括实践性学习、研究性学习、合作性学习、体验性学习等多种学习方式的综合。总而言之,综合性学习要求在丰富多彩的语文活动中完成听、说、读、写、赏的整体语文素养提升。靳彤指出:"一线教学中已经有了很多有价值的探索,很多语文实践的基本方式都应当继承或借鉴,甚至凝固下来成为语文实践的基本方式,如朗诵会、故事会、课本剧等。这些还远远不够,语文实践的方式需要在语文课程实施的过程中不断开发、丰富,还应当与现实生活建立起更密切的联系,特别是能充分体现'综合性'特点的活动方式,如调查、访谈、考察等。"[1]

---

[1] 靳彤:《统编初中语文综合性学习的编写体例及教学建议》,《语文建设》,2017年第10期,第9-13页。

四、学习评价的综合性

综合性学习的评价主体和评价方式与其他领域有所区别。首先是评价主体多元化，既包括学生的自我评价，又包括他人的评价，即同学评价、教师评价、家长评价等。其次是评价方式多元化，形成性评价与终结性评价相结合，定性评价与定量评价相结合，定期评价与随机评价相结合。再次是评价内容应该多维度，综合考虑学生的语文知识与能力、语文学习方法，考虑学生在综合性学习中的参与度、学生对活动主题的理解、感悟、个人化的见解等。此外，还可运用档案袋评价方法。综合性学习的过程中会生成大量的学习成果，比如活动方案，搜集、整理的资料，访谈提纲、采访记录，文字、图片等，档案袋评价可以更好地对学生的学习行为及结果进行考查。不过在一线语文教师教学任务繁重的情况下，如何实施档案袋评价并将其落到实处，是一个需要持续探讨的话题。

《义务教育语文课程标准》（2022年版）中提出的跨学科学习任务群是典型的综合性学习活动，"教学提示"中指出评价主要以学生在各类探究活动中的表现以及活动过程完成的方案、海报、调研报告、视频资料等学习成果为依据，教师可以针对主要学习环节和内容制定评价量表，邀请相关学科教师、家长、社会人士参与评价。评价要关注学生综合运用多学科知识思考问题、解决问题的态度和能力。评价以鼓励为主，既充分肯定学生的发现和创造，又引导学生自我反思提升，不断提高跨学科学习的质量。

第二节　教材编排

以统编初中语文教材为例，综合性学习安排主要有以下内容（见表15-1）。

表 15-1　统编初中语文教材综合性学习安排

年级	传统文化类	语文生活类	社会实践类
七年级上册	有朋自远方来	少年正是读书时；文学部落	
七年级下册	天下国家	我的语文生活	孝亲敬老，从我做起
八年级上册	人无信不立		我们的网络时代；身边的文化遗产
八年级下册	以和为贵	古诗苑漫步	倡导低碳生活
九年级上册	君子自强不息	走进小说天地	
九年级下册		岁月如歌——我们的初中生活	

教材编排体现了以下特点。

一、活动丰富，注重综合实践

统编语文教材的综合性学习部分安排了丰富多样的活动，比如《以和为贵》安排了三大活动：第一个活动是小组讨论"探'和'之义"，要求讨论之前认真阅读、思考，讨论时要相互补充、启发。整理个人发言，汇总后放入综合性学习档案。第二个活动是"寻'和'之用"，要求学生在课外搜集"和为贵"的例子，可以是历史故事，也可以是身边的事，从中探寻"和为贵"的真谛；每名同学创作几条以"和"为主题的宣传标语，既要有较强的针对性，也要有一定的思想性，讲究语言，力求形式新颖，朗朗上口。要求组内互相评改，选出优秀的标语在班级展示。第三个活动是班级讨论会。以"和为贵"为主题，为推进理解的层层深化，安排丰富多彩的学习活动。从教材编排来看，符合课程标准的精神——在各种活动中培养学生的语文核心素养。在活动实施过程中，须把握主要活动与次要活动的关系，不可不分主次平均用力，要根据实际情况确定好主要活动，同时充分利用辅助活动帮助完成主要活动，以最优化的活动组合方式达到学习目标。

二、强调体验，加强过程指导

在活动安排时，统编语文教材特别强调活动过程中学生的活动体验。比如"和为贵"综合性学习的班级讨论会，教材有如下提示：

将全班同学分为三组，设置三个话题，每个小组选取一个话题。

通过报刊、广播、电视、互联网，搜集并认真阅读与该话题有关的新闻报道及评论，仔细思考，形成自己的认识。

小组内讨论、交流。观点一致的同学结成伙伴，共同整理资料，深入交流，最后推荐一名同学参加时事讨论会。被推荐的同学组成该话题的时事讨论组。另外推荐一名讨论会主持人。

在班上举办时事讨论会。讨论会可以分为三个时段，每个时段一个话题。由该话题组的时事讨论会成员及主持人共同完成。讨论时注意遵守之前制订的"议事规则"。

讨论会期间，主持人可根据情况，随机邀请听众参与讨论。

其他同学在旁听讨论会时要认真，并仔细观察讨论会成员的表现。会后，针对本次讨论会成员的表现做评点，选出你认为表现最佳的同学，并说明选他的理由。注意做到言简意赅，条理清晰，表述准确。

从以上编排看出，教材立足于让学生积极参与语文实践活动，亲身体验学习过程，对活动安排非常细致，注意到了整个活动中的关键点，并给出了接地气的建议，最终实现让学生积极地、全身心地参与学习过程，潜心投入到探索和研究中去，从而提升语文素养。

三、引导交流,搭建展示平台

综合性学习强调成果的展示,统编语文教材提供了很多交流展示的方式方法,通过朗诵、演讲、辩论、课本剧表演、办刊等校园语文活动方式,丰富语文学习形式,提升语文学习品质。还可以积极构建网络环境下的学习平台,拓展学生学习和创造的空间,支持和丰富语文综合性学习,比如QQ小组展示、班级空间展示等,丰富学生展示的方式。不过在展示的过程中,要注意不要在制作课件、图案选择、下载音乐等方面耗费学生太多的时间和精力,在活动成果展示中要突出"语文味儿",不可舍本逐末、过分追求形式,要以语文学习为中心。

第三节　综合性学习教学要点

语文综合性学习设计需要遵循两种理路。一是"逻辑理路",包括四个步骤:基于课程标准确定学习目标;围绕学习目标设计活动任务;依据活动任务开发评价工具;运用评价工具引领学习活动。二是"要素理路",包括六个要素:情境、任务、过程、支架、评价、反思。[1] 本节以王旭明老师执教的《我的语文生活》(七年级下册)为例,说明综合性学习的教学策略。

《我的语文生活》一共分为三个语文活动:正眼看招牌、我来写广告词和寻找"最美对联"。其中正眼看招牌分为调查访问、整理交流两个环节;我来写广告词要求学生分小组搜集不同媒体的广告词,就搜集到的广告词进行思考并撰写广告词。寻找"最美对联"包括分小组查找有关对联的资料、搜集对联以及分享交流、评选"最美对联"。以上活动要求均以小组形式展开。王旭明老师的教学包括以下几个环节。

课堂内容1:你们知道乌兰察布有哪些像这样的店吗?或者有哪些给你们留下深刻印象的店?这些店的招牌有什么特点?

现在老师给你们出一个稍微难一点的题,大家往你们的左手边看,看会场,再往上看,环视一圈。好了,老师现在要你们为今天这个会场做一个招牌,上面可以写什么?

课外作业1:注意,有三个要求:一是收集生活中你见到的印象深刻的店铺名;二是按喝的、玩的、购物的等功能给它们分类,可以绘制一个表格;三是在你收集的店铺名中,选出你觉得最好的那个,说说为什么觉得它好。

课堂内容2:谁能说说你在电视里,或者网络上,或者生活中见到的印象最深刻的

---

[1] 申宣成:《语文综合性学习的课程价值与设计理路——兼论统编高中语文教材活动设计》,《课程·教材·教法》,2021年第5期,第67-73页。

广告？注意，要说出是什么广告，还要说明原因。

  课外作业 2：下面老师要给大家留作业了：第一，生活中有很多广告，可以是你听到的，也可以是在电视上看到的，大家课下收集 3～5 条；第二，在你收集的这些广告当中，说说你认为哪一条最好，并说明理由；第三，自己写一条广告，不管是给什么事物写，自己试着写一写。

  课堂内容 3：赏析对联。

  课外作业 3：一般我们老百姓家过年都会贴对联，请你在生活当中寻找 3～5 副对联，这是第一个要求。第二，把收集到的对联分类整理一下，比如这副对联说了什么内容，那副对联说了什么内容。第三，把对联整理完之后，选择一副你最喜欢的对联，说说它为什么好。

一、选取活动内容

  充分利用教材，巧妙选取活动内容。王旭明老师执教的《我的语文生活》课堂上所选取的三项内容"正眼看招牌""我来写广告词""赏析对联"都是从教材中提取出来的。统编语文教材对活动内容有非常明确的提示，在教学设计时就要善于取舍。比如《人无信不立》也可以根据教材安排，选取如下教学内容：其一，"引经据典话诚信"，活动中可让学生分小组搜集相关名言警句、汇集整理资料并共享、研读整理后的资料；其二，"环顾身边思诚信"，可让学生讲述身边的诚信故事，访问身边人对诚信的理解，讨论诚信缺失的不良影响；其三，"班级演讲说诚信"，可以安排撰写演讲稿、策划演讲会。

  此外，还要充分开发语文综合性学习资源，比如当地自然环境、风俗民情、传统文化、校园文化、节日文化都可成为有益的学习资源，通过对这些资源的"语文味儿"进行加工，巧妙地将它们引入课堂，拓宽学生视野。

二、小组合作学习

  综合性学习最主要的学习形式是小组合作学习。从王旭明老师执教的《我的语文生活》也能看出，语文综合性学习在课堂教学中主要是引导学生明确活动目标，而真正的活动实施则是在课外，课外以小组合作的形式开展综合性学习应该是目前认为比较恰当的学习方式。一般认为，小组合作学习兴起于 20 世纪 70 年代初的美国，是目前世界上许多国家普遍采用的一种教学形式。"小组合作学习具有四个基本特征：以异质小组为基本形式，以小组明确的目标达成为标准，以小组成员相互依赖的合作性活动为主体，以小组总体成绩作为评价和奖励的依据。"[①]小组合作学习改变了班级教学中学生

---

  ① 王慧敏：《对小组合作学习实效性问题的思考》，《教学与管理》，2006 年第 12 期，第 28-30 页。

成员间以个体竞争为主的交往方式,有助于培养学生的团队合作能力,发展个人才能。为增加学生的积极性,分组时应遵循"组间同质、组内异质"的基本原则,在进行小组合作学习时需要注意的问题是:小组成员首先要在一起有组织地学习,为完成任务而学习;小组形成凝聚力,成员能够为小组而学习;小组成员需分工,共同完成一项学习任务,相互支持地学习;小组成员需互相学习,小组内成员互为学习资源、学习角色;小组要有对学习过程监控的能力,并能及时进行小组活动调整;小组成员能够做到为小组而学习,有小组集体荣誉感。

三、活动成果展示

活动成果展示是综合性学习的重要环节,没有成果展示这个环节,学生的积极性会大打折扣,因此,教师要充分利用教材中提示的活动成果展示方式,如手抄报、班级册、展板、海报、演讲、课本剧等让学生进行活动成果展示,也可以巧妙利用网络平台进行展示。网络平台展示具有保存时间长、方便家长参与、促进家校共育等优势,不过需要注意的是,现代信息技术在综合性学习中的运用一定要与教学实际相结合,重视实效,分清主次,力避流于形式、为用而用。

总而言之,在语文综合性学习中采取的各种活动形式、手段和方法,既要符合语文教学特点和规律,又要能培养学生自主探究、团结协作、努力创新的精神和良好的习惯,惟有如此,才能实现语文综合性学习的目标,全面提升学生的语文学科核心素养。

设 计 与 实 施

选择一项综合性学习内容,设计活动方案。

教育的本质就是培养人,培养有人性、人品、善心、善行的人,是人之完成,追求以达到真善美的境界。

——于漪:《于漪全集·教育人生卷》

第十六章 教学反思

【学习目标】
1. 掌握教学反思的内涵。
2. 能自主进行教学反思,助力自我成长。

教学反思指教师为了实现有效的教育、教学,在教师教学反思倾向的支持下,对已经发生或正在发生的教育、教学活动以及这些活动背后的理论、假设,进行积极、持续、周密、深入、自我调节性的思考,而且在思考过程中,能够发现、清晰表征所遇到的教育、教学问题,并积极寻求多种方法来解决问题的过程。教师教学反思具有问题性、研究性、辩证性、发展性等特点。[①] 教学反思能够促进教师专业发展,使教师在教学、教研等各方面快速成长。教学反思的向度及内容丰富,包括学习目标、学习内容与学习评估等。以下就几项常用的反思内容进行说明。

第一节 反思教学目标

教学目标引领着整个教学活动,决定着学习内容的重难点与学习活动的展开方式,学习活动是主体,是落实学习目标的关键,学习评估是保障,它既是对学习目标达成度的评价,也是巩固和深化学习活动的重要措施。一般认为,对于教学目标的反思可以集中在如下几个方面。

第一,反思教学目标是否合宜,是否体现了语文学科的特点。从课程性质看,语文教学要兼具工具性和人文性。好的教学目标往往也是工具性和人文性的统一。教师首先要反思教学目标从内涵上来看,是否兼顾了知识与能力、过程与方法、情感态度与价值观这三个维度,是否体现了语文学科的综合性特点。同时要警惕是否错误地将文本中的某些内容设定为教学目标,而偏离了语文教学的正确轨道。如一位教师在教学《中

---

① 申继亮、刘加霞:《论教师的教学反思》,《华东师范大学学报(教育科学版)》,2004年第3期,第41-49页。

国石拱桥》时,制订了这样的教学目标:

(1)积累文中重点字词的读音和含义。

(2)了解说明对象,把握对象特征,整理感知文章;充分了解中国桥梁的伟大成就,把握石拱桥的特点。

(3)了解我国桥梁所取得的成就及影响,激发学生对祖国悠久历史的自豪感和对辛勤、伟大的劳动人民的热爱之情。①

这个课例的教学目标有不合时宜之处。从选文功能来说,《中国石拱桥》是一篇事物说明文,重在学习其举例子、列数字等说明方法,学习怎样进行精准的语言表达,了解说明对象的基本特点,而以上教学目标中的"了解我国桥梁所取得的成就及影响,激发学生对祖国悠久历史的自豪感和对辛勤、伟大的劳动人民的热爱之情",把课文中的内容作为重要的教学目标,不符合文体特点,误把"例文"作"用件"。

第二,反思教学目标是机械罗列还是融合表达。如果按照课程标准中所阐释的三个维度来机械罗列目标,容易造成目标交叉重复,目标过多,烦琐不堪。该教学目标虽然没有从三个维度机械表述,但是目标2"充分了解中国桥梁的伟大成就"和目标3"了解我国桥梁所取得的成就及影响"两者之间有重复交叉。同时,该目标的行为主体是教师,也违反了以学生为主体的原则。

第三,反思教学目标是否具体集中。一是看教学目标的内容是否具体针对所教内容,是否有表述过于空泛、笼统之处。二是看教学目标本身是否集中,一节课45分钟或者40分钟,教学目标的设计要集中,不可贪多求全、顾此失彼,要审视目标用语是否简洁,内容指向是否具体集中。如有的教学目标规定"学习诗歌所运用的技巧和方法""培养学生的创新精神和实践能力",这样的教学目标都大而无当,形同虚设。

第四,反思教学目标是否明晰可测。教学目标应该是当堂教学能够达成并且能够即时测验的,即通过教学实施,学生能根据确定的目标进行自我评价,教师能围绕目标设计一定的教学内容对学生进行检测。例如《老人与海》一课的教学目标:在反复诵读中体会老人的顽强与睿智,欣赏与鲨鱼搏斗的场面描写和心理活动描写,迅速捕捉阅读信息。语言表述清晰准确,短短一句话既包括知识与能力维度,又包括过程与方法、情感态度与价值观维度,并且比较方便测量。

第二节 反思教学内容

教学内容指"教什么",包括课文的内容与形式,以及借助课文学习所获得的语文知

---

① 例子出自张聪慧:《警惕语文教学目标的非语文化》,《教学与管理》,2017年第2期,第42-43页。

识与技能等。① 说得更具体一点,语文教学内容,指的是语文课程教学实践中供教师教和学生学的内容;这些内容是教师根据语文课程目标的相关要求,结合学生认知基础和学习需要,在备课中对教材内容的选择、加工而设计出来的内容。语文教学内容不能局限于教材内容,教师可以根据实际教学的需要,适当增加教材以外的学习材料,所增加的材料是对语文教学内容的丰富,也属于教学内容。② 教学内容是实现教学目标的有力支撑,对教学内容的反思可以从如下几个方面展开。

第一,反思教学内容是否支撑了教学目标。教师处理教材,确定教学内容,都要以教学目标为指南,从而使教学活动的实施符合实现教学目标的需要。比如以下教学设计:

《丁香结》教学设计

一、教学目标

1. 正确认识生字,会写田字格里面的字。
2. 能有感情地朗读课文,并能找出作者是从哪几个方面描写丁香花的。
3. 理解写作思路,并能品味和积累文章中优美而富有哲理的语言。
4. 感悟丁香花的美,并由丁香结启发人生思考,结合实际谈谈其中蕴含的道理。

二、教学重点

1. 认识借物说理的写作手法。
2. 联系自身的生活经历来理解感悟丁香结的象征意义和作者情感。

三、教学过程

1. 课文导入,了解作者,展示几张丁香花的照片并谈谈对丁香花的初步印象。
2. 初读课文,疏通文章,掌握生字。
3. 再读课文分析,进行课后问题思考,分析括号内的问题,概括丁香花的特点,找出作者是从哪几个方面描写丁香花的。

谈谈丁香结引发作者怎样的人生思考,并联系生活实际谈谈自己的人生感悟。

4. 阅读课后的阅读链接,感悟诗词中丁香花的美。
5. 课后活动,写100字左右关于丁香花的感悟。

在该教学设计中,教学内容和教学目标严重不匹配。比如教学目标中有"理解写作思路,并能品味和积累文章中优美而富有哲理的语言",却没有相应的教学内容进行支撑;"认识借物说理的写作手法"这一教学重点在教学内容中也没有得到体现。

再比如《中国石拱桥》的教学目标之一为:了解约数与确数,把握说明文语言的准确性。那么,在教学过程中是否选取了一定的教学内容来作为有力支撑?如可通过"赵州桥非常雄伟,全长50.82米,两端宽9.6米,中部略窄,宽约9米","全桥只有一个大拱,

---

① 张心科:《再说语文教学内容与形式》,《语文建设》,2020年第13期,第19-22页。
② 冯海英:《中学语文教学内容确定的依据》,《教学与管理》,2019年第5期,第44-47页。

长达 37.02 米""每个石拱长度不一,自 16 米到 21.6 米"等包含精确数据的句子感受表述的精准,同时也可通过"修建于 700 多年前,有的石梁一块就有 200 来吨重""这座桥修建于公元 605 年左右,到现在已经 1300 多年了"等约数来体会说明文语言的科学性。如果没有相关的教学内容作为支撑,教学目标便难以落实。

第二,反思教学内容的安排是否符合逻辑。教学内容的安排有一定的先后顺序,这些内容的安排要遵循一定的逻辑,要么是课文的逻辑,要么是学生认知的逻辑、思维的逻辑等,切不可混乱无序。比如以下《人民解放军百万大军横渡长江》教学内容设计:

(一)内容呈现

展示《人民解放军百万大军横渡大江》选段,了解时代背景。接着自由朗读课文。

(二)师生互动

在学生自由朗读的基础上,请学生用一两句话说出这则新闻的内容。

(三)交流对话

1.教师与学生对话:课文为什么依中路军、西路军、东路军的顺序报道,可以颠倒吗?

2.学生与学生的对话:文中至发电时止的语句,"至发电时止"可否换成"现在"?找出文中准确形容我军和国民党反动派的词语。

(四)链接生活:我是校园小记者

写一条新闻,报道学校或班级新事(当堂讲评)。如:我校田径运动场重修,今年九月可交付使用。要求:①标题醒目、恰当;②内容绝对真实;③导语有概括性、准确性;④语言简洁。

从教学内容的设计来看,师生互动环节与交流对话环节之间的逻辑关系不清晰。此外,学生对话后没有设计师生互动环节,教学内容难以明确。在课文逻辑、学生逻辑、思维逻辑等方面的体现不够充分。

第三节 反思教学活动

教学活动为教学内容服务,同样的教学内容,安排不同的教学过程、运用不同的教学方法,所取得的教学效果肯定是不同的,甚至有天壤之别。[①] 靳彤认为,对学习活动的反思主要表现在以下三个方面。[②]

一是反思学习活动是否有价值。有价值的学习活动,一般具有活动任务明确、内容指向集中和目标关联性强三个特征。比如王崧舟老师执教的《枫桥夜泊》设计了一个写作活动:假如你就是寒山寺的钟声,此时此刻,你想对张继说些什么呢?通过这个活动,

---

① 张心科:《再说语文教学内容与形式》,《语文建设》,2020 年第 13 期,第 19-22 页。
② 参考靳彤:《中学语文教学设计》,高等教育出版社 2017 年版,第 276 页。

让学生明确钟声是可以化解愁眠的,寒山寺的钟声此刻具有了抚慰和激励作用。

二是反思学习活动是否可行、易行,提供的学习活动条件、活动设置的频率、采用的活动方式等是否易于实施。靳家彦老师执教的《音响作文》,教师模仿各种声音让学生想象是什么声音、什么场景,简单易操作,培养了学生的想象力。王君老师执教《老王》时,设计教学情境:"我就是杨绛,你就是老王,你蹬,我坐,我们说着些闲话。"通过这种方式,还原课文中的情境,让学生充分感受到老王孤苦无依的生命状态。这种学习活动形式也非常容易操作,学生能在切身体验中深入思考,加深对文本的理解。此外,课堂教学中还可以充分利用小组活动、师生答问等方式展开学习。

三是反思活动引导是否适时得法,预设的引导时机、内容与方法是否恰当等。比如,何时进行背景介绍、以什么方式来进行背景介绍也是一门科学。传统的教学总是习惯在开课伊始介绍作者、介绍背景,开课就介绍各种背景当然也不能算错,但是,它可能不是最好的时机,比如王君老师和黄厚江老师执教的《老王》都不约而同地将时代背景介绍放在"理解作者"这个环节,因为此时此刻学生非常迫切地需要解决"杨绛到底该不该心安"的问题,以及"她是不是只具有知识分子的冷漠和清高"的问题。"不愤不启,不悱不发",此时才是展示背景材料的最好时机。

教学反思的内容还有很多,不同的分类标准有不同的反思内容,比如对教学实践活动的反思、对个人经验的反思、对教学关系的反思、对教学理论的反思[1];可以概括为"内部—外部""过程—目标""行为—观念"和"隐性—显性"四个方面[2];教学反思的途径主要有录像反思、日记反思、从学习者角度反思、与同事及专家的交流中反思、以通过向学生征询意见反思等。[3] 在日常教学中,做一位反思性的语文教师,将有助于语文教师专业发展。

设 计 与 实 施

一、请对以下教案从教学目标、教学内容等方面进行分析。

《最后一次讲演》教案[4]

一、教学目标

1. 明确句式变化、使用修辞等技巧在演讲语言中的重要作用,能够初步掌握演讲语

---

[1] 李长吉、张雅君:《教师的教学反思》,《课程·教材·教法》,2006年第2期,第85-89页。
[2] 于海波、马云鹏:《论教学反思的内涵、向度和策略》,《教育研究与实验》,2006年第6期,第12-16页。
[3] 王映学、赵兴奎:《教学反思:概念、意义及其途径》,《教育理论与实践》,2006年第2期,第53-56页。
[4] 本课例出自湖北第二师范学院2018级汉语言文学专业下一组。

言中表情达意的技巧,并且学以致用。

2. 以演讲为突破口,以演讲语言为学习重点,通过演讲及对演讲语言的品评活动,培养听说能力和审美能力。

3. 学习闻一多先生爱憎分明的品格和强烈的爱国主义情结,培养学生敢于斗争、热爱祖国的精神,德育与智育交叉融合。

二、教学过程

(一)导入新课,初步感知

前几天已经让同学们观看了闻一多先生《最后一次讲演》的视频片段,今天,我们共同来学习闻一多先生的《最后一次讲演》,大家先来一起听一下这篇课文的朗读,仔细品味语言的铿锵有力。(播放名家朗读音频)

1. 了解闻一多其人。

提问:同学们从中听出了哪些情感?

(坚定、悲愤、激昂。这是一篇用满腔爱国热忱谱成、用鲜血写就的文字,是一篇感情色彩鲜明的讲演词)

2. 介绍演讲词的特点。

讲演词,也叫演讲词、演说词,它常在各种大型的群众集会或较为隆重的场合使用,而且讲话人所讲的都是一些较为重大的问题或是讲话人就某个专门问题进行的论述。讲演词具有宣传、鼓动和教育作用,它可以把讲演者的观点、主张与思想感情传达给听众及读者,使他们信服并在思想感情上产生共鸣。

3. 学生试读。

(注意体会讲演的气势与感情,画出表达强烈感情的语句,标上重点符号)

(二)再读课文,整体感知

1. 闻一多演讲的主要内容是什么?

(闻一多在李公朴的追悼会上,义正辞严地当众揭露、痛斥反动派的罪恶和卑劣,表达了对民主和平的坚定信心)

2. 与敌人卑劣无耻形成对比的是李先生的光荣,李先生的光荣表现在什么地方?

(为民主和平而献身,将会成为更强大的革命力量)

3. 补充闻一多当时演讲的时代背景。

闻先生"毅然出席"7月15日举行的追悼李公朴先生的大会。出席这次追悼大会的教授,就闻先生一人。闻先生不避危险,置个人生死于度外,"毅然出席"这次追悼大会,决心像老战友李公朴一样,为争取民主和平、反对独裁和内战而坚决斗争。闻先生面对会场上特务的凶焰,义愤填膺,"拍案而起",挺身走上讲台,义正辞严地当众揭露、痛斥反动派的罪恶和卑劣,表现出一位爱国民主战士的英雄气概。闻先生在发表这次讲演后三个小时,就被特务用无声手枪暗杀了,他把自己的生命献给了争取民主和平、为真理正义而战的崇高事业。

4.闻一多先生预言敌人"快完了",人民一定胜利,有什么根据?请从文章中找答案。

(第一,他们这样疯狂地来制造恐怖,正是他们自己在慌啊!在害怕啊!所以他们制造恐怖,其实是他们自己在恐怖啊;第二,杀死一个李公朴,会有千百万个李公朴站起来;第三,历史上没有一个反人民的势力不被人民毁灭的!)

5.闻一多先生对进步青年发出了什么样的号召?(体现在6~10自然段)

(三)精读课文,加深理解

1.同学们朗读课文后一定深有体会,请同学们说说这篇讲演词有什么特色,这样的特色是怎样形成的。

(感情强烈,爱憎分明,富有战斗力和感染力。对进步力量和对反动派讲的话,语气和措词的感情色彩截然不同。例如,对敌人:无耻;对李先生:光荣)

2.在讲演中,作者使用了较多的感叹句、设问句和反问句,这些表达有什么作用?

(这篇讲演词运用了40多个感叹号,把讲演者的思想感情一遍又一遍地展示给了听众,造成了越来越分明、越来越强烈的效果。设问、反问、反复和排比等修辞的综合运用也是这篇讲演词的一大特点。这些修辞的综合运用,使听众的思想与讲演者的思想感情始终处在激荡、交融、再激荡、再交融的过程中,从而不断地涌动和撞击,达到强烈的共鸣。这篇讲演词具有极强的表现力量)

3.全班分小组进行讨论探究:文本的语言有什么特点?

(①在讲演中人称不断变换,对敌人用"你们",对正义力量用"我们",爱憎分明,旗帜鲜明地与敌人展开面对面的交锋。②短句较多,语言口语化。口语又叫口头语,是大多数人日常交际时口头使用的语言,它的特点是词汇大众化,句式简短,少用关联词语。③演讲多用口语和饱含激情的语句。讲演词的开头和结尾至关重要,因为它是吸引听众和达到讲演目的的关键。该文的开头和结尾,尤其是结尾,使听众振聋发聩、热血沸腾、摩拳擦掌、跃跃欲试,表现了闻一多先生高超的讲演技巧。同学们对此应认真体会琢磨,并逐步学会善于选取恰当的语句作为讲演的精妙结尾)

(四)布置作业,拓展延伸

1.在理解主题的基础上,练习演讲。

2.推荐课外阅读:闻一多的《死水》。

二、请就自己所上的一节课写一份教学反思。

主要参考文献

[1] 教育部基础教育课程教材专家工作委员会.普通高中语文课程标准(2017年版,2020年修订)[M].北京:高等教育出版社,2020.

[2] 中华人民共和国教育部.义务教育语文课程标准(2022年版)[M].北京:北京师范大学出版社,2022.

[3] 崔允漷,王少非,夏雪梅.基于标准的学生学业成就评价[M].上海:华东师范大学出版社,2008.

[4] 董小玉,刘海涛.现代写作教程[M].2版.北京:高等教育出版社,2000.

[5] 顾之川.顾之川语文教育论[M].福州:福建教育出版社,2013.

[6] 郭成.课堂教学设计[M].北京:人民教育出版社,2006.

[7] 何更生,吴红耘,等.语文学习与教学设计中学卷[M].上海:上海教育出版社,2004.

[8] 黄厚江.从此爱上作文课——著名特级教师黄厚江中学作文教学智慧[M].桂林:漓江出版社,2015.

[9] 靳健,马胜科.中学语文课程与教学设计[M].北京:高等教育出版社,2014.

[10] 靳彤.中学语文教学设计[M].北京:高等教育出版社,2016.

[11] 靳彤.语文教学能力实训教程[M].北京:高等教育出版社,2012.

[12] 蒋伯潜.中学国文教学法[M].北京:北京教育出版社,2014.

[13] 卢金明.语文课程教学设计论[M].北京:光明日报出版社,2013.

[14] 李白坚.民国先生谈作文教学[M].南京:江苏科学技术出版社,2013.

[15] 李杏保,顾黄初.中国现代语文教育史[M].成都:四川教育出版社,2007.

[16] 李煜晖.探索和发现的旅程——整本书阅读之专题教学[M].上海:上海教育出版社,2019.

[17] 刘安海,孙文宪.文学理论[M].武汉:华中师范大学出版社,1999.

[18] 倪岗.初中语文课程内容重构[M].北京:商务印书馆,2017.

[19] 倪文锦.语文新课程教学法(小学)[M].北京:高等教育出版社,2010.

[20] 倪文锦,谢锡金.新编语文课程与教学论[M].上海:华东师范大学出版社,2006.

[21] 宁鸿彬.怎样教语文[M].北京:商务印书馆,2020.

[22] 皮连生.教学设计[M].2版.北京:高等教育出版社,2009.

[23] 皮连生,刘杰.现代教学设计[M].北京:首都师范大学出版社,2010.

[24] 盛群力,马兰.现代教学原理、策略与设计[M].杭州:浙江教育出版社,2006.

[25] 时金芳.语文教学设计[M].北京:社会科学文献出版社,2001.

[26] 孙绍振.审美、审丑与审智——百年散文理论探微与经典重读[M].广州:广东人民出版社,2014.

[27] 王宁,巢宗祺.普通高中语文课程标准(2017年版,2020年修订)解读[M].北京:高等教育出版社,2021.

[28] 王荣生.语文教学内容重构[M].上海:上海教育出版社,2007.

[29] 王荣生.听王荣生教授评课[M].上海:华东师范大学出版社,2007.

[30] 王荣生.散文教学教什么[M].上海:华东师范大学出版社,2014.

[31] 王荣生.小说教学教什么[M].上海:华东师范大学出版社,2015.

[32] 王荣生.实用文教学教什么[M].上海:华东师范大学出版社,2014.

[33] 王荣生.文言文教学教什么[M].上海:华东师范大学出版社2014.

[34] 王荣生.阅读教学设计的要诀:王荣生给语文教师的建议[M].北京:中国轻工业出版社,2014.

[35] 王尚文.走进语文教学之门[M].上海:上海教育出版社,2007.

[36] 王崧舟.诗意语文——王崧舟语文教育七讲[M].上海:华东师范大学出版社,2008.

[37] 王文彦,蔡明.语文课程与教学论[M].北京:高等教育出版社,2002.

[38] 王相文,王松泉,韩雪屏.语文课程教学技能[M].北京:高等教育出版社,2007.

[39] 魏本亚.中学语文教学设计[M].北京:高等教育出版社,2016.

[40] 魏小娜.真实写作教学研究[M].北京:人民出版社,2017.

[41] 温儒敏.语文课改与文学教育[M].南京:江苏教育出版社,2007.

[42] 吴欣歆.培养真正的阅读者——整本书阅读之理论基础[M].上海:上海教育出版社,2019.

[43] 武玉鹏.语文教师专业技能训练与教育实习[M].北京:高等教育出版社,2007.

[44] 徐林祥.中学语文课程标准与教材研究[M].北京:高等教育出版社,2016.

[45] 徐林祥,张中原.语文教学技能全程训练新编[M].南京:江苏教育出版社,2009.

[46] 叶黎明.写作教学内容新论[M].上海:上海教育出版社,2012.

[47] 叶圣陶.怎样写作[M].北京:中华书局,2007.

[48] 叶圣陶.叶圣陶语文教育论集[M].北京:教育科学出版社,2015.

[49] 叶圣陶,朱自清.略读指导举隅[M].北京:中华书局,2000.

[50] 余党绪.走向理性与清明——整本书阅读之思辨读写[M].上海:上海教育出版社,2019.

[51] 余文森,林高明,郑华枫.可以这样教作文[M].上海:华东师范大学出版社,2012.

[52] 于漪.于漪语文教育论集[M].北京:人民教育出版社,1996.

[53] 余映潮.听余映潮老师讲课[M].上海:华东师范大学出版社,2006.

[54] 张秋玲.语文教学设计[M].北京:教育科学出版社,2012.

[55] 张心科.语文课程论[M].福州:福建教育出版社,2014.

[56] 张心科.经典课文多重阐释[M].上海:华东师范大学出版社,2019.

[57] 张志公.读写一助[M].北京:北京教育出版社,2014.

[58] 郑国民,等.基于学生学科核心素养的语文学科能力研究[M].北京:北京师范大学出版社,2017.

[59] 钟启泉.学科教学论基础[M].上海:华东师范大学出版社,2001.

[60] 钟启泉.课程的逻辑[M].上海:华东师范大学出版社,2008.

[61] 周庆元.语文教育研究概论[M].长沙:湖南人民出版社,2005.

[62] 郑桂华.中学语文教学设计[M].北京:高等教育出版社,2019.

[63] R·M·加涅,W·W·韦杰,K·C·戈勒斯,等.教学设计原理[M].王小明,庞维国,陈保华,等,译.上海:华东师范大学出版社,2018.

[64] P·L·史密斯,T·J·雷根.教学设计[M].3版.庞维国,屈程,韩贵宁,等,译.上海:华东师范大学出版社,2008.

[65] Bruce Joyce,Marsha Weil,Emily Calhoun.教学模式[M].荆建华,宋富钢,花清亮,译.北京:中国轻工业出版社,2002.

[66] 皮亚杰.发生认识论原理[M].王宪钿,等,译.北京:商务印书馆,2017.

引用作品的版权声明

为了方便学校教师教授和学生学习优秀案例,促进知识传播,本书选用了一些知名网站、公司企业和个人的原创案例作为配套数字资源。这些选用的作为数字资源的案例部分已经标注出处,部分根据网上或图书资料资源信息重新改写而成。基于对这些内容所有者权利的尊重,特在此声明:本案例资源中涉及的版权、著作权等权益,均属于原作品版权人、著作权人。在此,本书作者衷心感谢所有原始作品的相关版权权益人及所属公司对高等教育事业的大力支持!

与本书配套的二维码资源使用说明

本书部分课程及与纸质教材配套数字资源以二维码链接的形式呈现。利用手机微信扫码成功后提示微信登录,授权后进入注册页面,填写注册信息。按照提示输入手机号码,点击获取手机验证码,稍等片刻收到 4 位数的验证码短信,在提示位置输入验证码成功,再设置密码,选择相应专业,点击"立即注册",注册成功。(若手机已经注册,则在"注册"页面底部选择"已有账号? 立即注册",进入"账号绑定"页面,直接输入手机号和密码登录。)接着提示输入学习码,需刮开教材封面防伪涂层,输入 13 位学习码(正版图书拥有的一次性使用学习码),输入正确后提示绑定成功,即可查看二维码数字资源。手机第一次登录查看资源成功以后,再次使用二维码资源时,只需在微信端扫码即可登录进入查看。